UTB 2822

W0194054

Eine Arbeitsgemeinschaft der Verlage

Beltz Verlag Weinheim · Basel
Böhlau Verlag Köln · Weimar · Wien
Wilhelm Fink Verlag München
A. Francke Verlag Tübingen und Basel
Haupt Verlag Bern · Stuttgart · Wien
Lucius & Lucius Verlagsgesellschaft Stuttgart
Mohr Siebeck Tübingen
C. F. Müller Verlag Heidelberg
Ernst Reinhardt Verlag München und Basel
Ferdinand Schöningh Verlag Paderborn · München · Wien · Zürich
Eugen Ulmer Verlag Stuttgart
UVK Verlagsgesellschaft Konstanz
Vandenhoeck & Ruprecht Göttingen
vdf Hochschulverlag AG an der ETH Zürich
Verlag Barbara Budrich Opladen · Farmington Hills
Verlag Recht und Wirtschaft Frankfurt am Main
WUV Facultas Wien

Franz X. Eder · Heinrich Berger · Julia Casutt-Schneeberger · Anton Tantner

Einführung in das wissenschaftliche Arbeiten

Böhlau Verlag Wien · Köln · Weimar

Bibliografische Information Der Deutschen Bibliothek:

Die Deutsche Bibliothek verzeichnet diese Publikation in Der Deutschen Nationalbibliografie;
detaillierte bibliografische Daten sind im Internet über http://dnb.ddb.de abrufbar.

ISBN 3-978-8252-2822-4 (UTB)
ISBN 978-3-205-77519-5 (Böhlau)

© 2006 by Böhlau Verlag Ges. m. b. H. & Co. KG, Wien · Köln · Weimar
http://www.boehlau.at
http://www.boehlau.de

Gedruckt auf umweltfreundlichem, chlor- und säurefreiem Papier

Druck: Ebner & Spiegel, D–89075 Ulm

Printed in Germany

Inhaltsverzeichnis

Vorwort 3

1. Geschichtswissenschaftliches Arbeiten 7
   Wissenschaftliches Arbeiten 7
      Merkmale des (geschichts)wissenschaftlichen Arbeitens 8
   Literatur und Links zu geschichtswissenschaftlichem Arbeiten 20
   Anmerkungen und Notizen 22

2. Themenfindung, Fragestellung, Thesenbildung 25
   Themenfindung 25
   Begriffe 27
      Begriffsdefinition 28
   Hypothesengeleitete Forschung 29
      Erarbeitung von Hypothesen 30
   Operationalisierung 31
      Indikatoren 31
      Praktische Anwendung 32
   Literatur und Links zu Themenfindung, Fragestellung, Thesenbildung 33
   Anmerkungen und Notizen 34

3. Über wissenschaftliche Texte schreiben 37
   Annotation 37
   Abstract 38
   Rezension 41
   Review Article 46
   Literatur und Links zur Annotation, Abstract, Rezension 47
   Anmerkungen und Notizen 47

4. Lesen und Dokumentieren 49
   Mit welchen Texten beginnen? 50
   Dokumentation 52
      Markierung 53

    Randglossen 54
    Exzerpt 54
    Karteikarte und/oder Datenbank 55
    Journal 57
  Literatur und Links zu Lesen und Dokumentieren 58
  Anmerkungen und Notizen 59

5. Zitat, Anmerkungsapparat, Zitierregeln, Anmerkungen 61
  Das Zitat 61
    Wörtliches Zitat 62
    Paraphrase 64
    Zitat im Zitat 65
    Zitat aus dem Internet 66
    Textänderung in Zitaten 67
    Checkliste für das Zitieren 68
  Anmerkungsapparat 68
    Fußnoten 70
    Endnoten 70
    Amerikanisches System 71
 Zitierregeln 72
    Typen von Literatur 73
    Zitierregeln der ÖZG 74
    Amerikanische Zitierregeln 78
    Aus dem Internet zitieren 80
  Anmerkungen 82
  Literatur und Links zu Zitat, Anmerkungsapparat, Zitierregeln, Anmerkungen 83
  Anmerkungen und Notizen 85

6. Schriftliche Arbeiten 87
  Aufbau wissenschaftlicher Texte 87
    Einleitung 88
    Textteil 88
    Hauptteil 90
    Schlusskapitel 93
    Formale Gestaltung 95

Deckblatt 95
Inhaltsverzeichnis 95
Literaturverzeichnis 97
Weitere Elemente schriftlicher Arbeiten 97
Hinweise zur Gestaltung 99
Schriftliche Arbeiten im Studium 100
Wie anfangen? 102
Literatur und Links zu schriftlichen Arbeiten 103
Anmerkungen und Notizen 105

7. Mündliche Präsentation 107
Gestaltung mündlicher Präsentationen 107
Einleitung 108
Hauptteil 109
Schlussteil 109
Thesenpapier 109
Visualisierung 113
Präsentation des Vortrags 115
Vortragsmanuskript/Notizen 115
Lampenfieber 115
Literatur und Links zu mündlichen Präsentationen 116
Anmerkungen und Notizen 117

8. Erste Schritte im Kurrent-Lesen 119
Schriftgeschichte 119
Buchdruck 121
Kurrentschrift 121
Literatur und Links zu Kurrentschrift 124
Anmerkungen und Notizen 125

Literaturrecherche

9. Umgang mit Bibliotheken 127
Eine kleine Bibliothekskunde 127
Verzeichnisse von Forschungseinrichtungen 132
Die Benützung der Bibliothek 133

Literatur und Links 135
Anmerkungen und Notizen 136

10. Referenzwerke 139
Literatur und Links 142
Anmerkungen und Notizen 143

11. Grundbegriffe der Recherche I 145
Keine Suche ohne Thema 145
Der richtige Suchbegriff 146
Verbundkataloge und virtuelle Kataloge 146
Literatur und Links 157
Anmerkungen und Notizen 158

12. Bibliographische Datenbanken 161
Zugangsregelungen und Medien 161
Wie finde ich die Datenbanken? 162
Selbstständige und unselbstständige Literatur 163
Erfassungszeitraum und Wissenspolitik 168
Literatur und Links 169
Anmerkungen und Notizen 170

13. Grundbegriffe der Recherche II: Historical Abstracts & IBZ 173
Historical Abstracts Online 173
Internationale Bibliographie der Zeitschriftenliteratur (IBZ) 181
Literatur und Links 184
Anmerkungen und Notizen 184

14. Weitere Datenbanken 185
Historische Bibliographie online 185
Das Zeitschriftenfreihandmagazin 186
Zeitschrifteninhaltsverzeichnisse vom Istituto Datini 188
Österreichische Historische Bibliographie 189
World History Full Text 190
Arts and Humanities Citation Index 191

Literatur und Links 195
Anmerkungen und Notizen 196

15. Digitalisierte Band- und Zettelkataloge 197
Online-Abbilder traditioneller Kataloge 197
Bayerische Staatsbibliothek: Der Quartkatalog 197
Österreichische Nationalbibliothek 198
Universitätsbibliothek Wien 200
Universitätsbibliothek Basel 204
Zentralbibliothek Zürich 205
Literatur und Links 205
Anmerkungen und Notizen 206

16. Geschichte der Katalogisierung 207
Das Medium der Ordnung 207
Ordnungen der Bücher 211
Die Beständigkeit des Wissens 214
Literatur und Links 215
Anmerkungen und Notizen 216

17. Dokumentenlieferdienste, Volltexte und weitere digitale Ressourcen 219
Dokumentenlieferdienste: Literaturbeschaffung mittels Subito 219
E-Zeitschriften 221
Retrospektive Digitalisierung von Büchern und Zeitschriften 224
Google as Google can – Suchmaschinen 229
Literatur und Links 230
Anmerkungen und Notizen 231

18. Checkliste zur Literaturrecherche 233
Welche Datenbanken muss ich verwenden? 233
Wie finde ich ein Buch? 235
Wie finde ich einen Zeitschriftenartikel? 237
Anmerkungen und Notizen 238

Informationsrecherche

19. Information allgemein 241
    Arten von Information 241
        Kritik 242
        Wo findet man Information? 244
    Literatur und Links zu Information allgemein 245
    Anmerkungen und Notizen 245

20. Klassische Quellen 247
    Die Quelle 247
        Quellensuche 248
    Art der Quellen 249
        Prozessproduzierte Quellen 250
        Forschungsproduzierte Quellen 256
        Quelleneditionen 256
        Quellen und Methoden 257
    Ort der Quellen 258
        Archive 258
        Museen 260
        Unspezifische Orte 262
        Virtuelle Orte 264
    Benützung der Quellen 265
        Auffindung und Erhebung von Quellen 265
        Quellenkritik 266
        Online-Quellennutzung 270
        Praxis der Quellenerhebung im Archiv 270
    Literatur und Links zu klassischen Quellen 272
    Anmerkungen und Notizen 273

21. Datenbanken und Datenarchive 275
    Datenbanken allgemein 275
        Datenarchive 276
        Historische Datenbanken 276
    Art von Datenbanken 279

Personenbezogene Datenbanken 280

Mediendatenbanken 280

Betreiber von Datenbanken 281

Benützung von Datenbanken 282

Datenbanken auf Datenträgern 283

Online-Datenbanken 284

Datenbankprogramme 284

Literatur und Links zu Datenbanken und Datenarchiven 285

Anmerkungen und Notizen 287

22. Museen und Ausstellungen 289

Historische Museen 289

Ausstellungen 290

Literatur und Links 293

Anmerkungen und Notizen 293

23. Netzwerke 295

Art der Netzwerke 296

Konventionelle Netzwerke 296

Internetgestützte Netzwerke 297

Nutzung von Netzwerken 300

Literatur und Links zu Netzwerken 301

Anmerkungen und Notizen 301

Anhang: Lösungen 303

Register 323

Kurzbiographien der Autoren und Autorin 327

vorwort

Als praxisnahe und multimediale Einführung in das (geschichts)wissenschaftliche Arbeiten wendet sich der vorliegende Band an Studierende, Schüler/innen und Lehrende, die traditionelle und moderne Arbeitstechniken erlernen und/oder vermitteln möchten. Inhalte, Beispiele und Übungen entstammen der aktuellen historischen Forschung und sollen insbesondere Studierenden der geistes-, kultur- und sozialwissenschaftlichen Fächer an Universitäten, pädagogischen Akademien und Fachhochschulen als arbeitstechnischer Begleiter durch das gesamte Studium dienen.

Der Band entstand im Rahmen des E-Learning-Projekts *Geschichte Online (GO)*, der Förderinitiative *Neue Medien in der Lehre an Universitäten und Fachhochschulen* des österreichischen *Bundesministeriums für Bildung, Wissenschaft und Kultur* sowie des E-Learning-Schwerpunktes der *Universität Wien*. Ursprünglich als Online-Angebot entwickelt, offeriert er eine von den Autor/inn/en aktualisierte Buchversion der Einführung in das geschichtswissenschaftliche Arbeiten und die Literatur- und Informationsrecherche.

Inhalt

Wie in anderen modernen Wissenschaften spielen auch in der Geschichtswissenschaft und in den verwandten historisch-kulturwissenschaftlichen Disziplinen Methoden und Arbeitstechniken eine zentrale Rolle. Entsprechend der Vielfalt der Forschungsinteressen und -ansätze beschäftigen sich Historiker/innen nicht nur mit diversen Zeiträumen, sie arbeiten auch in recht unterschiedlichen Teildisziplinen oder Feldern und verfolgen variierende Fragestellungen, theoretische Konzepte, methodische Ansätze und Interpretationen. Bei aller Pluralität haben sich aber auch grundlegende Arbeitsweisen für die Forschung und das geschichtswissenschaftliche Studium herauskristallisiert, welche in diesem Band entlang allgemeiner und nachvollziehbarer Standards und Techniken vorgestellt werden.

Wie (geschichts)wissenschaftliches Arbeiten methodisch angelegt und damit explizit und nachprüfbar wird, ist Inhalt des ersten Kapitels von *Geschichte Online – Wissenschaftliches Arbeiten*. Als Einstieg erhalten Sie einen knappen Überblick über die allgemeinen Anforderungen an das wissenschaftliche Arbeiten, die in den darauf folgenden

Kapiteln im Detail umgesetzt werden. Jede fragenorientierte Wissenschaft beginnt den Forschungs- und Arbeitsprozess mit *Themenfindung, Fragestellung und Thesenbildung* (Kapitel 2). In den nachfolgenden Kapiteln stehen die Erfassung, Dokumentation und Präsentation von wissenschaftlichen Erkenntnissen im Mittelpunkt: *Über wissenschaftliche Texte schreiben* (Kapitel 3) erläutert unterschiedliche Annäherungsformen an wissenschaftliche Texte (wie Annotationen, Abstracts usw.) und ihre Bedeutung für die wissenschaftliche Diskussion und das Studium. *Lesen und Dokumentieren* (Kapitel 4) stellt Lesetechniken für wissenschaftliche Texte und Dokumentationsformen vor. Eine ‚sperrige' Arbeitstechnik wird in Kapitel 5 *Zitat, Zitierregeln, Anmerkungen* behandelt: Das Verfassen von Zitaten, Fuß- und Endnoten, Literaturangaben und Anmerkungen gehört zum alltäglichen Rüstzeug der wissenschaftlichen Textproduktion. Mit *Schriftliche Arbeiten* und *Mündliche Präsentation* (Kapitel 6 und 7) wird in zwei Kernkompetenzen von Historiker/inn/en eingeführt, ohne die wissenschaftliches Arbeiten und vor allem auch Publizieren und Präsentieren kaum möglich wären. Kapitel 8 *Kurrentschrift* widmet sich einer für Historiker/innen besonders wichtigen Fähigkeit – dem Lesen alter Schriften, wobei die im deutschen Sprachraum gebräuchliche Kurrentschrift im Vordergrund steht.

Zum täglichen Handwerkszeug der Historiker/innen gehört die Suche nach themenadäquater und aktueller Literatur und entsprechenden Informationen (etwa nach so genannten ‚Quellen' bzw. historischen Materialien und Daten). Im Rahmen der *Literaturrecherche* im zweiten Abschnitt des vorliegenden Bandes erlernen Sie die Recherche in Bibliotheken und Referenzwerken, die Suche in Katalogen und Datenbanken sowie den Gebrauch von Dokumentenlieferdiensten und anderen digitalen Ressourcen. Kapitel 9 *Umgang mit Bibliotheken* enthält eine kleine Bibliothekskunde und führt an die Benützung dieser Einrichtungen im Rahmen des geschichtswissenschaftlichen Arbeitens heran. In *Referenzwerken* (Kapitel 10) wie Enzyklopädien und Lexika finden Sie eine erste Anlaufstelle für gezielte Informationen zu einem bestimmten Thema. *Grundbegriffe der Recherche I* (Kapitel 11) erklärt basale Funktionen der Suche in Literaturdatenbanken sowie der Recherche nach Zeitschriften. Neben Bibliothekskatalogen sind *bibliographische Datenbanken* (Kapitel 12) das wichtigste Mittel, um aktuelle geschichtswissenschaftliche Literatur oder auch Publikationen aus früheren Jahrhunderten zu finden. In Kapitel 13 und 14 werden mit *Historical Abstracts*, der *Internationalen Bibliographie der Zeitschriftenliteratur (IBZ)* und anderen Datenbanken weiterführende Recherche-Ressourcen vorgestellt. *Digitalisierte Band- und Zettelkataloge* und die *Geschichte der Katalogisierung* (Kapitel 15 und 16) geben einen Einblick in traditionelle

Medien, deren Verwendung für das geschichtswissenschaftliche Arbeiten nach wie vor unumgänglich ist. Kapitel 17 präsentiert Online-Angebote wie *Dokumentenlieferdienste, Volltexte* und digitale Ressourcen wie *Suchmaschinen*. Abschließend fassen die drei *Checklisten* das hier versammelte Recherchewissen in einer für die tägliche Literatursuche aufbereiteten Form zusammen.

Der dritte Abschnitt, die *Informationsrecherche*, behandelt zentrale Informationsressourcen der Geschichtsforschung – ‚klassische' Quellen gehören dazu genauso wie museale Objekte oder digitale Daten. Kapitel 19 bietet einen ersten Überblick über die verschiedenen Arten von *Information* und ihren Einsatz in der Geschichtswissenschaft. In Kapitel 20 wird das für Historiker/innen zentrale Informationsmaterial der *klassischen Quellen* vorgestellt. *Datenbanken und Datenarchive* (Kapitel 21) bieten einen Überblick über die verschiedenen Arten von Informationsdatenbanken und ihre Verwendung in der Geschichtswissenschaft. Auch *Museen und Ausstellungen* (Kapitel 22) stellen Ressourcen der historischen Informationsgewinnung zur Verfügung. Schlussendlich werden mit *historischen Netzwerken* (Kapitel 23) nützliche Kommunikationsplattformen, Mailinglisten und Newsgroups behandelt.

Didaktik und Aufbau

Dieser Band folgt den in *Geschichte Online* erprobten didaktischen Prinzipien. Neben der Einführung in die jeweilige Thematik und ihre Bedeutung für Studium und Forschung haben wir dabei besonders auf Praxisrelevanz geachtet und entsprechend Beispiele und Übungen integriert – im Buch sind Beispiele mit dem Symbol „B"und Übungen mit dem Symbol „Ü" gekennzeichnet. Ein Teil der Übungen kann interaktiv in der Online-Umgebung unter http://www.geschichte-online.at/utb/ absolviert werden. Auf dieser WWW-Seite werden Sie über ein entsprechendes Inhaltsverzeichnis zu den jeweiligen Beispielen und Übungen geführt. Auch wenn Sie in der Regel durch die Lektüre der Einführungstexte, die Beispiele und eigenständige Überlegung zur Lösung der jeweiligen Übungen kommen sollten, haben wir im Anhang dieses Buches einen Großteil derselben zusammengestellt. Auf diese Weise hoffen wir, die interaktiven Online-Komponenten mit der traditionellen Buchform benutzerfreundlich verknüpft und für die Leser/innen die Vorteile beider Präsentationsformen vereint zu haben.

Als Leser/in profitieren Sie auch von den in der universitären Lehre in Dutzenden Lehrveranstaltungen erprobten und evaluierten Wissensdarstellungen und Vermittlungsformen. Die Online-Version der Module „Einführung in das (geschichts)wissenschaftliche Arbeiten" und „Literatur- und Informationsrecherche" (http://www.geschichteonline.at) wurde in eineinhalb Jahren von mehr als 50.000 User/inne/n aufgerufen. Neben Erklärungen, Beispielen und Übungen enthält jedes Kapitel auch weiterführende und kommentierte Literatur sowie WWW-Links. Am jeweiligen Kapitelende finden Sie Seiten für eigene Notizen und Anmerkungen. Damit kann das vorliegende Buch zum Begleiter durch das Studium werden und die Online-Umgebung durch individuelle Ergänzungen bereichern. Im besten Fall sichern Sie sich hier Erfahrungen und Ideen aus der Studieneingangsphase für spätere Studienabschnitte.

Die Entwicklung des E-Learning-Projekts und die Publikation dieses Bandes konnten nur in gemeinsamer Projektarbeit realisiert werden. Die einzelnen Kapitel dieses Buches entstammen jedoch der Feder verschiedener Autor/inn/en: Franz X. Eder verfasste die Kapitel 3, 4 und 5, Heinrich Berger die Kapitel 2, 19, 20 21, 23, Julia Casutt-Schneeberger die Kapitel 1, 6, 7, 8 und 22, Anton Tantner die Kapitel 9, 10, 11, 12, 13, 14, 15, 16, 17 und 18 (Mitarbeit von Peter Haber und Jan Hodel).

Die Genese des Projekts *Geschichte Online* wäre ohne finanzielle und institutionelle Unterstützung nicht möglich gewesen – bei folgenden Institutionen und Personen möchten wir uns deshalb sehr herzlich bedanken: beim österreichischen *Bundesministerium für Bildung, Wissenschaft und Kultur* sowie der *Universität Wien* für die Projektförderung, beim *Institut für Wirtschafts- und Sozialgeschichte* und *Institut für Geschichte* der *Universität Wien* für die institutionelle Unterstützung sowie bei den zahlreichen Kooperationspartner/inne/n an historischen Instituten der Universitäten Basel, Graz, Innsbruck, Linz, München, Salzburg und Wien für ihre kreative Zusammenarbeit. Der Böhlau Verlag und UTB haben uns zu dieser Buchfassung animiert und ihre Entstehung tatkräftig unterstützt.

Wien, im April 2006
Franz X. Eder, Heinrich Berger, Julia Casutt-Schneeberger, Anton Tantner

I. geschichtswissenschaftliches arbeiten

Aus dem Geschichtsunterricht wissen Sie, dass unter „Geschichte" ganz generell vergangenes Geschehen verstanden wird. Die Themenbereiche der Geschichte sind breit gestreut und ergeben sich unter anderem aus der wissenschaftlichen Diskussion, persönlichen und gesellschaftlichen Interessen sowie dem Vorhandensein entsprechender historischer Quellen. Die Geschichtswissenschaft beschäftigt sich dementsprechend mit Ereignissen (z. B. dem Ersten Weltkrieg), Strukturen (etwa der Gesellschaftsstruktur im Mittelalter) und Prozessen (wie der Industrialisierung), wobei die menschliche Existenz in ihrer individuellen und kollektiven Dimension den Ausgangspunkt der Überlegungen darstellt. Historische Phänomene können dabei primär unter politischen, wirtschaftlichen, sozialen und kulturellen Aspekten betrachtet werden. Wichtig ist, dass Sie sich beim wissenschaftlichen Arbeiten an Fragen und Hypothesen orientieren. Quellen sprechen quasi nicht von selbst zu uns, sondern erschließen sich erst durch gezielte Fragestellungen und entsprechende Analysen und Interpretationen.

Wissenschaftliches Arbeiten

Als Studienanfänger und Studienanfängerin gilt es zunächst, den Übergang von der Schule zur Universität zu meistern und sich des Unterschieds von Geschichte als Schulfach und als wissenschaftlicher Disziplin bewusst zu werden. Man erwartet von Ihnen selbstständiges wissenschaftliches Arbeiten. In diesem Kapitel werden Sie grundlegende Merkmale (geschichts)wissenschaftlichen Arbeitens, die Sie in den nachfolgenden Abschnitten des Buches vertiefen können, kennen lernen. (Geschichts)Wissenschaftlich arbeiten können Sie nicht auf beliebige Art und Weise, Sie müssen dabei bestimmte Methoden und Techniken befolgen: Von der Literatur- und Quellenrecherche bis zur Präsentation und Niederschrift der Erkenntnisse gestaltet es sich als geregeltes und erlernbares Verfahren, in dem Wissen methodisch und nachprüfbar erarbeitet wird.

Ü *Unter http://www.geschichte-online.at/utb/1_1.html und http://www.geschichte-online.at/utb/1_2.html können Sie mit Ihrem derzeitigen Wissenstand versuchen, wissenschaftliche von nicht-wissenschaftlichen Textsorten zu unterscheiden und Merkmale und Spezifika wissenschaftlicher und nicht-wissenschaftlicher Textsorten zu erarbeiten.*

Merkmale des (geschichts)wissenschaftlichen Arbeitens

Wissenschaftlich zu arbeiten bedeutet systematisch zu arbeiten. Sie schreiben nicht einfach auf, was Ihnen zu einem bestimmten selbst gewählten oder vorgegebenen Thema gerade einfällt, sondern verfolgen eine oder mehrere klare Fragestellungen oder Hypothesen, die am Beginn der Arbeit stehen. Die Auseinandersetzung mit dem Thema geschieht strukturiert, denn der klare Aufbau Ihrer Arbeit ermöglicht es, Ihre Argumentation nachvollziehbar und damit diskussionsfähig bzw. kritisierbar zu machen. Ein wissenschaftlicher Text sollte also die Anforderungen an die Verständlichkeit mit dem Wunsch nach Überprüfbarkeit kombinieren. Informieren Sie Ihre Leser möglichst zu Beginn des Textes über das methodische Vorgehen, die Absicht und die Konzeption des Textes.

Wissenschaftliches Arbeiten bedeutet, dass Aussagen und Urteile auf Grundlage von *nachvollziehbaren und überprüfbaren Kriterien* getroffen werden sollten. Subjektiv motivierte Aussagen wie „ich glaube, dass …" oder sogar „ich weiß …" gilt es in einer wissenschaftlichen Arbeit zu vermeiden. Das bedeutet jedoch nicht, dass Sie Ihre subjektiven Einschätzungen immer für sich behalten müssen. Handelt es sich um Ihren eigenen Gedankengang, der sich bewusst und begründet von anderen Forschungsaussagen oder Argumentationen unterscheidet, besteht kein Grund, diesen zu verheimlichen.

Wissenschaftliches Arbeiten hat das Ziel, einen Beitrag zum wissenschaftlichen Fortschritt zu leisten und ist daher vor allem auch eine Auseinandersetzung mit anderen Arbeiten. In Ihrer Arbeit sollten Sie auf den *aktuellen Stand der Forschung* eingehen und mit Ihren eigenen Fragen Bezug auf den wissenschaftlichen Diskussionsstand nehmen. Wissenschaftliche Aussagen sollten neu sein oder zumindest schon Bekanntes unter einem neuen Blickwinkel wiedergeben. Das gilt natürlich nicht für Kurs-, Kolloquiums-, Proseminar- und Seminararbeiten, denn hier sollen Sie als Einstieg ins wissenschaftliche Arbeiten das Recherchieren und Auswerten von schon Bekanntem üben.

Im Zentrum des wissenschaftlichen Arbeitens sollte ein *abgrenzbarer Gegenstand* stehen. Die Forschenden sollten den Forschungsgegenstand beschreiben, ihn thematisch und zeitlich eingrenzen und damit ein möglichst genaues Untersuchungsfeld bestimmen.

Auch wenn Sie beim Verfassen von Arbeiten darauf achten sollten, sich allgemein verständlich auszudrücken, dienen wissenschaftliche Arbeiten vor allem der *Kommunikation unter Wissenschaftern und Wissenschafterinnen*. Sie müssen daher nicht unbedingt praktische Fragen beantworten oder konkrete Lösungsvorschläge präsentieren. Vielmehr sollten Sie einen Beitrag liefern, der die Grundlage für weiterführende Diskussionen darstellen kann. Um eine einheitliche Diskussionsgrundlage herzustellen, müssen wissenschaftliche Arbeiten aber begriffs- und definitionsscharf gehalten sein, und damit für Fachkollegen und -kolleginnen eindeutig verständlich sein. Um Missverständnisse zu vermeiden, definieren Sie deshalb schon zu Beginn zentrale Begriffe Ihrer Arbeit.

Geschichtswissenschaftliches Arbeiten basiert in der Regel auf der Auswertung von *Quellen und Literatur*. Um den Kriterien der Wissenschaftlichkeit zu genügen, muss Ihre Auswahl in jedem Fall ausreichend und ausgewogen, d. h. unterschiedliche Forschungsmeinungen berücksichtigend, sein. Um die Nachprüfbarkeit ihrer wissenschaftlichen Argumentation zu gewährleisten, müssen alle verwendeten Quellen, die Literatur sowie die damit erarbeiteten Erkenntnisse, in einer allgemein gültigen Form, zum Beispiel mit Zitaten, belegt werden.

Als Beiträge und Produkte einer fragenorientierten Forschungsdisziplin sollten geschichtswissenschaftliche Arbeiten darum bemüht sein, im wissenschaftlichen Forschungsprozess neue *Hypothesen* zu bilden. Im Unterschied zu den vom persönlichen Interesse abgeleiteten Fragen, die noch Unschärfen aufweisen können, müssen wissenschaftliche Thesen als exakte Aussagen formuliert werden. Das bedeutet, dass es sich dabei nicht um Mutmaßungen handeln darf, sondern um wissenschaftliche, mithilfe von Literatur und anderen Informationen begründete Annahmen. Diese müssen dann in weiterer Folge bewiesen oder aber – wenn sie sich als falsch herausstellen – verworfen werden. Wenn sich eine These als falsch herausstellen sollte, ist damit die Arbeit aber nicht abgeschlossen. Nun muss versucht werden, mithilfe von Literatur bzw. anderen Informationen Begründungen für das Scheitern der These zu finden. Mit diesen neuen zusätzlichen Informationen wir die Arbeit modifiziert und die These erneut überprüft.

Theoretische Reflexion ist ein Bestandteil der geschichtswissenschaftlichen Ausbildung. Jede Fragestellung, die Auswahl der Quellen sowie die Argumentationen orientieren sich – oft implizit – an bestimmten Annahmen darüber, wie z. B. Gesellschaften aufgebaut sind oder wie sie funktionieren. Was gefragt und wie beschrieben wird, ist also durch Theorie strukturiert. Auch wenn sich das Wissen über verschiedene Theorien, Forschungsansätze und Konzeptionen erst im Laufe des Studiums formieren wird, sollte auch zu Beginn des Studiums der Erkenntnis Rechnung getragen werden, dass Theorie verwendet und gebraucht wird. Daher sollten zunächst die eigenen Annahmen über die bearbeiteten Gegenstände kritisch reflektiert und die Bedeutung der verwendeten

Begriffe klargemacht und definiert werden. Die Aussagen über den Forschungsgegenstand sind insofern immer Teil eines Konzepts oder auch einer Theorie, wobei sich aber subjektives Dafürhalten und ideologische Einflüsse in der Praxis von Historikern und Historikerinnen nicht vermeiden lassen.

Ü *Unter http://www.geschichte-online.at/utb/1_3.html finden Sie eine Übung, in der Sie Ihr Wissen über die Merkmale des wissenschaftlichen Arbeitens überprüfen können.*

Literatur und Links zu geschichtswissenschaftlichem Arbeiten

Einführungen in die Geschichtswissenschaft haben entsprechend der Komplexität und Fülle des Themas unterschiedliche Schwerpunkte. Neben Einführungsliteratur zur Geschichtswissenschaft finden Sie daher an dieser Stelle auch Bücher, die sich mit dem Thema „Wissenschaftliches Arbeiten allgemein" beschäftigen. Besonders Studienanfänger und Studienanfängerinnen profitieren, wenn sie neben spezifisch geschichtswissenschaftlichen Einführungen auch Bücher über wissenschaftliches Arbeiten allgemein lesen.

Auf den Bereich *Quellen und historische Hilfswissenschaften* wird etwa in folgenden Büchern Gewicht gelegt:

Egon Boshof, Kurt Düwell, Hans Kloft, Grundlagen des Studiums der Geschichte. Eine Einführung, 4. Auflage, Köln, Weimar u. Wien 1994. *Ein Überblick über die klassischen Epochen der Geschichte (Alte Geschichte, Mittelalter, Neuere Geschichte) mit ausführlichen Beschreibungen der jeweils zur Verfügung stehenden Quellen und historischen Hilfswissenschaften.*

Ahasver van Brandt, Werkzeug des Historikers. Eine Einführung in die historischen Hilfswissenschaften, 12. Auflage, Stuttgart 1989. *Diese Einführung behandelt den Themenkomplex Quellen und Quellenkritik. Welche Arten von Quellen gibt es und wie wertet man diese aus? Zudem finden sich in diesem Buch ausführliche Darstellungen von historischen Hilfswissenschaften wie etwa Paläographie (Schriftkunde) oder Numismatik (Münzkunde).*

Peter Borowsky, Barbara Vogel, Heide Wunder, Einführung in die Geschichtswissenschaft I. Grundprobleme, Arbeitsorganisation, Hilfsmittel, 4. Auflage, Opladen 1980. *Eine informative Einführung, die das Studienfach Geschichte in den Vordergrund stellt und daher für Studienanfänger und Studienanfängerinnen sehr geeignet und hilfreich ist. In Kombination mit Band 2 (s. unten), der sich mit Theorie und Methoden beschäftigt, ein idealer Einstieg.*

Forschungsansätze, Felder und Methoden

Peter Borowsky, Barbara Vogel, Heide Wunder, Einführung in die Geschichtswissenschaft II. Materialien zu Theorie und Methode, 2. Auflage, Opladen 1980. (s. Quellen und historische Hilfswissenschaften)

Peter Burke, History and Social Theory, Cambridge 1992. *Ein interessanter und gut lesbarer Beitrag zu theoretischen und methodischen Konzepten der Geschichtswissenschaft.*

Christoph Cornelißen, Hg., Geschichtswissenschaften. Eine Einführung, Frankfurt a. M. 2000. *Ein Versuch, „Studierenden der Geschichte einen Einblick in die heutige Verfasstheit eines Studienfaches zu geben" (Cornelißen 2000:9).*

Joachim Eibach u. Günther Lottes, Hg., Kompass der Geschichtswissenschaft. Ein Handbuch, Göttingen 2002. *Dieses Handbuch bietet einen sehr gut strukturierten Überblick über Themen, Methoden und Ansätze der Geschichtswissenschaft. Sozialgeschichte, Politik- und Verfassungsgeschichte, neue Kulturgeschichte, neue Ideengeschichte sowie Geschichte und Postmoderne bilden einzelne Abschnitte, die für Themen und Betrachtungsweisen der Geschichtswissenschaft stehen. In eigenen Kapiteln werden dann wichtige Ansätze (z. B.: Historische Anthropologie, Historische Sozialwissenschaft, Historische Semantik, Frauen- und Geschlechtergeschichte usw.) innerhalb dieser Gebiete vorgestellt.*

Hans-Jürgen Goertz, Hg., Geschichte. Ein Grundkurs, Reinbek bei Hamburg 1998. *Ein umfassender Überblick mit Beiträgen zu allen Bereichen und Problemen der Geschichte: Quellen, Methoden, Epochen, historische Fächer und Spezialdisziplinen der Geschichte, Konzeptualisierung, Theorie, interdisziplinäre Impulse, Darstellung von Geschichte, Didaktik.*

Benedikter, Roland, Das Verhältnis zwischen Geistes-, Natur- und Sozialwissenschaften (6. 11. 2001) http://bases.uibk.ac.at/dmos/llos/4–11-Benedikter.pdf (16. 5. 2003). *Eine überschaubare Einführung zum Thema als pdf-File. Zu diesem Text gibt es auch Übungen: http://bases.uibk.ac.at/fowi/llo/benedikter/schluessel.html (16. 5. 2003)*

Wissenschaftliches Arbeiten allgemein

Manuel René Theisen, Wissenschaftliches Arbeiten: Technik – Methodik – Form, 11. Auflage, München 2002. *Ein kompaktes Handbuch für Fragen zu und für Probleme mit wissenschaftlichem Arbeitsprozess, Texten und Arbeitsorganisation allgemein.*
Otto Kruse, Keine Angst vor dem leeren Blatt. Ohne Schreibblockaden durchs Studium, 4. Auflage, Frankfurt a. M. u. New York 1995. *Dieses Buch hilft nicht nur bei Schreibblockaden, sondern allgemein bei Problemen und (Anfangs-)Schwierigkeiten beim Schreiben wissenschaftlicher Arbeiten.*

Anmerkungen und Notizen

Auf diesen Seiten können Sie eigene Notizen, Anmerkungen, Erfahrungen, Kommentare und eventuell auch zusätzliche Literatur zu diesem Kapitel notieren.

2. Themenfindung, Fragestellung, Thesenbildung

Am Beginn jeder wissenschaftlichen Arbeit steht die Suche, Festlegung und Abgrenzung des Themas. Mit der Formulierung einer Fragestellung erfolgt eine erste fachliche Annäherung an das Thema, die den Prozess von der individuellen Formulierung einer Frage bis zur Erarbeitung einer genau umschriebenen wissenschaftlichen Problemstellung umfasst. In Laufe der Thesenbildung werden diese Fragen dann zu wissenschaftlich begründeten Hypothesen weiterentwickelt.

Themenfindung

Die Wahl des konkreten wissenschaftlichen Themas beginnt mit der Orientierung im jeweiligen Forschungsfeld und der Erarbeitung und Definition eines wissenschaftlichen Arbeitsbereichs. Dabei müssen die individuellen Interessen im wissenschaftlichen Feld eingeordnet und eigene Fragen formuliert werden. Im folgenden Kapitel werden die einzelnen Schritte auf dem Weg zur Definition eines konkreten Arbeitsfeldes dargestellt.

Der erste Schritt einer wissenschaftlichen Arbeit, die Themenfindung, ist selbst oft noch nicht wissenschaftlich fundiert, sondern geht eventuell noch von persönlichen Interessen aus. Grundsätzlich ist es wichtig, dass Sie sich auch wirklich für ein Thema interessieren, da Sie sehr viel Arbeitszeit damit verbringen werden. Zuerst müssen die Herkunft der eigenen Vorkenntnisse geklärt und die anfangs noch von individuellen Motiven getragenen Interessen systematisch belegt werden:

Woher stammen diese Vorkenntnisse? Handelt es sich um so genanntes „Allgemeinwissen", um schulisches Wissen oder basieren Ihre Kenntnisse bereits auf der Lektüre historiographischer Texte?

Aufbauend auf einer Klärung der individuellen Interessen und einer detaillierten Beschreibung des Themas muss anschließend mittels Lektüre der wesentlichen, insbesondere der neuesten Literatur zum Thema der aktuelle Forschungsstand eruiert werden. Suchen Sie dazu in einschlägigen Bibliotheken nach Nachschlage- und Überblickswerken zu Ihrem Interessengebiet und nach Zeitschriften, die Ihren Themenbereich abdecken (siehe dazu die Kapitel zur Literaturrecherche). Lesen Sie einige der neueren Werke und achten Sie neben den zentralen Inhalten auch darauf, welche andere Forschungs-literatur zitiert wird – nehmen Sie oft zitierte Werke in Ihre Literatur- und Leseliste auf. Machen Sie sich aufgrund der nunmehrigen Kenntnis der Literatur ein Bild vom Stellen-wert der einzelnen Titel und nehmen Sie auch selbst eine kritische Position dazu ein.

Nach der Klärung der individuellen Interessen und dem Einarbeiten in den For-schungsstand müssen Sie Ihre individuelle Fragestellung im wissenschaftlichen Feld positionieren und die leitenden Erkenntnisinteressen definieren. Aufbauend auf Ihren Interessen und dem aktuellen Forschungsstand (Fachliteratur) entwickeln Sie eine wis-senschaftlich fundierte Fragestellung. Diese muss systematisch aufgebaut sein: Überge-ordnete Fragen (Orientierungs- oder leitende Fragen zu einem Gesamtthema) bestehen aus mehreren untergeordneten Fragen (Detailfragen zu Spezialthemen); vielfach exis-tieren auch Querbezüge zwischen den Fragestellungen. Die einzelnen Fragestellungen und ihre Beziehungen müssen genau beschrieben und im Laufe des Forschungspro-zesses immer wieder hinterfragt werden. Die Wissenschaftlichkeit der Fragestellung muss mit Bezugnahme auf den Forschungsstand (aktuelle Literatur) dokumentiert wer-den. Außerdem sollten Sie überlegen, ob Ihre Fragestellungen zu eng oder zu weit for-muliert sind. Keinesfalls sollten die Anforderungen zu umfassend sein, da im Laufe der Arbeit immer wieder neue Detailfragen gestellt werden und in der Folge Zeitressourcen binden. Zu enge Fragestellungen wiederum können eine zu geringe wissenschaftliche Herausforderung darstellen.

B *Die folgende Fragestellung wurde in einer Abschlussarbeit der Lehrveranstaltung „Einführung in die wissenschaftliche Wissens- und Textproduktion" entwickelt:*

Wieso war die Flüchtlingswelle aus Österreich in so kurzer Zeit um so vieles grö-ßer als jene aus Deutschland? Hatten die Menschen in Deutschland mehr Vertrauen?

Als der Nationalsozialismus in Österreich begann, waren alle judenfeindlichen Ge-setze in Deutschland bereits in Kraft. Sie konnten also sofort zur Anwendung kommen, wohingegen in Deutschland vor der endgültigen Machtübernahme Hitlers noch etwas Zeit verging, weil Hindenburg Präsident war. Erst nach dessen Tod konnte Hitler sich an die Spitze des Staates stellen und die antisemitischen Gesetze einführen.

Die Menschen waren nun gezwungen zu fliehen, doch wie konnten sie unter diesen Umständen ihre Flucht organisieren? Welchen Schwierigkeiten mussten sie sich noch in Österreich stellen?

Die Beamten, nun fast ausschließlich Nationalsozialisten, hatten keine Mühe dafür zu sorgen, dass ein Verlassen des Landes zu einem schwierigen und langwierigen Pro-

zess wurde. *Jüdische Beamte mussten nach dem Machtantritt der Nationalsozialisten den Dienst quittieren und Andersdenkenden blieb auch nur die Alternative der Anpassung und somit des Stillschweigens, wenn sie ihre Arbeit nicht verlieren wollten. Helfer zu finden war kompliziert, oft kostspielig und riskant. Menschen, die halfen, waren meist Verwandte, die bereits im Ausland waren, oder Leute, die aus Überzeugung versuchten, die Verfolgten zu unterstützen. Bestechungen waren oft teuer. Für viele Juden kam diese Variante nach dem „Raub" ihrer Besitztümer nicht mehr in Frage.*

Alleine war eine Flucht ins Ausland kaum mehr zu bewerkstelligen. Doch woher konnten die Juden Hilfe bekommen? Und aus welchen Gründen wurde geholfen?

Nachdem Juden kaum imstande waren, anderen Juden zu helfen, außer sie befanden sich bereits im Ausland, muss ein Großteil der Helfer nicht jüdisch gewesen sein. Dass sie allerdings immer aus reiner Nächstenliebe heraus halfen, ist zweifelhaft. Denn was des einen Not, ist des anderen Freud. Viele wurden für die Beschaffung von Dokumenten bezahlt.

Wurden die Juden in anderen Ländern gerne aufgenommen? Oder sahen sie sich auch bei der Einreise in ein anderes Land mit Problemen konfrontiert?

In dieser Fragestellung einer Studienanfängerin sind die ganz persönlichein Zugänge zum Thema noch gut erkennbar. Gleichzeitig ist hier aber auch schon die wissenschaftliche Auseinandersetzung mit dem Thema ersichtlich.

 Nachdem Sie die vorangegangenen Kapitel genau studiert haben, können Sie nunmehr die Erstellung einer wissenschaftlichen Fragestellung üben:

Wählen Sie entsprechend der oben beschriebenen Vorgangsweise ein Forschungsthema, das Ihren Interessen entspricht. Formulieren Sie dazu eine detaillierte wissenschaftliche Fragestellung und halten Sie Ihre Fragen schriftlich fest.

Die Beschreibung der Lösung für diese Übung finden Sie im Anhang auf Seite 303.

Begriffe

Nachdem auch im Rahmen wissenschaftlicher Auseinandersetzungen viele zentrale Begriffe vorerst in alltagssprachlicher Weise gebraucht werden, sollten Sie nun zur exakten wissenschaftlichen Definition der Begriffe kommen. In den folgenden Kapiteln können Sie den Umgang mit wissenschaftlichen Begriffen und ihre Definition kennen und gebrauchen lernen.

In der wissenschaftlichen Kommunikation werden Begriffe meist in einer vom All-tag unterschiedlichen Bedeutung verwendet. Wozu brauchen wir eigentlich derartige Fachausdrücke? Wodurch unterscheiden sich wissenschaftlich definierte Begriffe von herkömmlich gebrauchten Wörtern?

Alltagssprachliche Ausdrücke sind für eine wissenschaftliche Verwendung oft un-brauchbar, weil es für sie keine exakte und einheitliche Definition gibt. Für den wissen-schaftlichen Gebrauch müssen die zentralen Begriffe genau abgegrenzt werden und erfahren dabei oft Bedeutungsverengungen bzw. spezielle Gewichtungen und Varia-tionen, die exakt zu definieren und zu beschreiben sind.

Ein (wissenschaftlicher) Begriff ist also ein sprachlicher Ausdruck, der die Bedeu-tung eines Phänomens exakt beschreibt, eine Abstraktion, die die wesentlichen Ei-genschaften und Merkmale enthält. Die Definition von Begriffen, auch „Explikation" genannt, erfolgt mittels der genauen (wissenschaftlichen) Beschreibung der verschie-denen Funktionen und Kennzeichen, durch die ein Phänomen charakterisiert ist.

Begriffsdefinition

Da Sie es im Zuge der sozial- und kulturwissenschaftlichen Analyse immer mit sprachlich beschriebener Realität zu tun haben, ist es notwendig, den ‚Sinn' der verwendeten Be-griffe klar zu fassen und zu verstehen. Alle an einem wissenschaftlichen Diskussionspro-zess Beteiligten sollten den verwendeten Begriffen weitgehend dieselben Bedeutungen und Inhalte zuschreiben.

Die Definition der zentralen Begriffe ist demnach eine notwendige Voraussetzung zur Beschreibung und Erklärung eines Phänomens. Dabei müssen Sie die sozialen, kulturellen, politischen, ökonomischen und psychologischen Aspekte des zu beschrei-benden Zustandes, der Entwicklung oder des Ereignisses sorgfältig herausfiltern und darstellen.

B *In einer Abschlussarbeit der Lehrveranstaltung „Einführung in die wissenschaft-liche Wissens- und Textproduktion" wurde folgende Begriffsdefinition verfasst: der Begriff „Fremdenfeindlichkeit".*

Im Unterschied zum Rassismus, der einen deutlichen historischen, kulturgeschicht-lichen und gesellschaftstheoretischen Bezug hat, kann es diese Eingrenzung für den Be-griff „Fremdenfeindlichkeit" nicht geben. Dieser bezieht sich auf die latent ablehnende, aber auch auf die öffentlich demonstrierte aggressive Abwehr des Fremden und eine Politik der Abschottung von Lebensräumen. Fremdenfeindlichkeit kann als universal mögliches, auf anthropologischen, gruppen- und sozialpsychologischen, macht- und gesellschaftstheoretischen Gegebenheiten ruhendes Muster der Reaktion auf Verunsicherung durch Unbekanntes verstanden werden, als eine abweisende Reaktion auf die mit der Erfahrung von Fremdheit möglicherweise verbundene Infragestellung der eigenen Identität und der vertrauten kulturellen Muster. Unsere Beziehung zu Fremden wird ebenso bestimmt von nur „imaginären" Fremden, die es entweder „nicht mehr" oder „noch gar nicht" gibt. Die Mischung von Realem und Imaginärem, von Angst und Anziehung zeigt, dass es nicht nur die objektiven Bedingungen, die messbaren Zahlen, die sichtbaren Orte, die unterschiedlichen Kleider, Sitten und Gebräuche sind, die das Verhältnis von Fremdem und Eigenem bestimmen. In der Beunruhigung, die durch die Fremden ausgelöst wird, steckt somit ein nicht zu vernachlässigender individueller und kollektiver Eigenanteil. Es ist eine bestimmte Form kollektiver Identität, die nationale Identifizierung, die das Verhältnis zu den Fremden erst zu einem erfahrungsunabhängigen, prinzipiell prekären Verhältnis werden lässt.

Hypothesengeleitete Forschung

Sozialwissenschaftlich orientierte Geschichtsforschung basiert auf der systematischen Arbeit mit wissenschaftlichen Thesen. Ausgehend von der Beobachtung, dass man zu allen Fragestellungen, die man behandelt, von vornherein unreflektierte Vorannahmen (Alltagshypothesen) hat, ist die Forderung nach expliziter Nennung dieser Thesen nahe liegend. Durch die Formulierung von Thesen werden die vorher kaum reflektierten (teilweise nicht oder kaum bewussten) Annahmen nicht nur offen gelegt, sondern auch überprüfbar gemacht. In den folgenden Kapiteln lernen Sie den Ablauf hypothesengeleiteter Forschung von der Formulierung von Hypothesen über die Suche nach Indikatoren bis zur abschließenden Überprüfung kennen.

Was ist eine Hypothese?

Im Unterschied zu den persönlich motivierten Fragen, die noch Unschärfen aufweisen können, müssen wissenschaftliche Hypothesen (vielfach auch nur „Thesen" genannt) exakte Aussagen enthalten und dementsprechend formuliert sein. Ausgehend von einfachen und wenig reflektierten Alltagsannahmen, deren explizite Verbalisierung bereits den Bewusstwerdungsprozess vorantreibt, werden nun ausführlich begründete Annahmen beschrieben. Es handelt sich also keinesfalls nur um Mutmaßungen, sondern um wissenschaftlich (mithilfe von Literatur und anderen Informationen) begründete Annahmen. Hypothesen müssen aber nicht nur logisch, schlüssig und widerspruchsfrei formuliert werden, sondern in weiterer Folge auf ihre Gültigkeit getestet werden. Thesen, die sich im Zuge der Überprüfung als falsch herausstellen, müssen mithilfe der Literatur bzw. anderen Informationen reflektiert, modifiziert und erneut überprüft werden.

Erarbeitung von Hypothesen

Voraussetzung für die Erstellung eigener Hypothesen sind exakt beschriebene Fragestellungen inklusive der Klärung der verwendeten Begriffe. Bei der Erarbeitung Ihrer Hypothesen sollten Sie Ihre Fragestellung reflektieren und dabei insbesondere Ihre Vorannahmen eruieren. Auf der Basis eines Katalogs von (noch nicht elaborierten) Thesen können Sie in der Forschungsliteratur nach Argumenten für und gegen diese Thesen suchen und dann Ihre Argumente abwägen. Grundannahmen, die dieser Kritik standhalten, sollten Sie zu Thesen ausformulieren.

Achten Sie dabei darauf, dass die Hypothesen als Aussagen mit vorläufigem Charakter formuliert Werden und einen Zusammenhang von Sachverhalten erklären und begründen sollen. Hypothesen müssen ohne internen Widerspruch formuliert und widerlegbar sein.

B *Die folgende Hypothese wurde in einer Abschlussarbeit der Lehrveranstaltung „Einführung in die wissenschaftliche Wissens- und Textproduktion" formuliert:*
Die Vertreibung der Sudetendeutschen nach dem Zweiten Weltkrieg stellt bis heute ein brisantes Thema in der heutigen Geschichtswissenschaft dar. In den letzten Jahrzehnten sind zahlreiche wissenschaftliche Werke erschienen, die sich mit der Vertreibung der Deutschen aus der ehemaligen Tschechoslowakei beschäftigen.

Um sich mit diesem Thema auseinander zu setzten, muss die Rolle der Sudetendeutschen in einen historischen Kontext gestellt werden. Die „Abtrennung der Sudetenländer" von Österreich im Jahre 1918/19 aufgrund der Friedensverträge von St-Germain und die folgende Eingliederung in die Tschechoslowakei sowie das „Münchner Abkommen" im Jahre 1938, das die Sudetendeutschen zu deutschen Staatsbürgern machte, bilden die wesentliche historische Vorgeschichte zu der Vertreibung der Sudetendeutschen.

Der Grund, warum dieses Thema in historischem Kontext betrachtet werden muss ist, dass besonders das „Münchner Abkommen" mögliche Motive für die Vertreibung von mehr als drei Millionen Menschen lieferte.

 Auf der Internetseite http://www.geschichte-online.at/utb/2_1.html können Sie die Thesenbildung üben.

Operationalisierung

Bei der Operationalisierung werden anhand der vorliegenden Quellen/Daten die zur Überprüfung einer These notwendigen Sachverhalte konkretisiert. Dazu müssen genaue Anweisungen gegeben werden, wie die Sachverhalte beschaffen sein müssen, um für die jeweilige Art der Analyse geeignet zu sein.

Dazu werden die entwickelten Thesen an das zur Verfügung stehende Quellenmaterial angepasst und damit für die Analyse vorbereitet.

In den folgenden Kapiteln können Sie den Ablauf der Operationalisierung kennen und anwenden lernen.

Indikatoren

Zur Untersuchung der definierten Begriffe benötigen Sie aussagekräftige Indikatoren. Diese sind beweiskräftige Kennzeichen, die auf einen konkreten Sachverhalt hinweisen (z. B. die Anzahl von Gesellen und Lehrlingen als Indikator für die Betriebsgröße im Handwerk), bzw. beweiskräftige Merkmale (z. B. das Geburtsdatum als Indikator für das Alter einer Person), die als Mittel zur Beweisführung bei der Thesenüberprüfung herangezogen werden.

 Auf der Internetseite http://www.geschichte-online.at/utb/2_2.html können Sie die Indikatorenanwendung üben.

Praktische Anwendung

Bei der Operationalisierung einer These legen Sie fest, wie die Attribute, die einen Sachverhalt beschreiben (= Indikatoren), analysiert werden sollen.

Bereits bei der Definition der Indikatoren müssen Sie im Auge haben, welches Datenmaterial Ihren Thesen am ehesten entspricht und welches Ihnen tatsächlich zur Verfügung steht. Spätestens hier entscheidet sich auch, ob Sie eine qualitative oder quantitative Quellenanalyse vornehmen müssen.

> **B** *Die Zugehörigkeit von Menschen zu einer sozialen Schicht wird beispielsweise anhand von Information über Bildungsstand, berufliche Stellung bzw. Einkommen operationalisiert. Die notwendigen Daten erhalten sie entweder mittels einer Befragung oder aus prozessproduzierten Quellen (siehe Kapitel „Klassische Quellen").*

Darüber hinaus umfasst die Operationalisierung eventuell auch die genaue Beschreibung der Erhebungsmethode, der Techniken zur Gewinnung von empirischer Information und der verschiedenen Arten der Aufbereitung von Information für die eigentliche Analyse (z. B. die Zusammenfassung mehrerer Antwortkategorien als Indikator für eine bestimmte soziale Schicht).

Falls Ihre These nicht bestätigt wird, muss der Prozess der Operationalisierung mit geänderten Parametern erneut durchlaufen werden (siehe Kapitel „Hypothesengeleitete Forschung").

> **B** *Die in der Folge beschriebene Operationalisierung von Thesen wurde in der Lehrveranstaltung „Datenbanken in der Sozialgeschichte" vorgenommen:*
> *Operationalisierung von Thesen zu Haushaltsstrukturen*
> *Welche Haushaltsstrukturen finden wir in einer Wiener Vorstadt am Beginn des Liberalismus?*
>
> *Der vormoderne Haushalt war geprägt von der traditionellen Familienstruktur: Hier lebten nicht verwandte häusliche und betriebliche Arbeitskräfte im Familienverband mit (Gesindepersonen, Handwerkslehrlinge und -gesellen, …). Im Zuge der Industrialisierung wurde das bürgerliche Familienideal etabliert (Konzentration auf Verwandtschaft und Kernfamilie). Gleichzeitig verbreiteten sich aber im Zuge der Industrialisierung auch andere Wohnformen wie das Bettgehertum oder die Untermiete.*
>
> *Meine spezifische Fragestellung behandelt die Haushaltsstruktur der Familien im Sample Karmeliterviertel.*

Die erste These beschäftigt sich mit der Kernfamilie im 19. Jahrhundert: Josef Ehmer beschreibt in seiner Studie über Familienstrukturen und Arbeitsorganisation in Gumpendorf das Phänomen, dass sich im 19. Jahrhundert der Trend Richtung Kernfamilie (Eltern und Kinder) verstärkt.

These: Die Wohnung diente der Kernfamilie und den Gesindepersonen bzw. Untermietern. Außer Eltern, Kindern und betrieblichen Mitbewohnern waren keine weiteren (verwandten) Personen im Haushalt!

Indikatoren für die Kernfamilienthese sind: Eltern, Kinder, Gesellen und Gesindepersonen.

Indikatoren gegen die Kernfamilienthese sind: Großeltern, Tanten, Onkel, Nichten und Neffen, Cousinen und Cousins.

Literatur und Links zu Themenfindung, Fragestellung, Thesenbildung

Heinrich Best u. Wilhelm Heinz Schröder, Quantitative Historische Sozialforschung, in: Jörn Rüsen u. Christian Meier, Hg., Historische Methode (Beiträge zur Historik, Bd. 5), München 1988, 235–266. *Eine klassische Einführung in die Methodik der quantifizierenden historischen Sozialforschung.*

Peter Borowsky, Barbara Vogel u. Heide Wunder, Einführung in die Geschichtswissenschaft, Opladen 1989. *Im Kapitel „Orientierungsphase" (41–64) finden Sie Unterstützung bei der Orientierung und beim Aufbau eines Arbeitsprogramms.*

Andreas Diekmann, Empirische Sozialforschung – Grundlagen, Methoden, Anwendungen, Hamburg 2002, 107–122. *Beschreibung der verschiedenen Typen von Hypothesen.*

Umberto Eco, Wie man eine wissenschaftliche Abschlussarbeit schreibt. Doktor-, Diplom- und Magisterarbeit in den Geisteswissenschaften, München 2002. *Im Kapitel „Die Wahl des Themas" (16–62) findet sich eine recht ausführliche Beschreibung der Themenwahl.*

Mark Hengerer, Forschungsprozess, http://www.uni-konstanz.de/FuF/Philo/Geschichte/ Tutorium/Themenkomplexe/Grundlagen/Forschungsprozess/forschungsprozess. html, 26.01.2004. *Einige wenige Stichworte zur Annäherung an den Prozess der Operationalisierung nach Schnell, Hill u. Esser, Methoden der empirischen Sozialforschung.*

Siegfried Lamnek, Qualitative Sozialforschung, Bd. 1, Methodologie, Weinheim, 1995, 96–151. *Beschreibung von Theorien, Hypothesen, Begriffsbildung und Operationalisierung inklusive Vergleich zwischen qualitativer und quantitativer Forschung.*

Rainer Schnell, Paul B. Hill u. Elke Esser, Methoden der empirischen Sozialforschung, München u. Wien 1999, 48–55, 123–131. *Kurze Beschreibung von Hypothese, Theorie, Gesetz, Begriffsdefinition und eine genaue Beschreibung der sozialwissenschaftlichen Operationalisierung.*

Henry J. Steffens u. Mary Jane Dickerson, Schreiben, um Geschichte zu lernen: Überblick und Einführung, in: Wolfgang Schmale, Hg., Schreib-Guide Geschichte. Schritt für Schritt wissenschaftliches Schreiben lernen, Wien, Köln u. Weimar 1999, 17–35, hier 26–28. *Eine knappe Skizzierung der Entscheidungsfindung für ein Thema.*

Henry J. Steffens, Mary Jane Dickerson u. Wolfgang Schmale, Die Seminararbeit, in: Wolfgang Schmale, Hg., Schreib-Guide Geschichte. Schritt für Schritt wissenschaftliches Schreiben lernen, Wien, Köln u. Weimar 1999, 116–166, hier 125–136. *Annäherung an den individuellen Zugang zu einem Thema.*

Clemens Wischermann, Wie komme ich zu einer Fragestellung? http://www.uni-konstanz.de/FuF/Philo/Geschichte/Tutorium/Themenkomplexe/Grundlagen/Fragestellung/fragestellung.html (12. 1. 2004). *Eine kurze Beschreibung des Weges zur Entwicklung einer wissenschaftlichen Fragestellung.*

Anmerkungen und Notizen

3. über wissenschaftliche texte schreiben

Gerade am Beginn des Studiums wird Ihnen das Literaturangebot zu den meisten historischen Themenstellungen recht unübersichtlich erscheinen. Dies vor allem auch, weil sich Aktualität und Bedeutung eines Buches oder Aufsatzes nicht auf den ersten Blick und schon gar nicht von selbst erschließen. Glücklicherweise haben sich in der wissenschaftlichen Diskussion der letzten Jahrhunderte Textsorten herausgebildet, die Ihnen den Zugang zur Literatur wesentlich erleichtern. Dazu gehören einmal *Annotationen* und *Abstracts*, die der inhaltlichen Erschließung einer wissenschaftlichen Arbeit dienen. Weiters *Einzel- und Sammelrezensionen*, die neben einer inhaltlichen Zusammenfassung vor allem auch den Stellenwert eines Buches oder eines Aufsatzes in Relation zu anderen Publikationen reflektieren und seiner Bedeutung für die Forschung bewerten. *Review Articles* geben Ihnen einen aktuellen Überblick über den Publikationsstand in einem Forschungsgebiet.

In der Praxis werden Sie diese Textsorten vor allem zur Informationserschließung etwa bei der Vorbereitung einer mündlichen Präsentation oder beim Verfassen einer schriftlichen Arbeit verwenden. Verstehen werden Sie die Funktion und Bedeutung dieser Textsorten allerdings erst, wenn Sie lernen, Annotationen, Abstracts und Rezensionen selbst zu verfassen.

Annotation

Eine Annotation ist eine möglichst kurze und allgemeine Charakterisierung eines Textes (Buches/Aufsatzes). Neben den Titelangaben soll sie in wenigen Zeilen eine inhaltliche Buchinformation enthalten. Bei Web-Seiten wird unter einer Annotation auch die Erweiterung von Texten durch Metadaten, etwa durch Kommentare, Diskussionsforen und Links anderer User/innen, verstanden.

Beim Verfassen einer Annotation sollten Sie folgende *Kriterien* beachten:
- Geben Sie die vollständige Titelinformation (Autor, Titel, Erscheinungsort und -jahr, Verlag, Preis) an.
- Die weiteren Informationen sollen möglichst redundanzfrei sein, d. h., Sie sollten

keine Angaben machen, die schon aus dem Titel des Bandes/Dokuments erschlossen werden können.

- Annotationen sollen möglichst deskriptiv sein, also auf Wertungen verzichten.
- Sie dienen der Information über einen Text, unabhängig von bestimmten Benutzerkreisen und sollen deshalb allgemein verständlich sein.
- Annotationen müssen nicht unbedingt aus vollständigen Sätzen bestehen.
- Sie können auch Benutzungs- und Bezugshinweise enthalten.

B *Eine Annotation über einen Band zum wissenschaftlichen Arbeiten könnte zum Beispiel folgendermaßen aussehen:*

Theo Hug, Hg., Wie kommt Wissenschaft zum Wissen? Bd. 1: Einführung in das wissenschaftliche Arbeiten, Baltmannsweiler 2001, 408 S., Schneider Verlag Hohengehren, Euro 22.00

Wissenschaftler/innen unterschiedlichster Disziplinen behandeln allgemeine didaktische Aspekte des wissenschaftlichen Arbeitens sowie die handwerklichen Dimensionen und Lernformen. Neue Medien und Wissensmanagement im Studium bilden einen weiteren Schwerpunkt. Der Sammelband verfügt über ein detailliertes Sach- und Personenregister.

B *Eine eher umfangreichere Annotation über einen Band zum Zwangsarbeitersystem können Sie unter http://www.hclist.de/pipermail/geschichtskultur/2002-December/000639.html finden.*

Ü *Verfassen Sie zur Übung eine Annotation zu einem kurzen Text über das Shopping-Phänomen. Den Artikel Heide Tebbich, The Shopping experience, in: praev. doc 01/2001, 7–9 können Sie unter http://www.geschichte-online.at/utb/3_1.html aufrufen. Ihre Annotation soll maximal fünf Zeilen lang sein und den oben angegebenen Kriterien folgen. Mögliche Lösungen finden Sie im Anhang auf Seite 303.*

Abstract

Abstracts sind Texte, die den Inhalt eines Buches/Aufsatzes komprimiert wiedergeben und dabei die wesentlichen Aussagen präsentieren. Sie richten sich eher an ein Fachpublikum und dienen der raschen Information über einen Text. Englischsprachige Abstracts sind inzwischen unverzichtbarer Bestandteil der meisten fachwissenschaftlichen Zeitschriften und werden auch von Fachinformationsdiensten und professionellen Abstractdiensten angeboten.

Beim Verfassen eines Abstracts sollten Sie folgende *Kriterien* beachten:

- Geben Sie in Abstracts die wesentlichen Inhalte eines Textes wieder.
- Betonen Sie dabei die Hauptaussagen bzw. zentralen Thesen.
- Abstracts sollen möglichst deskriptiv sein und auf Wertungen verzichten.
- Da diese Textsorte eher auf einen fachspezifischen Benutzer/innen/kreis abzielt, können Sie auch einschlägige Termini verwenden.
- Mit einem Abstract sollen Sie die Wahl eines Textes für eine einschlägige Fragestellung erleichtern.
- Abstracts sollen ca. eine halbe bis ganze A4-Seite (800 bis 1.500 Zeichen) lang sein.

B *Ein gelungenes Beispiel für ein Abstract zum Artikel* Winfried Schulze, Zur Geschichte der Fachzeitschriften. Von der ‚Historischen Zeitschrift‘ zu den ‚zeitenblicken‘ *finden Sie im Online-Journal* zeitenblicke *unter http://www.zeitenblicke.de/2003/02/schulze.htm. Den dazugehörigen Artikel können Sie im Anschluss an das Abstract lesen.*

B *Das Abstract zu* John Komlos, Michael Hau u. Nicolas Bourginat, An Anthropometric History of Early-Modern France (Diskussionspapier) *– unter http://epub. ub.uni-muenchen.de/archive/00000054/ – ist ein typisches Beispiel für ein englischsprachiges Abstract zu einem wirtschaftsgeschichtlichen Text. Den dazugehörigen Artikel können Sie unter http://epub.ub.uni-muenchen.de/archive/00000054/01/france.pdf herunterladen (publiziert auch in:* European Review of Economic History 7 [2003], No. 2, 159–189).

B Dem Aufsatz von Barabara Orland, Haushalt, Konsum und Alltagsleben in der Technikgeschichte (http://www.tg.ethz.ch/dokumente/pdf_files/OrlandALLTAG. pdf), erschienen in Technikgeschichte 65 (1998), 273–295, ist sogar ein deutsch- und englischsprachiges Abstract vorangestellt.

Historical Abstracts und *America: History and Life* (beide auf http://serials.abc-clio.com/active/go/ABC-Clio-Serials_v4) sind die zwei wichtigsten Abstractdienste und Online-Verzeichnisse, in denen Sie Abstracts zu historischen Zeitschriftenaufsätzen abfragen können.

Die *Historical Abstracts* beinhalten Titel und Abstracts zur Geschichte von 1450 bis in die Gegenwart – ausgenommen historische Werke über die USA und Canada, welche in *America: History and Life* verzeichnet sind. Derzeit umfasst das Abstractverzeichnis rund eine halbe Million Einträge aus über 2.000 Zeitschriften.

B *In den* Historical Abstracts *finden Sie neben dem vollen Titelnachweis auch Abstracts wie dieses:*

Ü *Verfassen Sie zur Übung ein Abstract zum Online-Artikel von Georg Modestin u. Kathrin Utz Tremp, Zur spätmittelalterlichen Hexenverfolgung in der heutigen Westschweiz. Ein Forschungsbericht (7/2002) http://www.zeitenblicke.historicum.net/2002/01/modestin/modestin.html (20.2.2006). Der Text soll maximal 1.500 Zeilen (inkl. Leerzeichen) lang sein und den angegebenen Kriterien entsprechen. Sie können den Artikel unter http://www.zeitenblicke.historicum.net/2002/01/modestin/modestin.html herunterladen. Nach dem Schreiben des Abstracts können Sie im Anhang auf Seite 304 eine Liste von ‚Bestandteilen' vergleichen, die in Ihrem Text vorkommen sollten.*

Rezension

Eine wissenschaftliche Rezension dient dazu, sich rasch über eine Neuveröffentlichung informieren zu können. Anders als ein Abstract muss eine Rezension auch Aussagen über den wissenschaftlichen Wert und die Bedeutung eines Textes für die aktuelle Forschung enthalten. Rezensionen haben damit eine wichtige Funktion für die fachwissenschaftliche Diskussion und beeinflussen die Rezeption einer Veröffentlichung durch die wissenschaftliche Community. Man unterscheidet zwischen Einzelrezensionen, also Rezensionen eines einzelnen Werkes (Buch/Aufsatz) in Form einer ein- bis mehrseitigen Besprechung, und Sammelrezensionen, die eine vergleichende Besprechung mehrerer Werke bringen.

Wissenschaftliche Rezensionen sind relativ frei gestaltbar. Gegenüber essayistischen und literarischen Rezensionen gibt es aber eine Reihe von *Kriterien*, die Sie beachten sollten. Im besten Fall sollte eine wissenschaftliche Rezension folgende Aufgaben erfüllen:

Sie sollte

- die vollständigen Titelangaben beinhalten,
- eine inhaltliche Zusammenfassung eines Textes bringen,
- angeben, ob die Zielsetzungen des/der Autors/Autorin erfüllt wurden,
- die zentralen Thesen herausstreichen und kritisch reflektieren,
- die Untersuchungsmethoden und -techniken und ihre empirische Umsetzung darstellen,
- den Standpunkt des/der Autors/Autorin bestimmen,
- den innovativen wissenschaftlichen Wert eines Werkes reflektieren,
- einen Text mit anderen Veröffentlichungen vergleichen,
- die sprachliche Qualität und die Vermittlungsweise beschreiben,
- die Aufbereitung der Untersuchungsergebnisse kritisieren,
- eine begründete Empfehlung zur Lektüre aussprechen.

B *Nachfolgend finden Sie ein Beispiel für eine eher kürzere Rezension aus der Zeitschrift* L'Homme. Zeitschrift für feministische Geschichtswissenschaft *10 (1995), H.1, 153–154:*

Karen Hagemann u. Ralf Pröve Hg., Landsknechte, Soldatenfrauen und Nationalkrieger. Militär, Krieg und Geschlechterordnung im historischen Wandel (= Reihe „Geschichte und Geschlechter", hg. V. Ute Daniel, Karin Hausen u. Heide Wunder, Bd. 26). Frankfurt a. M./New York: Campus 1998, 368 S., mit Abb., ISBN 3-593-36101-9.

„Ein Experiment mit ungewissem Ausgang" sei – so Herausgeberin Karen Hagemann – am Beginn jenes Denk- und Diskussionsprozesses gestanden, aus dem der vorliegende Sammelband hervorgegangen ist. 1997 war es in Berlin zu einer ersten Annäherung zwischen zwei Forschungsfeldern gekommen, die bis dahin weitgehend isoliert voneinander gearbeitet hatten: VertreterInnen der historischen Frauen- und Geschlechterforschung, die sich auch für Fragen der Geschichte von Männern und Männlichkeit zu öffnen beginnt, und einer neuen, im sozial- und gesellschaftlichen Kontext positionierten Militärgeschichte debattierten im Rahmen eines Workshops über „Militär, Krieg und Geschlechterordnung im historischen Wandel".

Die nunmehr veröffentlichten, überarbeiteten Beiträge – ergänzt um weitere Aufsätze – dokumentieren das Potential, das in diesem gemeinsamen Diskurs liegt: Gehören doch Militär und Krieg zum „Kern von Herrschaft und ihrer Ausübung" (346) und stellen somit höchst bedeutungsvolle und folgenschwere gesellschaftliche Szenarien dar. Zugleich sind sie gewichtige Institutionen und Zeiten für die Konstruktion von Geschlechterverhältnissen.

Der gewählte Zeitrahmen – vom 16. bis zum frühen 20. Jahrhundert – erlaubt es, zentrale Phasen eines grundlegenden Wandels im Militär- und Kriegswesen und seine Verflechtungen mit der Ordnung der Geschlechter in den Blick zu nehmen: von der Zeit der Söldnerheere im 16. und 17. Jahrhundert über die Periode der stehenden Heere im 18. Jahrhundert bis zur „Epoche der industrialisierten Massenkriegsführung auf der Basis einer allgemeinen Wahlpflicht am Vorabend des Ersten Weltkrieges" (10).

In zwölf Beiträgen werden die vielschichtigen Beziehungen zwischen Militär, Krieg, Zivilgesellschaft und Geschlechterbeziehungen behandelt. Sie repräsentieren einen Ausschnitt aus der „denkbaren Breite des jungen Forschungsfeldes" (11) und sind drei thematischen Schwerpunkten zugeordnet: „Militär, Krieg und Männlichkeit", „Frauen im Krieg" sowie „Militär, Gesellschaft und Geschlechterbeziehungen". Den Rahmen bilden zwei weitere Bausteine: In einem einleitenden Forschungsüberblick reflektiert Karen Hagemann die Möglichkeiten und Grenzen einer Geschlechtergeschichte von Krieg und Militär. Martin Dinges unternimmt als Ausklang der Publikation den Versuch einer „Bilanz". Diese ist nicht als Schlusspunkt, sondern als Anregung zu weiteren Forschungen zu verstehen, hat die fruchtbare interdisziplinäre Auseinandersetzung doch gerade erst eingesetzt. Der erste Überblick über die laufende Forschung im deutschsprachigen Raum – und den wollten die Herausgeberin und der Herausgeber mit ihrem Sammelband geben – ist ein produktiver Anfang, der auf weitere Synergieeffekte hoffen lässt.

Ingrid Bauer, Salzburg

Ü *Verfassen Sie zur Übung eine Rezension des Artikels von Inge Karazman-Morawetz, Arbeit, Konsum und Freizeit im Verhältnis von Arbeit und Reproduktion, in: Reinhard Sieder, Heinz Steinert u. Emmerich Tálos, Hg., Österreich 1945–1995. Gesellschaft, Politik, Kultur, Wien 1995, 409–425. Diesen Aufsatz können Sie unter http:// www.geschichte-online.at/utb/3_2.html aufrufen.*

Beantworten Sie – in einem Text von 600–800 Worten – folgende Fragen:
* *Wie ist der explizite/implizite Standpunkt der Autorin innerhalb der Konsumforschung/Konsumgeschichte?*
* *Wie lauten die Leithypothesen der Autorin?*
* *Warum ist die Argumentation der Autorin für Sie (nicht) überzeugend?*
* *Werden die Leithypothesen stichhaltig durch empirische/historische Quellen unterstützt?*
* *Handelt es sich um einen gut lesbaren und ansprechend aufbereiteten Text?*
* *Abschließend und zusammenfassend: Würden Sie den Aufsatz Studienanfänger/ inne/n zur einführenden Lektüre in die Konsumgeschichte empfehlen?*
* *Vergessen Sie nicht auf die bibliographischen Angaben!*
Eine beispielhafte Rezension über diesen Artikel finden Sie im Anhang auf Seite 304.

Sammelrezensionen sollen über mehrere Neuveröffentlichungen informieren und eine vergleichende Aussage über den wissenschaftlichen Wert und die Bedeutung der Texte für die aktuelle Forschung enthalten. Meist wird als gemeinsame Klammer einer Sammelrezension ein vergleichbarer thematischer Aspekt gewählt. Bei der Besprechung geht man am besten nach Vergleichskategorien vor, die über alle rezensierten Werke hinweg thematisiert werden. Eine zweite Möglichkeit besteht darin, quasi mehrere Einzelrezensionen zu schreiben und die Werke abschließend vergleichend zu bewerten.

B *Eine Sammelrezension von fünf Publikationen zur Revolution von 1848 finden Sie unter http://hsozkult.geschichte.hu-berlin.de/rezensionen/id=1298&type= rezbuecher&sort=datum&order=down&search=Sammelrezension+, eine weitere zur*

‚Deutschen Teilungsgeschichte' im Urteil einstiger DDR-Historiker unter http://hsozkult. geschichte.hu-berlin.de/rezensionen/id=492&type=rezbuecher&sort=datum&order=do wn&search=Sammelrezension+. Beide Sammelrezensionen erschienen in H-Soz-u-Kult, einem der wichtigsten Fachinformationsdienste für Historiker/innen (siehe http://hsozkult.geschichte.hu-berlin.de/).

Rezensionen zu Neuerscheinungen in einem bestimmten Themenbereich sind in *Rezensionsdiensten* und *-medien* auf unterschiedliche Weise zugänglich:

- Sie finden diese einmal in gedruckten Fachpublikationen, die sich teilweise oder sogar ganz dem Rezensieren verschrieben haben.
- Einige bedeutende Rezensionsdienste können Sie auch über Online-Datenbanken erschließen.
- Nationale und internationale Wochenzeitungen haben ebenfalls einen beträchtlichen Rezensionsteil.
- Schließlich können Sie auch in Verzeichnissen erschienener Rezensionen suchen.

Wichtige *Zeitschriften* mit einem größeren Rezensionsteil sind:

Neue Politische Literatur (NPL): Die Zeitschrift rezensiert seit ihrer Gründung 1956 die wissenschaftliche Literatur zu Politik und Zeitgeschichte. Ein Teil der Rezensionen ist auch online unter http://www.ifs.tu-darmstadt.de/npl/npl.html abrufbar.

Das *Historisch-Politische Buch* (HPB): In dieser sechsmal pro Jahr erscheinenden Zeitschrift finden Sie sowohl Sammel- als auch Einzelrezensionen, die nach unterschiedlichen Kategorien gegliedert sind.

Historische Zeitschrift (HZ): Die HZ hat einen sehr umfangreichen Rezensionsteil. Die 1859 gegründete Zeitschrift erscheint in 6 Heften pro Jahr, ihr Inhaltsverzeichnis ist im Netz unter http://www.oldenbourg.de/frame0.htm?http://www.oldenbourg. de/cgi-bin/romedia?Z=3471 durchsuchbar.

Ähnlich die *Vierteljahrschrift für Sozial- und Wirtschaftsgeschichte* (VSWG), die neben wenigen Aufsätzen und Miszellen jede Menge Rezensionen enthält. (Ein Teil davon kann im Netz unter http://www.steiner-verlag.de/VSWG/ durchsucht werden.)

The American Historical Review (http://www.jstor.org/journals/00028762.html), 1895 als Publikationsorgan der American Historical Association gegründet, veröffentlicht jährlich rund 1.000 Rezensionen vor allem zum englischsprachigen Raum.

Rezensionen werden auch von folgenden *Fachinformationsdiensten* angeboten:

Im Rezensionsbereich von *H-Soz-u-Kult* (http://hsozkult.geschichte.hu-berlin.de/rezensionen/), einem Internet-Forum, das der Kommunikation und Fachinformation für die Geschichtswissenschaften dient.

Im *historicum.net – Geschichts- und Kulturwissenschaften im Internet* (http://www.historicum.net/index.php) finden Sie ebenfalls einen Rezensionsteil mit dem Titel *sehepunkte – Rezensionsjournal für die Geschichtswissenschaften* (http://www.sehepunkte.historicum.net/).

Die *H-Net Reviews* (http://www.h-net.msu.edu/reviews/) sind eine internationale Ressource für Rezensionen. Als Teil des *H-Nets* (http://www.h-net.msu.edu/), das Fachinformationen für Historiker/innen bereitstellt, bietet es seit 1998 ausführliche englischsprachige Rezensionen zu Neuerscheinungen aus allen Bereichen der Geschichtswissenschaft. Die besprochenen Bücher und Multimedia-Publikationen sind meist ebenfalls englischsprachig.

Nicht zu vergessen sind nationale und internationale *Wochenzeitungen* wie die *Frankfurter Allgemeine Zeitung*, *Die Zeit*, die *Neue Zürcher Zeitung* oder *New York Review of Books*, die über einen beträchtlichen Rezensionsteil verfügen und vor allem schneller als historische Fachzeitschriften rezensieren. Einige dieser Zeitungen stellen ihre Rezensionen und ihr Artikelarchiv ins WWW und ermöglichen eine Recherche. So etwa im Archiv der *Zeit*, das Sie unter http://www.zeit.de/archiv/index gratis benützen können.

B *Im Rezensionsarchiv der* Zeit *können Sie zum Beispiel auch die Debatte um das Buch von Daniel Jonah Goldhagen, Hitlers willige Vollstrecker. Ganz gewöhnliche Deutsche und der Holocaust, Berlin 1996, nachverfolgen.*

Ü *Recherchieren Sie zur Übung im Zeit-Archiv nach der Goldhagen-Debatte und suchen Sie nach dem Namen jenes renommierten Bochumer Zeithistorikers (emeritierter Professor an der Universität Bochum), der an der Debatte über Daniel Jonah Goldhagen, Hitlers willige Vollstrecker teilgenommen hat. Das Zeit-Archiv können Sie unter http://www.zeit.de/archiv/index benützen. Die Lösung dieser Aufgabe finden Sie im Anhang auf Seite 306.*

Das beste *Verzeichnis der Rezensionen* ist die *Internationale Bibliographie der Rezensionen* (IBR) (http://gso.gbv.de/DB=2.14/LNG=DU/SRT=YOP/IMPLAND=Y/), die in der

Online-Version rund 900.000 Nachweise für die Zeit nach 1985 enthält. Hier finden Sie zwar keine Rezensionen, aber viele brauchbare Rezensionsnachweise für Zeitschriften, die Sie dann in Ihrer Bibliothek ausheben oder womöglich sogar im Web online lesen können.

Ü *Recherchieren Sie zur Übung in der* Internationale Bibliographie der Rezensionen (IBR) *(http://gso.gbv.de/DB=2.14/LNG=DU/SRT=YOP/IMPLAND=Y/) die Rezensionen zu* Christoph Conrad u. Jürgen Kocka, Hg., Staatsbürgerschaft in Europa. Historische Erfahrungen und aktuelle Debatten, Hamburg 2001. *Stellen Sie auch fest, wie lange es dauerte, bis dieses Buch in den historischen Fachzeitschriften rezensiert wurde. Achtung: Da die IBR eine kostenpflichtige Datenbank ist, können Sie diese nur von einer Bibliothek/Universität aus konsultieren, die auch über eine Subskription verfügt! Die Lösung finden Sie im Anhang auf Seite 306.*

Review Article

In einem Review Article gibt ein/e Autor/in einen möglichst vollständigen und kritischen Überblick über den Forschungsstand zu einer bestimmten Thematik. Dabei werden die zentralen Fragestellungen, Diskussionen, Ergebnisse und Forschungsdefizite herausgearbeitet. Meist konzentriert sich ein Review Article auf ein eher schmales Themenfeld und ist dabei selbst recht umfangreich (20 Seiten und mehr). Die Autor/inn/en sollten möglichst Expert/inn/en im behandelten Forschungsfeld sein. Review Articles beinhalten meist viele Fuß-/Endnoten und Verweise auf die behandelte Literatur.

B *Einige Seiten eines gelungenen Beispiels für einen Review Article, in dem ein Überblick über den Stand der Geschichte der Homosexualität (im Jahr 1998) gegeben wird, finden Sie unter http://www.geschichte-online.at/utb/3_3.html. Es handelt sich um* Gert Hekma, Die Verfolgung der Männer. Gleichgeschlechtliche männliche Begierden und Praktiken in der europäischen Geschichte, in: Österreichische Zeitschrift für Geschichtswissenschaften 9 (1998), 311–341. *Auf diesen Seiten können Sie auch ein Abstract zum Artikel aufrufen.*

Literatur und Links zur Annotation, Abstract, Rezension

Irmgard Hierdeis, Wie schreibe ich eine Rezension?, in: Theo Hug, Hg., Wie kommt Wissenschaft zum Wissen? Bd. 1: Einführung in das wissenschaftliche Arbeiten, Baltmannsweiler 2001, 196–213. *Eine mehr auf literarisches Rezensieren zielende Einführung, die wir aber auch Historiker/inne/n und anderen Kulturwissenschaftler/inne/n empfehlen können.*

Richard Maurius, A Short Guide to Writing about History, Glenview, Boston u. London 1989, 178–192. *Eine Schritt für Schritt-Hinführung zum Rezensieren mit einigen Beispielen.*

Wolfgang Schmale, Hg., Schreib-Guide Geschichte. Schritt für Schritt wissenschaftliches Schreiben lernen, Wien, Köln u. Weimar 1999, 82–97. *Praxisorientierte Einführung ins Rezensieren von Büchern, Ausstellungen, Vorträgen und Filmen mit Beispielen.*

Günter Mey, Editorial Note. Wozu Rezensionen? oder: Warum Rezensionen eigenständige Beiträge sein sollen? (April 2001) http://qualitative-research.net/fqs-texte/3-00/3-00mey-d.pdf (20.2.2006) *Rezensieren im Zeitalter des Internet – die Chancen und Gefahren des Mediums für die wissenschaftliche Diskussion neuer Forschungsergebnisse.*

Ursula Thomas, Wie schreibt man Rezensionen? http://www.lrz-muenchen.de~Lehrstuhl_Beck/d/ls/Rezensionen.pdf (20.2.2006) *Von der Pflicht und Kür des Rezensierens in der Wissenschaft und im Feuilleton.*

Anmerkungen und Notizen

4. lesen und dokumentieren

Es soll ja Menschen geben, die sich – egal, ob sie nun Romane oder *Fachliteratur lesen* – an (fast) alles erinnern können, was ihnen in einem Text untergekommen ist. Und noch dazu wissen sie Wochen und Monate nach der Lektüre, in welchem Buch und auf welcher Seite die entsprechenden Stellen zu finden sind. Das Gedächtnis eines Großteils der Leser/innen – und dazu gehören wahrscheinlich auch Sie – ist von der Text- und Informationsfülle, die man in wissenschaftlichen Werken findet, jedoch schlichtweg überfordert. Es ist schon oft recht mühsam, den Aufbau, die Struktur und den Inhalt eines Buches zu durchschauen. Wer einen komplexeren wissenschaftlichen Text ‚einfach nur so' durchliest, wird kaum in der Lage sein, alle relevanten Aussagen und Informationen herauszufiltern. Ähnlich verhält es sich mit den herkömmlichen *Dokumentationsformen* wie Kopieren und Unterstreichen, die bei umfangreicheren wissenschaftlichen Arbeiten sehr schnell an ihre Grenzen stoßen. Für das wissenschaftliche Lesen und Dokumentieren haben sich deshalb Methoden und Techniken entwickelt, mit denen Sie Texte systematisch erschließen und Ihre Lektüreergebnisse für die weitere Arbeit aufbereiten können.

Auch beim wissenschaftlichen Lesen gehen Sie nicht unvoreingenommen an einen Text heran, sondern folgen bestimmten Prämissen und *Vorannahmen*: Dazu gehört einmal Ihr Interesse an der Thematik, das Sie zum Beispiel durch die Themenwahl in einem Proseminar oder einem Kurs bekundet haben. Meist haben Sie auch schon die eine oder andere Vorstellung von den zu untersuchenden historischen Ereignissen, Strukturen oder Personen, die Ihren Blick bei der Lektüre leiten. Im besten Fall sollten Sie bei der wissenschaftlichen Lektüre durch konkrete Forschungsfragen und Hypothesen geleitet werden, die Ihr Interesse am zu lesenden Buch oder Artikel bestimmen.

Schon während des ersten Semesters Ihres Studiums werden Sie die Erfahrung machen, dass wissenschaftliche Erkenntnis, die sich in Texten abbildet, zum einen die Basis jeder Forschungsarbeit darstellt, zum anderen aber permanent der Kritik unterzogen wird. Die Lektüre der wissenschaftlichen Literatur dient also einerseits dazu, den Forschungsstand kennen zu lernen, ihn aber andererseits zu reflektieren und in Frage zu stellen. Dies kann auf unterschiedliche Art und Weise erfolgen, etwa als Kritik an den Hypothesen eines Textes, als Neuinterpretation der verwendeten Quellen, Materialien und Daten oder als Infragestellung der eingesetzten Methode(n).

Mit welchen Texten beginnen?

Wenn Sie sich in eine neue Thematik und Fragestellung einarbeiten, werden Sie einmal nach entsprechender Literatur recherchieren. Dabei sollten Sie zuerst allgemeine, über den engeren Themenbereich hinausgehende Darstellungen suchen. Texte in Handbüchern, Überblicksaufsätze, Review Article und Artikel in Studienbüchern eignen sich dazu am besten. Diese Textsorten vermitteln, selbst wenn Sie schon vor einigen Jahren erschienen sind, einen ersten Eindruck davon, wie sich Historiker/innen ihrer Thematik nähern und welche Aspekte für diesen Themenbereich von Interesse sein könnten. Wenn Sie bei der Literaturrecherche einen allgemeinen und noch dazu aktuellen Einstiegstext finden – umso besser.

Keinesfalls sollten Sie jedoch die eigentliche wissenschaftliche Lektüre bis zum Ende der Literatursuche aufschieben. Ganz im Gegenteil! Durch das Lesen von allgemeiner Literatur können Sie die weitere Literatursuche verfeinern und werden vielleicht sogar in eine neue Richtung gelenkt. Außerdem finden Sie in Überblicksdarstellungen meist auch weitere Titel zu Ihren Fragestellungen und Hypothesen.

B *Wenn Sie sich etwa mit dem Thema „Bauernbefreiung in Deutschland im 19. Jahrhundert" beschäftigen, werden Sie in Friedrich-Wilhelm Hennings Handbuch der Wirtschafts- und Sozialgeschichte Deutschlands, Bd. 2: Deutsche Wirtschaftsgeschichte und Sozialgeschichte im 19. Jahrhundert, Paderborn 1996 fündig. Dort gibt es auf den Seiten 40–127 eine allgemeine Darstellung der Entwicklung der Landwirtschaft und der ländlichen Gesellschaft im 19. Jahrhundert, in der diese Thematik in einem wirtschafts- und sozialgeschichtlichen Kontext behandelt und so der Einstieg ermöglicht wird. Auf http://www.geschichte-online.at/utb/4_1.html können Sie eine Seite dieses Textes lesen.*

Wissenschaftliches Lesen ist kein passives Rezipieren, sondern ein aktiver Aneignungsprozess, in dem Ihre Lesehaltung, Ihre Vorkenntnisse, die Fragestellungen und Hypothesen den Erkenntnisgewinn maßgeblich beeinflussen.

Wie soll man einen solchen *Leseprozess* beginnen? Egal, ob es sich um eine allgemeine Darstellung oder um eine Spezialstudie handelt, es lohnt auf jeden Fall, einen Text einmal kursorisch und quasi ‚von außen' zu betrachten. Verschaffen Sie sich zuerst einige Eckdaten: Wann ist der Text erschienen? Wer sind die Autor/inn/en (ein Blick auf den Klappentext oder ins Internet gibt Ihnen hier Auskunft)? Kommt Ihre Thematik überhaupt im Sachindex vor oder gibt es dazu ein eigenes Kapitel? Ist der Text in einer wissenschaftlichen Publikationsreihe erschienen, in einem populärwissenschaftlichen Verlag oder etwa auf einer ‚privaten' Homepage? Wie umfangreich sind die Anmerkungen und das Literaturverzeichnis? Wird aktuelle Literatur zitiert? Lesen Sie den Text einmal ‚quer', indem Sie beim Durchblättern auf Signalwörter oder interessant scheinende Stellen achten und dann einige Sätze oder Absätze genauer lesen. Bei aktuellen Büchern hilft meist auch ein Blick in eine Rezension, in der das Werk wissenschaftlich bewertet wurde. Wenn Sie mit einer Thematik schon vertraut sind, können Sie womöglich im Literaturverzeichnis oder im Sach- und Personenindex erkennen, ob ein Text auf dem Stand der Diskussion ist und Sie von der Lektüre neue Erkenntnisse erwarten können. Mit geringem Aufwand gewinnen Sie so einen ersten Eindruck von einem Text und können abschätzen, ob eine sorgfältige Lektüre überhaupt lohnt.

B *Nachfolgend finden Sie ein Beispiel für eine solche erste Bewertung einer Überblicksdarstellung. Angenommen wird, dass ein/e Student/in im Sommersemester 2003 Literatur über die spezifischen Methoden der Frauengeschichte sucht und zum Einstieg nach einer allgemeinen Darstellung zu dieser Thematik recherchiert. Bei der Literatursuche stößt er/sie auf den Band* Johanna Gehmacher u. Maria Mesner, Hg., Frauen- und Geschlechtergeschichte. Positionen/Perspektiven, Innsbruck, Wien u. München 2003. *Die „Bewertung" könnte etwa folgendes ergeben:*

Im Jahr 2003 erschienen – damit zum Zeitpunkt der Recherche also sehr aktuell.

Autor/inn/en bzw. Herausgeber/innen? Johanna Gehmacher ist ao. Univ. Prof. am Institut für Zeitgeschichte der Universität Wien, Maria Mesner ebenfalls Historikerin, Lektorin an diesem Institut und Mitarbeiterin der Lehrentwicklung an der Universität Wien. Beide haben, wie ein Blick in die Publikationsliste auf ihren Homepages zeigt, einiges zur Frauengeschichte publiziert und sollten also als Herausgeberinnen die wissenschaftliche Qualität der Aufsätze in diesem Band garantieren.

Publikationsreihe? Der Band ist in einer Buchreihe mit dem Titel „Querschnitte – Grundlagentexte zur Wirtschafts-, Sozial- und Kulturgeschichte" erschienen und sollte deshalb keine Spezialaufsätze, sondern eher Überblicks- und Einstiegstexte enthalten.

Inhaltsverzeichnis? Ein Blick ins Inhaltsverzeichnis (siehe auch http://www.geschichte-online.at/utb/4_2.html) ergibt, dass hier vor allem die wissenschaftsgeschichtlichen und methodischen Zugänge im Mittelpunkt stehen und mit dem Aufsatz von *Eva Blimlinger u. Eva Hornung, Feministische Methodendiskussion in der Geschichtswissenschaft* auf Seite 127–142 auch ein entsprechender allgemeiner Text für die zu behandelnde Thematik vorhanden ist.

Literaturverzeichnis? Der Text von Blimlinger und Hornung enthält auf den Seiten 139–142 ein Literaturverzeichnis samt weiterführender Literatur. Ein Blick in dieses (siehe auch http://www.geschichte-online.at/utb/4_3.html) zeigt, dass man hier eine wahre Fundgrube für die weitere Literaturrecherche entdeckt hat.

Eine kursorische Lektüre des Aufsatzes von Blimlinger und Hornung ergibt, dass dieser chronologisch aufgebaut ist (Methodendiskussion seit den 1960er Jahren) und im zweiten Teil Beispiele gegenwärtiger methodischer Zugänge enthält. Das ,Überfliegen' einiger Sätze zeigt zudem, dass die Autorinnen auch die Spezifika des Methodeneinsatzes in der Frauengeschichte heraus streichen und für Anfänger/innen verständlich schreiben. Auf http://www.geschichte-online.at/utb/4_4.html können Sie eine Beispielseite dieses Textes lesen.

Fazit? Der Aufsatz scheint damit für einen ersten Einstieg in die Thematik geeignet zu sein.

Aktualität? Hier wird der Stand der Methodendiskussion in der Frauengeschichte in einem allgemeinen und historischen Zusammenhang dargestellt.

Dokumentation

Bevor Sie mit dem genauen und detaillierten Lesen beginnen, sollten Sie sich über die weitere Verwendung der Lektüreergebnisse klar werden. Wollen Sie ,nur' eine kurze Rezension eines Textes schreiben? Ist die Lektüre Teil einer längeren Literaturarbeit für ein Proseminar oder einen Kurs? Oder geht es um ein umfangreicheres Themenfeld einer Abschlussarbeit? Abhängig von der jeweiligen Zielsetzung können Sie Ihre Lesearbeit recht unterschiedlich dokumentieren und für die mündliche und schriftliche Weiterverwendung aufbereiten.

In den nachfolgenden Dokumentationsformen bedeutet wissenschaftliches Lesen in der Praxis immer auch schreibend zu lesen und sich auf diese Weise gedanklich mit einem Text auseinander zu setzen. Lektüreergebnisse sollen dabei festgehalten werden und die entsprechenden Textpassagen wieder auffindbar sein. Dafür können unterschiedliche Dokumentationsformen eingesetzt werden, die sich bezüglich des Aufwandes, der Wiederauffindbarkeit der Information, der Weiterverwendung und der eingesetzten Medien deutlich unterscheiden.

Bei der Wahl einer wissenschaftlichen *Dokumentationsform* sollten Sie folgende Fragestellungen im Auge haben:

Wird/werden durch die gewählte Dokumentationsform
- die Lektürearbeit inhaltlich und formal unterstützt,
- die Leseergebnisse gespeichert,
- die Kommentare der Leser/in aufgenommen,
- die Fundstellen ausgewiesen,
- die Leseergebnisse leicht zugänglich gemacht?

Folgende Dokumentationsformen können Sie einsetzen:
- Markierung von Textstellen
- Randglossen mit Zusammenfassungen und Kommentaren
- Exzerpt eines Textes bzw. von Textpassagen
- Notizen auf Karteikarte
- Datenbankeinträge zu einzelnen Textstellen

Markierung

Bei der Textmarkierung werden wichtige Textstellen mit einem Farbmarker oder Stift angestrichen. Textmarkierung ist sicherlich die von Studierenden am häufigsten angewandte Form der Textarbeit und Dokumentation. Sie ist deshalb so beliebt, weil sie relativ einfach zu handhaben ist und man dennoch den Eindruck bekommt, einen Text tatsächlich zu ‚bearbeiten'.

Vor- und Nachteile: Mit dieser Methode lassen sich – etwa durch unterschiedliche Farben – die Aussagen eines Textes rasch markieren und (zumindest innerhalb einer Seite) leicht wieder auffinden. In einem längeren Text können gesuchte Passagen (selbst bei einem detaillierten Inhaltsverzeichnis) nur schwer eruiert werden. Bei schriftlichen Arbeiten auf der Basis vieler (markierter) Bücher und Artikel verlieren Sie schnell den Überblick. Sie haben auch keine Möglichkeit, mit dieser Methode Themengebiete zu gruppieren oder zu sortieren. Diese Technik verführt leicht zur ‚Anstreichsucht', und die Frage, welche Aussagen wichtig und zentral sind, gerät in den Hintergrund.

B *Auf http://www.geschichte-online.at/utb/4_5.html können Sie ein Beispiel für extensiv eingesetzte Textmarkierungen in Erwin Faber u. Imanuel Geiss, Arbeitsbuch zum Geschichtsstudium. Einführung in die Praxis wissenschaftlicher Arbeit, 3. Auflage, Wiesbaden 1996, 23, sehen.*

Auf http://www.geschichte-online.at/utb/4_6.html können Sie das Markieren von Textpassagen üben.

Randglossen

Mit Randglossen kommentieren Sie wichtige Aussagen einer Textpassage am Rand des Textes und halten dort auch Notizen zu Ihrer Lesearbeit fest.

Vor- und Nachteile: Gegenüber der Textmarkierung wird beim Verfassen von Randglossen ein Text meist intensiver bearbeitet, da hier Aussagen komprimiert wiederzugeben sind. Durch Glossen können auch die verwendeten Textsorten kommentiert werden – etwa durch Kürzel wie „Def." (Textpassage enthält Definition), „Bsp." (hier findet sich ein Beispiel) und Ähnlichem. Mit dieser Dokumentationsform lassen sich über mehrere Seiten hinweg Passagen halbwegs rasch wieder finden. Bei längeren Texten verliert man jedoch den Überblick. Themengebiete können Sie mit dieser Technik weder gruppieren noch sortieren.

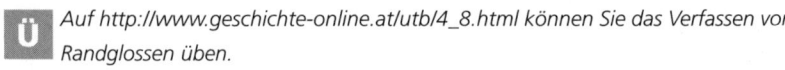 *Auf http://www.geschichte-online.at/utb/4_7.html können Sie ein Beispiel für die Schreibung von Randglossen in Wolfgang Schmale, Hg., Schreib-Guide Geschichte. Schritt für Schritt wissenschaftliches Schreiben lernen, Wien, Köln u. Weimar 1999, 51 sehen.*

Auf http://www.geschichte-online.at/utb/4_8.html können Sie das Verfassen von Randglossen üben.

Exzerpt

In einem Exzerpt oder Exzerptpapier notieren Sie (auf Papier oder in einer Datei) den Aufbau und die wichtigsten Aussagen und Hypothesen eines Textes. Umfang und Genauigkeit eines Exzerpts hängen davon ab, ob Sie den Text nur für eine bestimmte Frage aufbereiten oder mit ihm noch in einem anderen Zusammenhang arbeiten wollen. Im letzteren Fall sollten Sie eher ein ausgewogenes und detailliertes Exzerpt erstellen. Fundstellennachweise geben Ihnen die Möglichkeit, rasch zu bestimmten Textstellen zurückzukehren und sie noch einmal genauer zu studieren. Exzerpte kann man auf lose Seiten oder in ein Exzerptheft schreiben.

Vor- Und Nachteile: Mit einem Exzerpt können Sie auch größere Textmengen, etwa ein ganzes Buch dokumentieren, ohne dass dabei der Gesamtzusammenhang verloren geht. Selbst nach Monaten und Jahren erschließt sich nach kurzer Lektüre wieder der Inhalt eines Buches. Beim Abfassen des Exzerpts lernen sie auch den Aufbau und die ‚Schwachstellen' eines Textes genauer kennen. Exzerpieren ist allerdings eine sehr aufwändige Form der Dokumentation. Wenn Sie ein Exzerpt nicht mit einem (Sach-)Index verbinden, finden Sie benötigte Textstellen kaum wieder.

B *Auf http://www.geschichte-online.at/utb/4_9.html können Sie ein Beispiel für ein genaues Exzerpt des Artikels* Andreas Rutz, Ego-Dokument oder Ich-Konstruktion? Selbstzeugnisse als Quellen zur Erforschung des frühneuzeitlichen Menschen, in: Zeitenblicke 1 (2002), Nr. 2, *aufrufen.*

Karteikarte und/oder Datenbank

Auf Karteikarten oder in einer Datenbank können Sie wichtige Textpassagen exzerpieren und zitieren, eigene Kommentare anfügen, Personendaten und Literaturangaben dokumentieren. Fundstellennachweise geben Ihnen dabei die Möglichkeit, rasch zu einer bestimmten Textstelle in einem Buch/Aufsatz zurückzukehren und sie noch einmal genauer zu studieren. Die Anlage solcher Karten oder Datenbankrecords fördert und intensiviert die Lesearbeit, da Sie solcherart in Texten nicht nur wichtige Informationen auffinden, sondern auch Metabegriffe in Form von Schlagworten vergeben müssen.

Vor- und Nachteile: Mit Karteikarten und Datenbanken können Sie die dokumentierten Leseergebnisse besonders schnell wieder zugänglich machen. Auch die Gruppierung und das Sortieren von Informationen entlang neuer Fragestellungen ist hier über Schlagworte, Personenangaben – oder in einer Datenbank durch Suchfunktionen und Indizes – relativ einfach möglich. Die Wiederverwendbarkeit der Lese- und Dokumentationsarbeit wird deutlich verbessert. Die Anlage eines Karteikastens oder einer Datenbank ist jedoch meist recht aufwändig. Neben der Exzerptarbeit müssen auch noch Schlagworte vergeben werden. Wenn Sie keine Datenbankkenntnisse besitzen, wird es einige Zeit dauern, bis Sie mit einem System/Programm im Alltag arbeiten können. Zettelkarteien und Karteikästen können auch zu einer finanziellen Belastung werden. Gegenüber maschinellen Datenbanksystemen sind sie noch dazu wenig flexibel – allerdings gibt es genügend Forscher/innen, die nach wie vor auf dem haptischen Erlebnis der ‚Zettelwirtschaft' bestehen. Vor die Wahl gestellt, sollten Sie sich heute aber eher für eine maschinelle Datenbank entscheiden. Egal, ob Sie Karteikarten oder Datenbanken benutzen, in beiden Fällen besteht die Gefahr, dass der Gesamtzusammenhang der Lesedokumentation verloren geht.

Karteikarten oder (maschinelle) Datenbanken können Sie nach folgenden *Prinzipien* gestalten: Einmal als *Sachdatei*. Hier notieren Sie zu Schlagworten ein Exzerpt und/oder ein wörtliches Zitat. Daneben können Sie auch Kommentare etc. festhalten und zudem die Fundstelle im ursprünglich bearbeiteten Text. Die Sachdatei kann in Personen-, Lektüre- und eigentliche Sachdatei unterteilt werden. Statt eines Schlagwortes wird dann z. B. ein Personenname samt den benötigten biographischen Informationen, Kommentaren und Fundstellennachweisen angegeben. Weiters als *Literaturdatei/bibliographische Datei*. Hier geben Sie neben allen notwendigen Titelinformationen zu einem Buch, Aufsatz, Internetdokument etc. auch Schlagworte an; daneben Informationen wie Bibliothekssignaturen, Kommentare u. a. Viele Literaturdatenbanken haben neben der Unterstützung von Such- und Sortierroutinen den großen Vorteil, dass Sie Literatureinträge nach den diversen/individuellen Zitierregeln in ein Textverarbeitungsprogramm exportieren können.

Für traditionelle *Karteikarten* verwenden Sie am besten vorgefertigte A6-Karten, dazu – falls aufgrund des Umfangs der Kartei notwendig – einen entsprechenden Karteikasten. Die formale Gestaltung der einzelnen Karten könnte folgendermaßen aussehen: In der Kopfzeile notieren sie links das/die Schlagwort(e), das/die der Einordnung der Karteikarte dient/dienen. Rechts in der Kopfzeile geben Sie ev. noch den speziellen Typ der Karte an, z. B. „Zit." für „Zitatkarte", „Bio." für „Biographische Daten" und ähnliches. Unterhalb der Kopfzeile schreiben Sie die Fundstelle/Titelangaben – wie Autor, Kurztitel, Seitenangaben. In den eigentlichen Schreibfeldern notieren Sie die benötigten Informationen, kurzen Exzerpte, Lektüreerkenntnisse oder auch wörtlichen Zitate.

B *Auf http://www.geschichte-online.at/utb/4_10.html können Sie Beispiele für Sach- und Literaturkarteikarten zu* Andreas Rutz, Ego-Dokument oder Ich-Konstruktion? Selbstzeugnisse als Quellen zur Erforschung des frühneuzeitlichen Menschen, *in: Zeitenblicke 1 (2002), Nr. 2 (http://www.zeitenblicke.historicum.net/2002/02/rutz/index.html), einsehen.*

B   *Auf http://www.geschichte-online.at/utb/4_11.html finden Sie Screenshots für die Feldstruktur einer einfachen Sachdatenbank mit Schlagworten und einer Literaturdatenbank.*

Lit-link ist ein Datenbankprogramm, mit dem Sie Informationen, die bei der Arbeit von Historiker/inne/n üblicherweise benötigt werden, verwalten können. Anders als bei den meisten auf dem Markt erhältlichen Literaturverwaltungsprogrammen steht dabei die assoziative Verknüpfung von bibliographischen Informationen, eigenen Notizen und Informationen im Internet im Vordergrund. Das Programm unterstützt den Arbeitsprozess nicht nur bei der Literatursuche und der Zusammenstellung des Literaturverzeichnisses, sondern begleitet die gesamte Entstehung einer wissenschaftlichen Arbeit. Das Programm besteht aus vier miteinander dynamisch und relational verbundenen Dateien, nämlich zu Autoren, Titeln, Karteien und Zeitschriften. Grundprinzip von *Lit-link* ist es, die Daten zu einer Person, einem Titel, einem Sachverhalt (in der Kartei, erschlossen über Schlagworte) und einer Zeitschrift als Fundort miteinander zu verknüpfen und diese Verbindungen jeweils sichtbar zu machen – unabhängig davon, in welchem Teil der Datenbank man sich gerade befindet. Auf http://www.lit-link.ch/ erhalten sie weitere Informationen zu *Lit-link* und können die aktuelle Programmversion gratis downloaden.

Journal

Unter einem Journal versteht man einmal eine Form, das individuelle Lernen zu dokumentieren und zu reflektieren; weiters kann es sich dabei um eine Form des (halb)öffentlichen Schreibens handeln, das auf die Produktion von Texten (wie Kurs-, Übungs-, Seminararbeiten) abzielt. Ein Journal ist damit eine Mischung aus Tagebuch und wissenschaftlichem Schreiben.

Im Journal werden Ideen, Reflexionen und (Sprach-)Materialien für die Entstehung eines Textes (oder auch einer mündlichen Präsentation) festgehalten und gesammelt. Dazu kommen Arbeits- und Lerneindrücke und -schwierigkeiten, Fragen und Probleme im Umgang mit einem Lerngegenstand, Lektüreeindrücke usw. Die Niederschrift und Reflexion hilft Ihnen, Ideen zu ordnen, zu formulieren und zu einem späteren Zeitpunkt wieder zugänglich zu machen. Auf diese Art und Weise lernt man schreibend zu denken.

Journale haben meist die *Gestalt* (eher großformatiger) Notizbücher, die alles, was den persönlichen und wissenschaftlichen Umgang mit einer Fragestellung befördert, enthalten: Beobachtungen, Spekulationen, Fragen, Selbstreflexionen, Querverbindungen zwischen Wissenschaft, Studium und privatem Leben, Revisionen früherer Ideen etc. Alternativ können sie mit einem Textverarbeitungsprogramm geführt werden.

Beim Journalschreiben können Ideen im Privaten reifen und (halb)fertig werden für die Veröffentlichung zum Beispiel in Lehrveranstaltungen oder auch größerer Abschlussarbeiten. Journalschreiben hilft die Angst vor dem leeren Blatt zu überwinden und Schreibblockaden zu vermeiden. Journale zu führen kann auch Aufgabe von Lehrveranstaltungen sein, indem Lehrende Teile des Journals kommentieren und mit den Studierenden diskutieren.

Eine Variante des Journals ist das *Forschungslogbuch*: Dabei handelt es sich um ein Journal, in dem der Fortgang der Forschungsarbeit, die Weiterentwicklung des Themas und die Genese der Texte festgehalten und reflektiert werden.

Literatur und Links zu Lesen und Dokumentieren

http://www.uni-konstanz.de/FuF/Philo/Geschichte/Tutorium/Themenkomplexe/themenkomplexe.html. *Ein sehr empfehlenswertes Tutorium der Universität Konstanz, Fachbereich Geschichte und Soziologie, das eine praktische Einführung in das Lesen und Dokumentieren enthält und zudem theoretische Fragen behandelt. (Siehe dort unter „Lesen")*

Georg Rückriem u. Joachim Stary, Techniken des wissenschaftlichen Arbeitens (CD-ROM, 1. Version 2002, ISBN 3–589–21409-0) (6.12.2003). *Unter „Lesen und Speichern" werden Sie anhand vieler Beispiele in die konkreten Arbeitsschritte eingeführt.*

Umberto Eco, Wie man eine wissenschaftliche Abschlussarbeit schreibt. Doktor-, Diplom- und Magisterarbeit in den Geisteswissenschaften, 9. Auflage, München 2002, 150–182. *Wer etwas über die Arbeit mit Karteikarten lernen möchte, ist bei Eco gut aufgehoben.*

Manuel René Theisen, Wissenschaftliches Arbeiten. Technik – Methodik – Form, 9. Auflage, München 1998, 94–113. *Einführung in die Anlage von (Zettel-)Karteien.*

Gerd Bräuer, Schreibend lernen. Grundlagen einer theoretischen und praktischen Schreibpädagogik, Innsbruck 1998, 130–140. *Journalschreiben können Sie hier als Beziehung von akademischem Diskurs und persönlicher Erfahrung kennen lernen.*

Wolfgang Schmale, Hg., Schreib-Guide Geschichte. Schritt für Schritt wissenschaftliches Schreiben lernen, Wien, Köln u. Weimar 1999, 36–58. *Lernen Sie praxisorientiert die Führung eines Journals und dessen Nutzen kennen.*

Anmerkungen und Notizen

geschichte online

5. zitat, anmerkungsapparat, zitierregeln, anmerkungen

In der Online-Version finden Sie unter http://www.geschichte-online.at/utb/5_1.html einen interaktiven Einstieg in diese Thematik.

Das Zitat

Ein Zitat ist eine wörtliche oder sinngemäße Textübernahme aus der (Forschungs-)Literatur oder aus Quellen. In der Text- und Diskursanalyse spricht man in diesem Zusammenhang auch von „manifester Intertextualität", die dann vorliegt, wenn ‚fremde' Texte in einen Text eingebaut werden. Quellen- und Titelnachweise zu Zitaten erfolgen entsprechend den jeweiligen Belegverfahren im Text selbst oder im Anmerkungsapparat (in Form von Fuß- oder Endnoten).

B *Auf http://www.geschichte-online.at/utb/5_2.html finden Sie ein Beispiel mit unterschiedlichen Zitatformen (aus* Jan Palmowski, Auf der Suche nach der neuen Mitte. Die britische Liberale Partei 1914–1932, in: Geschichte und Gesellschaft (2003), 5).

Welche *Funktion* haben Zitate?
- Verwenden Sie Zitate aus (historischen) Quellen als Unterstützung und Beleg für Ihre Argumentation, Zitate aus der Sekundärliteratur als Untermauerung der Argumente.
- Mit Zitaten können Sie die Urheberschaft und Herkunft von Aussagen belegen. Damit machen Sie auch klar, welche Aussagen von Ihnen stammen und welche Sie übernommen haben.
- Durch Zitate und die mit ihnen verbundenen Fuß-/Endnoten und Anmerkungen gewährleisten Sie ein wichtiges Wissenschaftskriterium – die Nachprüfbarkeit von Aussagen und Materialien.
- Mithilfe von Zitaten können Sie den Forschungsgegenstand besser veranschaulichen – indem Sie etwa Textpassagen aus Quellen präsentieren.

- Durch Zitate betten Sie Texte in den Forschungszusammenhang ein und signalisieren damit auch Zustimmung oder Widerspruch.

Sie sollten Zitate nicht anstelle eigener Argumentation verwenden. Lassen Sie sich auch nicht zu einer Aneinanderreihung von Quellentexten oder Textpassagen aus der Sekundärliteratur verleiten. Zitierte Passagen sprechen nicht für sich, sondern benötigen einen Anschluss in Ihrem Text und meist auch eine Interpretation bzw. einen Kommentar. Zitate sollten deshalb nur gezielt eingesetzt werden – im Übermaß verwendet, zerstören Sie den Argumentationsfluss. Wenn Sie sich mit einem Text analytisch auseinander setzen, werden Sie meist häufiger zitieren.

Gewöhnlich werden vier *Typen* von Zitaten unterschieden:
- das wörtliche Zitat: Textstellen werden möglichst ‚quellengetreu' übernommen
- das sinngemäße Zitat (auch Paraphrase genannt): Textstellen werden sinngemäß übernommen und in eigenen Worten zusammengefasst
- das Zitat im Zitat: übernommene Textstellen, in denen bereits ein wörtliches Zitat vorhanden ist
- das Zitat aus dem Internet: eine der drei vorangegangenen Zitierformen, wobei aus dem Internet zitiert wird

Wörtliches Zitat

Beim *wörtlichen Zitat* übernehmen Sie Textstellen quellengetreu, also zum Beispiel auch ältere Schreibungen oder Tippfehler; auch Textformate wie Fett- oder Kursivschreibungen sollten in das Zitat eingehen.

B *Salzmann gibt einen der Briefschreiber wieder: „Ich hielt es für nichts weiter, als höchstens etwas unanstaendiges, das man nicht öffentlich thun dürfe. Haette ich nur einmal gehört, es sey etwas schaedliches, unerlaubtes und sündliches ! ich würde gewiss davon abgestanden haben."*

Veränderungen im zitierten Text sollten Sie möglichst vermeiden. Ausnahmen davon finden Sie auf S. 67 f. Fremdsprachige Zitate sollten Sie in der Originalsprache wiedergeben. Bei Sprachen, die beim Zielpublikum nicht vorausgesetzt werden können, ist neben dem Originalzitat eine Übersetzung in den Fuß-/Endnoten hilfreich.

Kürzere wörtliche Zitate (unter ca. drei Zeilen) schreiben Sie in doppelten *Anführungszeichen*.

B *In einer frühen Studie zur Selbstbedienung ist bereits davon die Rede, dass die Waren durch die Regalgestaltung in den neuen SB-Geschäften in den Mittelpunkt rückten: „Man läßt sie gewissermaßen selbst sprechen, selbst anbieten und mit dem Kunden ‚flirten'."*

Längere wörtliche Zitate (mehr als ca. drei Zeilen) schreiben Sie als neuen Absatz eingerückt und auf die optische Mitte des Satzspiegels gesetzt. Die Absätze des zitierten Originals übernehmen Sie dabei. Verwenden Sie einen kleineren Schrifttyp und geringeren Zeilenabstand. Sie brauchen keine Anführungszeichen zu setzen.

B *Wie Ariane Stihler ausführt, kann von einer Verbreitung der Werbung für Mode erst im späten 18. Jahrhundert gesprochen werden:*

> Obwohl die erste Modezeitung – Le Mercure Galant – 1672 in Frankreich erschien, ab 1677 sogar Modezeichnungen enthielt, begann die systematische und verbreitete Produktion von Modedrucken erst in den letzten drei Jahrzehnten des 18. Jahrhunderts in England. Im Jahr 1759 veröffentlichte The Lady's Magazine die erste ganzseitige, schwarz-weiße Modeillustration und kurz darauf erschien darin der erste colorierte Modedruck.

So genannte *Zitate aus zweiter Hand* – also Textstellen, die Sie nicht aus dem Original, sondern aus einem anderen Werk übernehmen – müssen kenntlich gemacht werden, etwa durch *zitiert nach:* in den Fuß-/Endnoten. Um eine Weitergabe von Falschzitaten zu vermeiden, sollten Sie, wenn möglich, aus dem Original zitieren.

B *In SB-Geschäften rückten die Waren und ihre Präsentation in den Blickpunkt des Konsumierens: „Man läßt sie gewissermaßen selbst sprechen, selbst anbieten und mit dem Kunden ‚flirten'."*[15]

Text der Fuß-/Endnote:

15 Walter Riethmüller, Selbstbedienung, ein betriebswirtschaftlich-organisatorisches Problem. Untersuchung einer rationellen Betriebsform in der modernen Lebensmittelvertretung, München (Diss.) 1952, 17 f., zit. nach Michael Wildt, Die Kunst der Wahl. Zur Entstehung des Konsums in Westdeutschland in den 1950er Jahren, in: Hannes Siegrist, Hartmut Kaelble u.

Jürgen Kocka, Hg., Europäische Konsumgeschichte. Zur Gesellschafts- und Kulturgeschichte des Konsums (18. bis 20. Jahrhundert), Frankfurt am Main u. New York 1997, 318.

Ü *Auf http://www.geschichte-online.at/utb/5_3.html und http://www.geschichte-online.at/utb/5_4.html können Sie die Schreibung von wörtlichen Zitaten üben. Die Lösung finden Sie im Anhang auf Seite 307.*

Paraphrase

In Paraphrasen referieren Sie einen Text sinngemäß und fassen ihn in eigenen Worten zusammen.

B *Durch die Selbstbedienungsläden veränderte sich das Einkaufen in den fünfziger Jahren radikal. Statt des Verkaufsgesprächs und dem vermittelnden Verkäufer, standen nun zunehmend die Waren im Mittelpunkt des Geschehens und mussten sich dementsprechend im Regal durch Produktgestaltung und Platzierung von anderen Waren abheben.*[15]

Text der Fuß-/Endnote:

15 Vgl. Michael Wildt, Die Kunst der Wahl. Zur Entstehung des Konsums in Westdeutschland in den 1950er Jahren, in: Hannes Siegrist, Hartmut Kaelble u. Jürgen Kocka, Hg., Europäische Konsumgeschichte. Zur Gesellschafts- und Kulturgeschichte des Konsums (18. bis 20. Jahrhundert), Frankfurt am Main u. New York 1997, 318.

Die paraphrasierte Meinung und Ihre eigene Meinung sollten möglichst unterscheidbar sein, etwa durch indirekte Rede oder die Nennung des/der referenzierten Autors/in.

B *In den 1950er Jahren entstanden die ersten Selbstbedienungsläden. Nach Wildt wurde die personale Beziehung zwischen Käufer und Verkäufer durch eine direkte Begegnung zwischen Käufer und Ware ersetzt.*

Die sinngemäße Wiedergabe fremder Gedanken müssen Sie ebenfalls durch Fuß-/Endnoten mit einleitendem *Vgl.* belegen.

B Nach Wildt wurde die personale Beziehung zwischen Käufer und Verkäufer durch eine direkte Begegnung zwischen Käufer und Ware ersetzt.[15]

Text der Fuß-/Endnote:

15 Vgl. Michael Wildt, Die Kunst der Wahl. Zur Entstehung des Konsums in Westdeutschland in den 1950er Jahren, in: Hannes Siegrist, Hartmut Kaelble u. Jürgen Kocka, Hg., Europäische Konsumgeschichte. Zur Gesellschafts- und Kulturgeschichte des Konsums (18. bis 20. Jahrhundert), Frankfurt am Main u. New York 1997, 318.

Die sinngemäße Wiedergabe von Texten in einer Paraphrase sollte Sie nicht zu einem *Plagiat*, zum ‚Abschreiben' von anderen Autor/inn/en verführen. Im Zweifelsfall sollten Sie besser wörtliche Zitate verwenden. Achten Sie bei einer Paraphrase immer darauf, die Gedanken anderer Autor/innen mit eigenen Worten wiederzugeben und sie auch zu interpretieren und zu bewerten.

Auf http://plagiat.fhtw-berlin.de/ff/00splash/00splash.html können Sie eine Lerneinheit zur Frage des Plagiats von Debora Weber-Wulff an der FHTW Berlin aufrufen. Die Lerneinheit informiert über die Geschichte des Plagiats, die Probleme mit Plagiaten an Schulen und Universitäten und zeigt Ihnen anhand von Aufsätzen, wie man Plagiate entdeckt.

Zitat im Zitat

Zitate im Zitat stellen einen Sonderfall des wörtlichen Zitats dar. Hier zitieren Sie einen Text, in dem bereits ein wörtliches Zitat vorhanden ist. Für die Schreibung des Zitats im zitierten Text verwenden Sie dann einfache Anführungszeichen (Apostrophe).

B *Nach Michael Wildt rückte „die Art der Auslage in den neuen SB-Geschäften die Waren in den Mittelpunkt [...]: ‚Man läßt sie gewissermaßen selbst sprechen, selbst anbieten und mit dem Kunden flirten'."*[15]

Text der Fuß-/Endnote:

15 Michael Wildt, Die Kunst der Wahl. Zur Entstehung des Konsums in Westdeutschland in den 1950er Jahren, in: Hannes Siegrist, Hartmut Kaelble u. Jürgen Kocka, Hg., Europäische Konsumgeschichte. Zur Gesellschafts- und Kulturgeschichte des Konsums (18. bis 20. Jahrhundert), Frankfurt am Main u. New York 1997, 318.

Auf http://www.geschichte-online.at/utb/5_5.html können Sie die Schreibung von Zitaten im Zitat üben. Die Lösung finden Sie im Anhang auf Seite 308.

Zitat aus dem Internet

Die Frage, ob Sie aus Texten, die im Internet veröffentlicht wurden, ebenfalls zitieren dürfen, lässt sich derzeit leider nicht allgemein beantworten. Zwar sehen immer mehr Lehrende diese Veröffentlichungsform als zitierfähig an, es gibt aber immer noch genügend, die dieses Medium als zu flüchtig, unsicher und deshalb jenseits der wissenschaftlichen Qualitätsstandards sehen. Vergewissern Sie sich also vor dem Zitieren aus dem Internet, ob dies in der jeweiligen Lehrveranstaltung auch gestattet ist.

Wenn Sie aus dem Internet zitieren, sollten Sie folgende *Regeln* beachten:

- Richten Sie sich bei Zitaten aus dem Internet nach denselben Regeln und Kriterien, die sie für Zitate aus traditionellen Medien wie Büchern und Zeitschriften kennen gelernt haben.
- Sie sollten auf jeden Fall sicherstellen, dass Sie die Internetseiten, aus denen Sie zitieren, reproduzieren können. Da der Inhalt von Internetfiles oft verändert wird, ist dies nur möglich, wenn Sie eine Kopie auf Ihrem PC anlegen oder den Text ausdrucken. Meist können auch Texte, die aus einer Datenbank generiert sind, abgespeichert werden – indem man etwa den Bildschirminhalt kopiert und in ein Textverarbeitungsprogramm überträgt oder mit einem Screenshot-Programm als File sichert bzw. ausdruckt. Das Datum der Textsicherung sollten Sie dabei immer mitspeichern. Ziel ist es, damit einen Nachweis für die Herkunft und Richtigkeit eines Zitats zu besitzen.
- Versuchen Sie sich über den/die Anbieter/in einer Seite genau zu informieren. Handelt es sich dabei zum Beispiel um eine anerkannte elektronische Fachzeitschrift, die von einem Universitätsinstitut herausgegeben wird, oder womöglich nur um eine Jux-Seite, die keinen wissenschaftlichen Anspruch hat? Besuchen Sie die anbietende Institution im Netz über einen ‚seriösen' Link von ‚außen' und versuchen Sie von dieser Seite weiter zu dem zitierten Dokument zu gelangen. Dokumentieren Sie ev. auch die Adressen/URLs dieser Seiten.
- Anders verhält es sich, wenn Sie Internetseiten selbst zum Untersuchungsgegenstand machen. In diesem Fall können Sie jedes für Ihre Fragestellung und Hypothese

relevante Internetdokument verwenden. Auch in diesem Fall sollten Sie aber die oben genannten Sicherungsmaßnahmen und Herkunftsnachweise durchführen.

* Besondere Aufmerksamkeit müssen Sie in allen Fällen der Schreibung der Herkunftsangaben widmen – siehe dazu die Zitierregeln für das Internet weiter unten.

Textänderung in Zitaten

Veränderungen im zitierten Text dürfen Sie nur nach bestimmten Regeln vornehmen – wobei die Aussage eines zitierten Texts insgesamt nicht verändert werden soll.

Auslassungen in einem Zitat müssen Sie durch eckige Klammern mit drei Punkten *[…]* markieren (manchmal werden auch runde Klammern verwendet *(…)* oder, eher selten, überhaupt nur drei Punkte …).

B *Nach Michael Wildt rückte „die Art der Auslage in den neuen SB-Geschäften die Waren in den Mittelpunkt […]: ‚Man läßt sie gewissermaßen selbst sprechen, selbst anbieten und mit dem Kunden flirten'."*

Sie können auch *Hinzufügungen* machen, wenn diese für die grammatikalische Korrektheit eines Satzes notwendig sind oder für das Verständnis unumgängliche Ergänzungen enthalten. Hinzufügungen schreiben Sie ebenfalls in eckigen Klammern.

B *Schon in einer frühen Studie zur Selbstbedienung konnte man lesen, „daß die Art der Auslage in den neuen SB-Geschäften die Waren in den Mittelpunkt rückt[e]".*

Wenn aus inhaltlichen Gründen eine *Anpassung von Textformaten* notwenig ist, müssen Sie diese ebenfalls durch einen Kommentar in eckigen Klammern notieren, z. B. durch *[im Original kursiv]*.

B *Schon in einer frühen Studie zur Selbstbedienung konnte man lesen, „daß die Art der Auslage [im Original kursiv] in den neuen SP-Geschäften die Waren in den Mittelpunkt rückt[e]".*

Auf besondere Stellen im zitierten Text oder auf *Fehler* können Sie mit *[sic!]* hinweisen.

B Schon in einer frühen Studie zur Selbstbedienung konnte man lesen, „daß die Art der Auslage in den neuen SP-Geschäften [sic!] die Waren in den Mittelpunkt rückt[e]".

Auf http://www.geschichte-online.at/utb/5_6.html können Sie die Schreibung von wörtlichen Zitaten mit Veränderungen (Auslassungen und Hinzufügungen) üben. Die Lösung finden Sie im Anhang auf Seite 308.

Checkliste für das Zitieren

Folgende Fragen sollten Sie beim Zitieren auf jeden Fall klären:
- Ist das Zitat überhaupt notwendig? Bei jedem Zitat sollte klar sein, was seine Funktion für den zu schreibenden Text ist. Sie sollten nur für die Argumentation notwendige Textstellen und Absicherungen zitieren.
- Berücksichtigen Sie die jeweiligen Zitier- und Formatregeln? Viele Lehrende verlangen für schriftliche Arbeiten spezielle Text- und Zitierformate. Erkundigen Sie sich unbedingt am Beginn jeder schriftlichen Arbeit nach den jeweiligen Zitierregeln (das gilt auch für eine Publikation in Büchern und Zeitschriften).
- Haben Sie die Qualitätskriterien des zitierten Textes erfüllt? Besonders bei Zitaten aus Quelleneditionen oder aus ‚Klassikern' sollten Sie sicherstellen, dass es sich um eine wissenschaftliche Textausgabe – ev. sogar um eine historisch-kritische Ausgabe – handelt und nicht um einen ‚aufbereiten' Text.

Anmerkungsapparat

Der Anmerkungsapparat eines wissenschaftlichen Texts umfasst Nachweise über die Fundstellen/-orte der wörtlichen und sinngemäßen Quellen- und Literaturzitate sowie Anmerkungen, die vom Haupttext wegführen und ergänzende Details bringen. Hier müssen Sie wörtliche und sinngemäße Zitate sowie alle im Text referenzierten Quellen mit einer Titelangabe bzw. einem Herkunftsbeleg nachweisen. Damit wird sichergestellt, dass die Zitate bzw. die in Ihrem Text analysierten und interpretierten Quellen/ Materialien überprüft werden können. Den Nachweis erbringen Sie bei Fußnoten am Ende einer Seite, bei Endnoten am Ende eines Kapitels, Aufsatzes oder Buches und im so genannten amerikanischen System durch Kurznachweise im Text. Vielfach werden auch gemischte Formen verwendet – etwa wenn Titel- und Quellennachweise im Text notiert werden, Anmerkungen in Fuß- oder Endnoten. Mit Anmerkungstexten führen Sie vom eigentlichen Haupttext und damit vom roten Faden der Argumentation weg und bringen Exkurse, weiterführende Literaturangaben etc.

B *Auf http://www.geschichte-online.at/utb/5_7.html finden Sie ein Beispiel für einen Anmerkungsapparat, und zwar die Seite: Waltraud Heindl, Bürokratisierung und Verbürgerlichung. Das Beispiel der Wiener Zentralbürokratie seit 1870, in: Hannes Stekl u. a., Hg., Durch Arbeit, Besitz, Wissen und Gerechtigkeit, Wien, Köln u. Weimar 1992, 201.*

Warum müssen Sie bei der Angabe von Titeln und Fundstellen von Quellen überhaupt formalen Kriterien folgen? Damit wird sichergestellt, dass andere Wissenschaftler/innen die von Ihnen verwendeten Bücher, Zeitschriften und Quellen/Materialien finden und überprüfen können – und zwar auf dem einfachsten Weg. Titelinformationen – bei Quellen auch Angaben zum Fundort (meist zum Archiv und der dortigen Signatur) – müssen deshalb für alle Fachkolleg/inn/en verständlich und nachvollziehbar sein.

Aus diesem Grund sollten Sie bei Literatur- und Quellennachweisen einige *Kriterien* befolgen:

- Einheitlichkeit – alle Titelangaben müssen ein und demselben System folgen.
- Vollständigkeit – alle Angaben müssen vollständig sein (auf fehlende Angaben ist hinzuweisen).
- Klarheit – auch für Spezialfälle müssen verbindliche Regeln existieren.
- Archivregeln – Nachweise über die Fundstellen von Quellen/Materialien sind nach den jeweiligen Archivregeln zu gestalten.

Zur formalen Gestaltung der Literaturnachweise – meist wird dabei von „Zitierregeln" gesprochen – werden Sie auf recht unterschiedliche Systeme stoßen. Einzelne Universitätsinstitute, alle geschichtswissenschaftlichen Zeitschriften, Verlage, aber auch viele Forscher/innen haben eigene Zitierregeln entwickelt und verlangen deren Anwendung bei der Gestaltung von schriftlichen Arbeiten.

Als *Belegverfahren* für Literatur- und Quellennachweise können Sie Fußnoten, Endnoten und das so genannte amerikanische System verwenden. Diese Systeme unterscheiden sich grundsätzlich nur durch die jeweilige Platzierung der Nachweise: bei

Fußnoten setzen Sie die Nachweise an das Ende einer Seite, bei Endnoten ans Ende eines Kapitels, Aufsatzes oder Buches. Im amerikanischen oder auch Harvard-System (oft auch als soziologisches System bezeichnet) schreiben Sie die Literatur- und Quellennachweise in Form von Kurztiteln in Klammern direkt in den Fließtext.

Fußnoten

Fußnoten referenzieren Sie im Text durch eine fortlaufende hochgestellte Ziffer. Am Beginn des Fußnotentexts (am Ende der Seite) wird diese Fußnotenziffer wiederholt. Im Fußnotentext geben Sie den vollständigen Literaturnachweis (zumindest beim ersten Eintrag; beim zweiten und folgenden Eintrag wird oft ein Kurztitel verwendet). Formatieren Sie den Fußnotentext in einer kleineren Schrift und trennen Sie ihn vom Fließtext ev. durch einen Querstrich. In Textverarbeitungsprogrammen ist für das Verfassen von Fußnoten eine eigene Option vorgesehen, die standardmäßig die automatische Verwaltung umfasst und das Einfügen sowie Löschen von Fußnoten ermöglicht.

Vor- und Nachteile: Da Fußnoten am Ende einer Seite stehen, können die Leser/innen jederzeit die dortigen Literaturangaben und Anmerkungen berücksichtigen. Weil Fußnoten aber meist den vollständigen Literaturnachweis umfassen, ist ihre Abfassung wesentlich aufwändiger als ein Nachweis im amerikanischen System (nur Kurztitel). Vielfach werden Seiten mit vielen Fußnoten auch als ästhetisch wenig ansprechend empfunden.

B *Auf http://www.geschichte-online.at/utb/5_8.html finden Sie ein typisches Beispiel für Fußnoten – eine Seite aus: Maren Lorenz, Da der anfängliche Schmerz in Liebeshitze übergehen kann. Das Delikt der „Nothzucht" im gerichtsmedizinischen Diskurs des 18. Jahrhunderts, in: Österreichische Zeitschrift für Geschichtswissenschaften 5 (1994), H. 3, 328.*

Endnoten

Endnoten referenzieren Sie im Text durch eine laufende hochgestellte Ziffer. Endnotentexte umfassen ebenfalls den vollständigen Literaturnachweis (zumindest beim ersten Eintrag; beim zweiten und folgenden Eintrag wird oft ein Kurztitel verwendet). Sie platzieren Endnoten am Ende eines Kapitels, Aufsatzes oder Buches, formatieren diese in einer kleineren Schrift und beginnen mit der jeweiligen Endnotenziffer. Meist ist dieser Textteil mit „Anmerkungen" überschrieben und in einer kleineren Schrift gesetzt. Endnoten können Sie in Textverarbeitungsprogrammen meist automatisch verwalten.

Vor- und Nachteile: Da Endnoten am Ende eines Textes/Textabschnitts stehen, bedeutet das für Leser/innen ein andauerndes Vor- und Rückwärtsblättern zwischen Haupttext und Endnoten. Wie die Fußnoten umfassen sie meist die vollständigen Literaturnachweise und sind deshalb aufwändig zu schreiben. Die Lektüre des Haupttextes wird auf diese Art und Weise allerdings nicht durch Literaturnachweise gestört.

B *Auf http://www.geschichte-online.at/utb/5_9.html finden Sie ein typisches Beispiel für Endnoten – eine Seite aus: Waltraud Heindl, Bürokratisierung und Verbürgerlichung. Das Beispiel der Wiener Zentralbürokratie seit 1870, in: Hannes Stekl u. a., Hg., Durch Arbeit, Besitz, Wissen und Gerechtigkeit, Wien, Köln u. Weimar 1992, 201.*

Amerikanisches System

Im so genannten amerikanischen System schreiben Sie die Literatur- und Quellennachweise als Kurztitel direkt in den Fließtext. Die dazugehörigen Volltitel platzieren Sie am Ende eines Textes in einem alphabetischen Literatur-/Quellenverzeichnis. Vielfach ist für Anmerkungen aber auch zusätzlich die Verwendung von Fuß-/Endnoten üblich.

Vor- und Nachteile: Das amerikanische System bietet zwei große Vorteile: die weitgehende Standardisierung durch die Autor-plus-Jahr-Regel und den geringen Aufwand bei der Erstellung von Nachweisen (keine Volltitel und Fuß-/Endnotenverwaltung notwendig). Von Nachteil ist die Trennung von Kurzbeleg (im Haupttext) und Volltitel (im Literaturverzeichnis), was die Überprüfung von Zitaten erschwert.

B *Auf http://www.geschichte-online.at/utb/5_10.html finden Sie ein typisches Beispiel für das amerikanische System – eine Seite aus: Herbert Knittler, Der Aufstieg der europäischen Metropolen in der Frühen Neuzeit, in: Peter Feldbauer, Michael Mitterauer u. Wolfgang Schwentker, Hg., Die vormoderne Stadt. Asien und Europa im Vergleich, Wien u. München 2002, 227.*

Zitierregeln

Unter Zitierregeln werden die formalen Richtlinien für die Gestaltung der Literaturhinweise verstanden. (Manchmal fallen unter diesen Begriff auch die Richtlinien für das Verfassen von Zitaten.) Im deutschsprachigen Raum haben sich zur formalen Gestaltung von Literaturnachweisen – auch bibliographische Nachweise genannt – recht unterschiedliche Systeme entwickelt. Denken Sie deshalb immer daran, vor dem Abfassen einer schriftlichen Arbeit die jeweils gültigen Zitierregeln zu erfragen.

B *Wie unterschiedlich die Systeme sein können, sehen Sie zum Beispiel bei einem Vergleich der Zitierrichtlinien der* Wiener Zeitschrift zur Geschichte der Neuzeit *(http://www.univie.ac.at/Geschichte/WZGN/Manuskripterstellung/manuskripterstellung.html#zitierregeln), der Historischen Zeitschrift (http://www.oldenbourg.de/verlag/ historische-zeitschrift/hz-richtlinien.htm), der Jahrbücher für Geschichte Osteuropas (http://www.lrz-muenchen.de/~jbfgoe/jb-autor.htm#Auf) und des Instituts für Geschichte an der Universität Wien (http://www.geschichte-online.at/utb/5_11.html). Die Schreibung unterscheidet sich vor allem durch die Platzierung von Satzzeichen, durch Kursivierungen, Unterstreichungen, Fettschreibung und die Reihenfolge der einzelnen Titelangaben.*

Im angloamerikanischen Raum haben sich hingegen einige Standards etabliert, etwa das *Chicago Manual of Style Citation* (zum Beispiel http://library.osu.edu/sites/guides/ chicagoauthor.pdf).

Egal welche Zitierregel Sie verwenden, wichtig ist, dass Sie all jene *Titelangaben* zu einem Buch, Aufsatz etc. angeben, die ein Wiederauffinden der Werke in Datenbanken, Bibliotheken und Buchhandlungen problemlos ermöglichen.

- Dazu gehören einmal Vorname und Zuname des/der Autor/innen, Titel und Untertitel des Werks (eines Buches oder Aufsatzes), Publikationsort und -jahr, Auflage.
- Bei Zeitschriftenaufsätzen müssen Sie noch weitere Informationen angeben wie Titel der Zeitschrift, Seitenangaben – ev. auch den Jahrgang, wenn ein Jahrgang nicht mit dem Kalenderjahr übereinstimmt und sogar die Heftnummer, wenn es keine durchgängige Seitenzählung in einem Jahr/Jahrgang gibt.
- Bei Sammelbänden benötigen Sie zudem den Vor- und Zunamen der Herausgeber/ innen, den Titel des Sammelbandes (Haupt- und Untertitel) und die Seitenangaben.

Nach einigen Zitierregeln müssen Sie auch Verlagsnamen und Serien- bzw. Reihentitel nennen. Angesichts der modernen Informationstechnologien in Bibliotheken und Buchhandlungen sind diese Angaben aber immer seltener notwendig.

Typen von Literatur

Um Zitierregeln anwenden zu können, müssen Sie einzelne *Typen* von wissenschaftlicher Literatur unterscheiden lernen. Die wichtigsten sind:

- Verfasserwerk/Monografie: ein Buch, verfasst von einem/einer oder mehreren Autor/inn/en
- Sammelband/Herausgeberwerk: von einem/einer oder mehreren Herausgeber/inn/en publiziert, umfasst er/es die Aufsätze/Beiträge mehrerer Autor/inn/en
- Artikel/Aufsatz in einem Sammelband: Beitrag von einem/einer oder mehreren Autor/inn/en verfasst und in einem Sammelband publiziert
- Artikel/Aufsatz in einer wissenschaftlichen Zeitschrift: Beitrag von einem/einer oder mehreren Autor/inn/en verfasst und in einer wissenschaftlichen Zeitschrift publiziert
- Diplomarbeit, Dissertationen: an einer Universität oder Hochschule verfasste, ungedruckte Abschlussarbeit eines/einer Autors/in
- Zeitungsartikel: von einem/einer oder mehreren Autor/inn/en verfasst und in einer Zeitung oder nicht-wissenschaftlichen Zeitschrift publiziert
- Internet-Dokumente: von einem/einer oder mehreren Autor/inn/en verfasster Text oder anderes Dokument, das im Internet publiziert wurde
- Weitere Typen, die für das Studium noch nicht so wichtig sind: Forschungsberichte, Conference papers etc.

B *Beispiele für diese Literaturtypen:*

- Verfasserwerk bzw. Monografie: Sidney Pollard, The Development of the British Economy 1914–1980, 3. Auflage, London 1983 (Beispielseite auf: http://www.geschichte-online.at/utb/5_12.html)
- Sammelband bzw. Herausgeberwerk: Alice Teichova u. Herbert Matis, Hg., Österreich und die Tschechoslowakei 1918–1938. Die wirtschaftliche Neuordnung in Zentraleuropa in der Zwischenkriegszeit, Wien, Köln u. Weimar 1996 (http://www.geschichte-online.at/utb/5_13.html)
- Artikel bzw. Aufsatz in einem Sammelband: Karl Bachinger u. Vlastislav Lacina, Wirt-

schaftliche Ausgangsbedingungen, in: Alice Teichova u. Herbert Matis, Hg., Österreich und die Tschechoslowakei 1918–1938. Die wirtschaftliche Neuordnung in Zentraleuropa in der Zwischenkriegszeit, Wien, Köln u. Weimar 1996, 51 (http://www.geschichte-online.at/utb/5_14.html)

- Artikel bzw. Aufsatz in einer Zeitschrift: Helmut Thome, Kriminalität im Deutschen Kaiserreich, 1883–1902. Eine sozialökologische Analyse, in: Geschichte und Gesellschaft 28 (2002), 519 (http://www.geschichte-online.at/utb/5_15.html)
- Dissertation: Rupert M. Scheule, Beichten. Eine sozialhistorische Studie zur katholischen Bußpraxis im 20. Jahrhundert und ihrer Reflexion in popularen Selbstzeugnissen, phil. Diss., Universität Wien 2000 (http://www.geschichte-online.at/utb/5_16.html)

Nachfolgend finden Sie für Fuß-/Endnotensysteme und das amerikanische Zitiersystem jeweils ein konkretes Beispiel. Für Fuß-/Endnotensysteme werden die Zitierregeln der *Österreichischen Zeitschrift für Geschichtswissenschaften* (ÖZG) (http://wirtges.univie.ac.at/OeZG/) vorgestellt, für das amerikanische System die Zitierregeln der Zeitschrift *Feministische Studien* (http://www.feministische-studien.de/).

Beachten Sie, dass diese Zitierregeln keine allgemein verbindliche Norm darstellen. Erkundigen Sie sich vor dem Verfassen einer schriftlichen Arbeit unbedingt bei Ihrem/Ihrer Lehrenden nach den von ihm/ihr verlangten Zitierregeln!

Zitierregeln der ÖZG

Zitierregeln lernen Sie am leichtesten, wenn Sie eine konkrete Regel anwenden und mit anderen vergleichen. Wir verwenden zu diesem Zweck exemplarisch die Zitierregeln der *Österreichischen Zeitschrift für Geschichtswissenschaften* (ÖZG).

In der ÖZG wird für den Nachweis von Literatur und Quellen ein Fußnotensystem verwendet. Jede Fußnote beginnt mit Großbuchstaben. Bei aufeinander folgenden Zitaten werden die Nachweise durch einen Strichpunkt getrennt. Fußnoten enden immer mit einem Punkt. Bei zwei Autor/innen erfolgt die Trennung der Autor/innennamen durch ein *u.* Bei drei Autor/innen werden die ersten beiden durch einen Beistrich getrennt, bei mehr als drei Autor/innen wird nur der/die erste genannt, alle weiteren unter *u. a.* subsumiert. Diese Regel gilt auch für Erscheinungs-/Verlagsorte. Ein unbekannter Verlagsort wird mit *[o.O.]* notiert, ein unbekanntes Erscheinungsjahr mit *[o.J.]*. Seitenangaben erfolgen mittels *f.* für die folgende Seite, *ff.* für die folgenden Seiten und Seite-Seite für eine bestimmte Seitenanzahl. Im Titel englischsprachiger Bücher beginnen nur das erste Wort und Eigennamen mit Großbuchstaben. Zitate fremdsprachiger Werke werden der jeweiligen Orthographie angepasst. Die Regeln für die Schreibung der Titel einzelner Literaturtypen sind den nachfolgenden Beispielen zu entnehmen.

ÖZG-Zitierregel für Monografien

Vorname Familienname, Haupttitel. Untertitel, Erscheinungsort Erscheinungsjahr, Seitenangaben.

B

Peter Kriedte, Spätfeudalismus und Handelskapital, Göttingen 1980, 70, 81 f., 90 ff.

Fernand Braudel, La Méditerranée et le Monde méditerranéen à l'époque de Phillippe II., 2. Auflage, Paris 1966.

Michel Foucault, Histoire de la folie, Paris 1961 (deutsch: Wahnsinn und Gesellschaft. Eine Geschichte des Wahns im Zeitalter der Vernunft, Frankfurt am Main 1969).

Otto Urban, Kapitalismus a ceska spolecnost. K otátzkám formování ceske spolecnosti v 19. století [Kapitalismus und tschechische Gesellschaft. Zur Frage der Formierung der tschechischen Gesellschaft im 19. Jahrhundert], Praha u. a. 1978.

Jürgen Kuczynski, Geschichte des Alltags des deutschen Volkes, 5 Bände, Berlin 1981.

Peter Kriedte, Hans Medick u. Jürgen Schlumbohm, Industrialisierung vor der Industrialisierung. Gewerbliche Warenproduktion auf dem Land in der Formationsperiode des Kapitalismus, Göttingen 1977.

 Auf http://www.geschichte-online.at/utb/5_17.html können Sie die Anwendung der Zitierregeln für Monografien üben. Die Lösung finden Sie im Anhang auf Seite 308.

Sammelband laut ÖZG-Zitierregel

Vorname Familienname, Hg., Haupttitel. Untertitel, Erscheinungsort Erscheinungsjahr, Seitenangaben.

Pietro Rossi, Hg., Theorie der modernen Geschichtsschreibung, Frankfurt am Main
1987.

Wolf-Dieter Narr u. Joachim Stary, Hg., Lust und Last des wissenschaftlichen Schreibens,
Hochschullehrer und Hochschullehrerinnen geben Studierenden Tipps, Frankfurt a.
M. 1999.

 *Auf http://www.geschichte-online.at/utb/5_18.html können Sie die Anwendung
der Zitierregeln für Sammelbände üben. Die Lösung finden Sie im Anhang auf
Seite 309.*

Artikel in Sammelband laut ÖZG-Zitierregel

Vorname Familienname, Haupttitel. Untertitel, in: Vorname Familienname, Hg., Haupttitel. Untertitel, Erscheinungsort Erscheinungsjahr, Seitenangaben.

B

Josef Ehmer u. Albert Müller, Sozialgeschichte in Österreich. Traditionen, Entwicklungs-
stränge und Innovationspotential, in: Jürgen Kocka, Hg., Sozialgeschichte im internationalen Überblick. Ergebnisse und Tendenzen der Forschung, Darmstadt 1989,
109–140.

Nachum Th. Gross, Die Stellung der Habsburgermonarchie in der Weltwirtschaft, in:
Alois Brusatti, Hg., Die Habsburgermonarchie, Bd. 1: Die wirtschaftliche Entwicklung, Wien 1973, 1–28.

*Auf http://www.geschichte-online.at/utb/5_19.html können Sie die Anwendung
der Zitierregeln für Artikel in Sammelbänden üben. Die Lösung finden Sie im
Anhang auf Seite 309.*

Artikel in Zeitschrift laut ÖZG-Zitierregel

Vorname Familienname, Haupttitel. Untertitel, in: Zeitschriftentitel Jahrgang (Erscheinungsjahr), Seitenangaben.

B

Karl Lamprecht, Deutsche Geschichte, in: Historische Zeitschrift 71 (1893), 465–498.

Aber – da keine durchgehende Seitennummerierung in den Jahrgängen: Jahrbuch für Wirtschaftsgeschichte 1984, H. 2.

Mark Mazower, Military violence and National Socialist values. The Wehrmacht in Greece, in: Past and Present 134 (1992), 129–158.

 Auf http://www.geschichte-online.at/utb/5_20.html können Sie die Anwendung der Zitierregeln für Artikel in wissenschaftlichen Zeitschriften üben. Die Lösung finden Sie im Anhang auf Seite 309.

Dissertationen, Diplomarbeiten laut ÖZG-Zitierregel

Vorname Familienname, Haupttitel. Untertitel, Veröffentlichungsart, Universität, Erscheinungsjahr, Seitenangaben.

B

Lutz K. Berkner, Family, social structure and rural industry. A comparative study of the Waldviertel and the Pays de Caux in the eighteenth century, unveröffentlichte phil. Diss., Havard University, Cambridge Mass., 1989, 123 f.

Arno Fitz, Die Frühindustrialisierung Vorarlbergs und ihre Auswirkungen auf die Familienstruktur, unveröffentlichte phil. Diplomarbeit, Universität Wien 1981.

 Auf http://www.geschichte-online.at/utb/5_21.html können Sie die Anwendung der Zitierregeln für Dissertationen üben. Die Lösung finden Sie im Anhang auf Seite 309.

Zeitungsartikel laut ÖZG-Zitierregel

Vorname Familienname, Haupttitel. Untertitel, in: Zeitschriftentitel vom Erscheinungsdatum (Erscheinungsjahr), Nummer, Seitenangaben.

B

Max Meier, Wieder ein gescheiterter Versuch den Paragraph 209 zu ändern, in: Profil vom 2. November 1992, 15 f.

Der jugendliche Nationalsozialist (1924), Nr. 5, 1 f.

Quellenzitate laut ÖZG-Zitierregel

Bei Quellenzitaten ist die jeweilige Zitierweise des Archivs zu übernehmen. Im ersten Zitat ist das Archiv mit vollem Namen zu nennen, in der Folge sollen gebräuchliche Abkürzungen verwendet werden.

B

Statní ústrední archiv (SUA) Praha, BR 52.
SUA, BR 456.

Ü *Auf http://www.geschichte-online.at/utb/5_22.html können Sie abschließend noch einmal die Anwendung der ÖZG-Zitierregeln üben und die Titelangaben dabei aus Online-Katalogen von Bibliotheken eruieren. Die Lösung finden Sie im Anhang auf Seite 309.*

Amerikanische Zitierregeln

Wie in den meisten Publikationen, die das amerikanische System verwenden, finden Sie auch in der Zeitschrift *Feministische Studien* (http://www.feministische-studien. de/) die Autor-plus-Jahr-Regel. Nach einem wörtlichen oder sinngemäßen Zitat wird in runder Klammer der Zuname des/der Autors/in, das Erscheinungsjahr des referenzierten Texts und allenfalls Seitenangaben geschrieben. Sollten Autor/inn/ennamen und Erscheinungsjahr bereits vergeben sein, wird beim Erscheinungsjahr a, b, c … (etwa 1998b) angefügt. Folgeseiten werden mit *f.*, *ff.* (ohne Leerzeichen, etwa *145ff.*) notiert; mehrere Autor/inn/ennamen werden durch Schrägstrich getrennt (etwa *Dackweiler/ Holland-Cunz 1991, 108f.*). Eine vollständige Literaturangabe findet sich nur im Literaturverzeichnis am Ende eines Aufsatzes. Dort kann über den Zunamen des/der Autors/in und das Erscheinungsjahr der Volleintrag eruiert werden.

B *Ein Literaturnachweis aus dem Band Gerd Bräuer (1998): Schreibend lernen. Grundlagen der theoretischen und praktischen Schreibpädagogik, die-Extra Bd. 6. Innsbruck: Studien-Verlag könnte im Text beispielsweise folgendermaßen angegeben werden:*

„Journalschreiben ist privates Schreiben, welches das Was und Wie individuellen Schreibens dokumentiert und reflektiert." (Bräuer 1998, 130)

Laut Bräuer ist das Schreiben eines Journals ein notwendiger Anknüpfungspunkt zwischen privatem und öffentlichem Schreiben (Bräuer 1980, 130ff.).

Weitere Beispiele:

… verwendet." (Jacobsen/Puhle 1986) …

… ausgebreitet." (Liehr 1989b, 234f.) …

Für das *Literaturverzeichnis* der Zeitschrift Feministische Studien gelten folgende Regeln:

Monografie: Familienname, Vorname (Erscheinungsjahr): Haupttitel (kursiv). Untertitel (kursiv). Erscheinungsort.

B *Arendt, Hannah (1981): Rahel Varnhagen. Lebensgeschichte einer „deutschen Jüdin aus der Romantik". München.*

Sammelband: Familienname, Vorname (Hrsg.) (Erscheinungsjahr): Haupttitel (kursiv). Untertitel (kursiv). Erscheinungsort.

B Jansen, Christian u. a. (Hrsg.) (1995): *Von der Aufgabe der Freiheit. Politische Verantwortung und bürgerliche Gemeinschaft im 19. und 20. Jahrhundert.* Berlin.

Artikel in Sammelband: Familienname, Vorname (Erscheinungsjahr): Haupttitel. Untertitel. In: Familienname, Vorname (Hrsg.): Haupttitel (kursiv). Untertitel (kursiv). Erscheinungsort, Seitenangaben.

B Geyer, Michael (1995): Das Stigma der Gewalt und das Problem der nationalen Identität. In: Jansen, Christian u. a. (Hrsg.): *Von der Aufgabe der Freiheit. Politische Verantwortung und bürgerliche Gemeinschaft im 19. und 20. Jahrhundert.* Berlin, S. 673–98.

Artikel in Zeitschrift: Familienname, Vorname (Erscheinungsjahr): Haupttitel. Untertitel. In: Zeitschriftentitel (kursiv). Jahrgang, Heft, Seitenangaben.

B Rauther, Rose (1984): Rosika Schwimmer. Stationen auf dem Lebensweg einer Pazifistin. In: *Feministische Studien.* Jg. 3, H. 1, S. 63–75.

Aus dem Internet zitieren

Leider hat sich bisher auch bei Herkunftsnachweisen für Zitate aus dem Internet kein internationaler Standard etablieren können. Weitgehend Einigkeit herrscht allerdings darüber, welche Kriterien bei Internet-Zitaten gelten und welche Informationen angegeben werden müssen. Sie sollten auf jeden Fall folgende Punkte befolgen: Quellennachweise sollten nachvollziehbar sein, die referenzierten Internet-Files sollten sicher und einfach wieder aufgefunden werden können und damit die Nachprüfbarkeit von Zitaten gewährleisten. Weiters müssen die Angaben vollständig mitgeteilt werden und einen wiederholten Zugriff ermöglichen.

Folgende *Angaben* sind für elektronische Quellen notwendig:

- Verfasser/in (Zuname und Vorname; falls keine Angabe: Titelzeile der Seite, Institution, Compiler, Web Master u. ä.)
- Titel des Texts oder Dokuments
- Herausgeber/in des übergeordneten Werkes (Zuname und Vorname)
- Titel des übergeordneten Werks oder auch Name einer elektronischen Zeitschrift (Jahrgang, Jahr, Nummer)
- Datumsangaben: Erstellungsdatum, Version und Datum der letzten Änderung
- URL – Uniform Resource Locator mit Protokollart, Serverangabe, Pfad- und Dateiname
- Zugriffsdatum durch den/die Benutzer/in

Ob Sie diese Angaben bei einem Quellennachweis vollständig machen können, hängt letztlich auch von der Beschaffenheit der Informationen im zitierten Internet-File ab. Für das Studium werden Sie mit einer einfachen Form der teilweise recht komplizierten Zitierstandards für Internetnachweise auskommen. Nachfolgend vorgestellte *Zitierformate* orientieren sich an den Regeln des *Columbia Guide to Online Style*. Detaillierte Information zu diesem and anderen Standards finden Sie in: Janice R. Walker u. Todd Taylor, The Columbia Guide to Online Style (http://www.columbia.edu/cu/cup/cgos/idx_basic.html) und Maurice Crouse, Citing Electronic Information in History Papers (http://cas.memphis.edu/~mcrouse/elcite.html).

Für Internetnachweise für ein/e *Verfasserwerk/Monografie* und einen/ein *Sammelband/ Herausgeberwerk* verwenden Sie die Regel:

Nachname, Vorname (falls keine Angabe: Titelzeile der Seite, Institution, Compiler, Web Master u. ä.), Titel des Texts oder Dokuments (Erstellungsdatum, Version oder Datum der letzten Änderung) Protokollart://Serverangabe/Pfadname/Dateiname (Zugriffsdatum durch den/die Benutzer/in).

B Crouse, Maurice, Citing Electronic Information in History Papers (04.10.2003) http://cas.memphis.edu/~mcrouse/elcite.html (18.02.2003).

WWW Homepage of Government Publications Department, Regional Depository Library, The University of Memphis, Uncle Sam (05.09.2002) http://www.lib.memphis. edu/gpo/unclesam.htm (18.02.2003).

Für Internetnachweise für *Beiträge als Teile eines übergeordneten Werks* verwenden Sie die Regel:

Nachname, Vorname (falls keine Angabe: Titelzeile der Seite, Institution, Compiler, Web Master u. ä.), „Titel des Beitrages", in: Nachname, Vorname (falls keine Angabe, Titelzeile der Seite, Institution, Compiler, Web Master u. ä.), Titel des übergeordneten Dokuments (Erstellungsdatum, Version oder Datum der letzten Änderung) Protokollart://Serverangabe/Pfadname/Dateiname (Zugriffsdatum durch den/die Benutzer/in).

B Harnack, Andrew/Kleppinger, Eugene, „Citing the Sites: MLA-Style Guidelines and Models for Documenting Internet Sources", in: Harnack, Andrew/Kleppinger, Eugene, Beyond the MLA Handbook: Documenting electronic sources on the Internet (10.06.1996, Version 1.3) http://english.ttu.edu/kairos/1.2/inbox/mla_archive.html (18.02.2003).

„Aachener Münster", in: Microsoft LexiROM (CD-ROM, Version 4.0) (20.1.2003).

Für Internetnachweise für *Beiträge in einer elektronischen Zeitung* oder *Zeitschrift* verwenden Sie die Regel:

Nachname, Vorname (falls keine Angabe: Titelzeile der Seite, Institution, Compiler, Web Master u. ä.), „Titel des Beitrages", in: Name der Zeitung oder Zeitschrift Jahrgang (Jahr) Heftnummer (Erstellungsdatum, Version oder Datum der letzten Änderung) Protokollart://Serverangabe/Pfadname/Dateiname (Zugriffsdatum durch den/die Benutzer/ in).

B Becker, Thomas P., „Die ‚Wemütige Klage' des Hermann Löher. Eine Anklage-schrift gegen Hexenverfolgung als Ego-Dokument", zeitenblicke 1 (2002) 2 (20.12.2002)   http://www.zeitenblicke.historicum.net/2002/02/becker/index.html (18.02.2003).

Pte, „Altsüdarabische Kursivschrift übersetzt. OrientalistInnen der Universität Jena ent-zifferten sechshundert hölzerne Schriftzeugnisse", in: derStandard.at/Wissenschaft (18.02.2003) http://derstandard.at/?id=1215196 (18.02.2003).

Anmerkungen

In Fuß- und Endnoten treffen Sie nicht nur auf Zitate, sondern auch auf andere Textformen, die meist mit dem Begriff „Anmerkungen" zusammengefasst werden. Anmerkungen füh-ren vom eigentlichen Haupttext und damit vom roten Faden der Argumentation weg, sind aber dennoch so wichtig, dass viele Autor/inn/en nicht auf sie verzichten möchten.

B Anmerkungen könnten beispielsweise folgendermaßen aussehen:

42 Vgl. oben Kapitel II, Abschnitt 1, S. 26 f.
43 Diese Ratschläge sind offenbar zutreffend, denn sie finden sich – leicht gekürzt – nahezu wört-lich wieder bei *Becker, F. G.*, Anleitung, 1994, S. 72 – ohne Quellenangabe!
44 *Eco, U.*, Abschlußarbeit, 1996, S. 190.

Beispiel aus: Manuel René Theisen, Wissenschaftliches Arbeiten. Technik – Methodik – Form, 9. Auflage, München 1998, 112.

Anmerkungen haben folgende *Funktion*:
- Ergänzungen zum Haupttext und kurze Exkurse zu Nebenthemen anbringen,
- unterstützende Zitate schreiben, die im Haupttext nicht unterkommen,
- Erläuterungen und Kommentare zur Literatur geben und weiterführende Literatur-angaben machen,
- fachliche ‚Angriffe' auf andere Autor/inn/en starten,
- Hinweise auf Einschränkungen der Aussagen des Haupttextes durch andere Autor/inn/en geben,

- Querverweise zu Textstellen des eigenen Textes (etwa auf ein späteres Kapitel) oder zu anderen Texten notieren,
- Übersetzungen von fremdsprachigen Passagen (im Haupttext) abdrucken,
- ‚Danksagungen' (etwa für den Hinweis auf eine Quelle) durch eine/n Kollegen/in abstatten.

Wichtig ist, dass die Argumentationslinie Ihrer schriftlichen Arbeit auch ohne diese Ergänzungen erhalten bleibt. Gerade in Texten von Historiker/inn/en bricht jedoch manchmal eine regelrechte ‚Anmerkungswut' aus, die Sie besser vermeiden sollten. All zu viele Anmerkungen können auch eine ‚Schwäche' des Textes anzeigen, wenn etwa ein/e Autor/in nicht in der Lage ist, seine/ihre Ideen und Argumente in einem stringenten und kohärenten Textfluss unterzubringen.

Literatur und Links zu Zitat, Anmerkungsapparat, Zitierregeln, Anmerkungen

Umberto Eco, Wie man eine wissenschaftliche Abschlussarbeit schreibt. Doktor-, Diplom- und Magisterarbeit in den Geisteswissenschaften, 9. Auflage, München 2002. *Ecos zehn Punkte zum Zitieren sind nicht nur für Diplomarbeiten und Dissertationen, sondern auch für Arbeiten von Studienanfänger/inne/n von Nutzen. Auch zum Anmerkungsapparat, den Zitierregeln und Anmerkungen hat Eco das Wesentliche zusammengestellt.*

Ewald Kiel, Grundzüge wissenschaftlichen Zitierens gedruckter Publikationen, in: Theo Hug, Hg., Wie kommt Wissenschaft zum Wissen? Bd. 1: Einführung in das wissenschaftliche Arbeiten, Baltmannsweiler 2001, 214–221. *Eine prägnante und praxisorientierte Abhandlung, die auch wir mit Gewinn gelesen haben.*

Manuel René Theisen, Wissenschaftliches Arbeiten. Technik – Methodik – Form, 9. Auflage, München 1998, 131–142. *Eine systematische Einführung mit vielen Beispielen zu unterschiedlichen Zitatformen.*

Norman Fairclough, Discourse and Social Change, Cambridge/Oxford 1992, 117–123. *Zitieren als intertexueller Zugang aus der Perspektive der Text- und Diskursanalyse. Etwas komplizierter und in Englisch, dafür aber für das ganze Studium brauchbar.*

Eva-Maria Jakobs, Textvernetzung in den Wissenschaften. Zitat und Verweis als Ergebnis rezeptiven, reproduktiven und produzierenden Handelns, Tübingen 1999, 94–214.

geschichte online

Eine komplexe Abhandlung über die theoretische Grundlegung von Textbezügen in Fachtexten und den Umgang mit Texten anderer Textproduzenten.

Universitätsbibliothek der FU Berlin, Richtig zitieren: Zitierregeln für konventionelle und elektronische Medien (9.2.2006) http://www.ub.fu-berlin.de/service/einfuehrungen/bookmarks/zitieren.html (20.6.2006). *Eine betreute Sammlung kommentierter Links zu deutsch- und englischsprachigen Zitationsabhandlungen und Zitierregeln nach diversen Standards.*

Leffer, Jochen, Plagiate – Die Professoren schlagen zurück (24.07.2002) http://paed-psych.jk.uni-linz.ac.at/INTERNET/ARBEITSBLAETTERORD/LITERATURORD/Plagiat.html (20.2.2006). *Jochen Leffers Artikel aus dem Spiegel gespiegelt – ein Einstieg zur Problematik des (studentischen) Plagiats aus dem Internet.*

„Schreiben: Schriftlich präsentieren – Zitieren und Paraphrasieren – Quellenbeleg und Literatur-Angaben", in: Rückriem, Georg/Stary, Joachim, Techniken des wissenschaftlichen Arbeitens (CD-ROM, 1. Version 2002, ISBN 3–589–21409-0) (18.09.2003). *Hübsch gestalteter CR-ROM-Beitrag zu Zitieren, Quellennachnachweis und Literaturangaben.*

Peter Rieß, Stefan Fisch u. Peter Strohschneider, Prolegomena zu einer Theorie der Fußnote, Münster u. Hamburg 1995. *Ein Büchlein auf der Suche nach der allerersten Fußnote der Welt – natürlich mit vielen Fußnoten.*

Jens Bleuel, Zitation von Internet-Quellen, in: Theo Hug, Hg., Wie kommt Wissenschaft zum Wissen? Bd. 1: Einführung in das wissenschaftliche Arbeiten, Baltmannsweiler 2001, 383–398. (auch: http://www.bleuel.com/ip-zit.pdf). *Guter Überblick über die Problematik des Zitierens aus dem Internet, die entsprechenden Standards und Quellen sowie deren Zitation.*

Rupert Hacker, Bibliothekarisches Grundwissen, 7. Auflage, München 2000, 77–83. *Im Standardwerk von Hacker werden alle Formen wissenschaftlicher Literatur aufgelistet und erklärt.*

Jens Runkehl u. Torsten Siever, Das Zitat im Internet. Ein Electronic Style Guide zum Publizieren, Bibliographieren und Zitieren, Hannover 2001. *Die Buchform des Online-Short-Guides der beiden Autoren mit allen Varianten des Zitierens aus dem Internet, aus E-Mails, FTP etc.*

„Der Short-Guide online", in: Runkehl, Jens/Schlobinski, Peter/Siever, Torsten, mediensprache.net (Version 3.0) http://www.mediensprache.net/de/publishing/pubs/1/short-guide/index.asp (20.2.2006). *Kompakte Anleitung zum Zitieren aus Online-Dokumenten und zum Publizieren im Internet samt Literaturdatenbank.*

Coutts, Herbert T., Citation Style Guides for Internet and Electronic Sources (16.09.2002) http://www.library.ualberta.ca/guides/citation/index.cfm (20. 2. 2006). *Zusammenschau der amerikanischen Zitierstandards für das Internet mit vielen Beispielen.*
Crouse, Maurice, Citing Electronic Information in History Papers (04.11.2002) http://cas.memphis.edu/~mcrouse/elcite.html (20.2.2006). *Umfassender englischsprachiger Text zum Zitieren aus Internetquellen in den Geschichtswissenschaften.*

Anmerkungen und Notizen

6. schriftliche arbeiten

In der Geschichtswissenschaft kommt schriftlichen Arbeiten ein hoher Stellenwert zu, denn Ergebnisse historischer Forschung präsentieren sich überwiegend in Form von Texten. Das Spektrum von schriftlichen Arbeiten umfasst dabei eine Vielzahl von Texten mit unterschiedlichen Funktionen und Mitteilungszwecken. Während Ihres Studiums werden Sie – auch als Leistungsnachweis – laufend mit dem Abfassen von kleineren und größeren schriftlichen Arbeiten konfrontiert sein. Dabei üben Sie, wissenschaftliche Information zu einer bestimmten Fragestellung in adäquater Form zusammenzutragen, darzustellen und kritisch zu reflektieren. Den Abschluss Ihres Studiums bildet in der Regel das Verfassen einer komplexen schriftlichen Arbeit, der Diplom- oder Lizentiatsarbeit.

Ergebnisse wissenschaftlichen Arbeitens müssen jedoch nicht zwingend konventionell verfasste Texte oder Bücher sein. Auch andere Darstellungen wie etwa in Form von Film, unter Verwendung der „Produkte" der neuen Medien oder Ausstellungen können Ergebnisse wissenschaftlichen Arbeitens sein.

Sofern Sie nicht ein Lehramt anstreben, ist die Ausbildung in wissenschaftlichem Schreiben und auch im Präsentieren der Arbeit (siehe Kapitel 7) eine der wesentlichsten Fertigkeiten, die Sie von Ihrem Studium ins Berufsleben mitnehmen können. Dabei spielt nicht die Themenwahl die entscheidende Rolle – wichtiger ist, dass Sie sich schnell in die unterschiedlichsten Themen einarbeiten können und durch das Erstellen von schriftlichen Arbeiten und mündlichen Präsentationen Ihre analytischen und konzeptionellen Fähigkeiten trainiert werden.

Aufbau wissenschaftlicher Texte

Wissenschaftliche Texte sollten in jedem Fall folgende Teile beinhalten:
Deckblatt
Inhaltsverzeichnis
Einleitung
Hauptteil
Schlusskapitel
Literaturverzeichnis

Einleitung, Hauptteil und Schlusskapitel bilden zusammen den *Textteil*. Deckblatt, Inhalts-verzeichnis und Literaturverzeichnis fallen unter den Punkt *äußere Gestaltung der Arbeit*.

In den folgenden Abschnitten werden die einzelnen Teile einer schriftlichen Arbeit anhand von Beispielen erläutert. Alle Beispiele stammen aus Kursarbeiten einer Einfüh-rungsveranstaltung ins Geschichtestudium an der Universität Wien.

Textteil

Einleitung

In der Einleitung beschreiben Sie zunächst, welche Frage oder Fragen in Ihrer Arbeit behandelt werden sollen. Sie grenzen Ihren Forschungsgegenstand ein und informieren Ihre Leser darüber, was Ihre Arbeit leisten möchte und was nicht. Danach beschreiben Sie die wichtigsten Titel der von Ihnen verwendeten Literatur. Dadurch skizzieren Sie den aktuellen Forschungsstand zu Ihrem Thema, setzen Ihre Fragestellung dazu in Be-zug und erfüllen ein weiteres Kriterium wissenschaftlichen Arbeitens: Sie entwickeln Ihre Fragen und Hypothesen aufbauend am aktuellen Forschungsstand. Abschließend informieren Sie Ihre Leser über Ihr geplantes methodisches Vorgehen sowie die Reihen-folge, in der Sie Ihre Fragestellung erörtern wollen.

Zusammengefasst machen Sie in der Einleitung die relevanten Angaben zur Pro-blemstellung und dann die relevanten Angaben zur Vorgehensweise bei der Problem-lösung. Bei der Länge der Einleitung ist darauf zu achten, dass sie nicht mehr als 10–15 Prozent des Textteils einnimmt. Sie sollte aber auch nicht die Länge von einer Seite unterschreiten.

B *Einleitung einer Kursarbeit zum Thema „Die Halbstarken der 1950er Jahre – Ju-gendliche als Konsumpioniere?"*

Der Beispieltext weist folgende für eine Einleitung relevanten Punkte auf: Fragestel-lung, Hypothese, Gliederung der Arbeit, wichtige Begriffsklärungen, (eher kurze) Be-schreibung der Quellenlage. Keine Angaben finden sich zum geplanten methodischen Vorgehen (z. B. Auswertung der gefundenen Literatur) und auch eine kurze Beschrei-bung der wichtigsten verwendeten Literatur fehlt.

1 Einleitung

Im Rahmen des Kurses „Einführung in die wissenschaftliche Wissens- und Textproduktion" sollte das Verfahren des wissenschaftlichen Arbeitens eingehend anhand eines konkreten Beispiels aus der Konsumgeschichte der Nachkriegszeit erprobt werden. Bevor jedoch die zu dieser Thematik aufgeworfene Fragestellung und die dazugehörige These präsentiert wird, soll vorweggenommen werden, dass die Gesellschaft der 50er Jahre in starkem Maße mit der wirtschaftlichen Entwicklung jener Zeit assoziiert wird. So hat sich im Begriff „Wirtschaftswunder" diese Dominanz der Ökonomie gegenüber anderen gesellschaftlichen Bereichen manifestiert. Bei einer solchen Betrachtungsweise besteht allerdings die Gefahr, dass einzelne Aspekte – insbesondere solche der Alltags- und Kulturgeschichte – im Mainstream der Erfolgsgeschichte von Politik und Wirtschaft untergehen.[1] Dies gilt zum Teil auch für die im Folgenden abgehandelten Ausführungen zur Fragestellung Die Halbstarken der 1950er Jahre – Jugendliche als Konsumpioniere?

In der diesbezüglich aufgestellten Hypothese wurde von Folgendem ausgegangen: Während die Elterngeneration des ersten Nachkriegsjahrzehnts – geprägt von den Folgeerscheinungen des II. Weltkrieges – nur ein am Überleben orientiertes Konsumverhalten an den Tag zu legen vermag, setzt die heranreifende Generation – beflügelt von den Möglichkeiten eines enormen Konjunkturaufschwungs zu Beginn der 1950er Jahre – neue Maßstäbe im Prozess der Konsumption.

Die Arbeit besteht im Wesentlichen aus zwei Abschnitten, wobei der gründlichen Thematisierung der eigentlichen Fragestellung eine ausführliche Darstellung des „Halbstarken" – Phänomens an sich vorangestellt werden muss. Wenn im Folgenden von „Jugend" bzw. „Jugendlichen" die Rede ist, so ist – der Altersbestimmung der meisten zeitgenössischen sozialwissenschaftlichen Studien folgend – generell die Gruppe der 14- bis 21-jährigen gemeint. Nach Axel Schildt wurde in den 50er Jahren auch die Altersgruppe der 14- bis 25-jährigen zum Kreis der Jugendlichen gezählt, während bei der Betrachtung der „Halbstarken" am Ende des Jahrzehnts wiederum vor allem die 15- bis 17-jährigen in den Blick gerieten.[2] Eine weitere Randbemerkung ist noch in Anbetracht der Begrifflichkeit „Pionier" vorzunehmen, wobei in diesem Zusammenhang die allgemein gebräuchliche Verwendungsweise im Sinne eines „Wegbereiters" bzw. „Bahnbrechers" zu verstehen ist. Bezugnehmend auf den Forschungsstand sei vorab noch die Anmerkung erlaubt, dass sich zwar die Quellengrundlage hinsichtlich der „Halbstarken"-Problematik als durchaus hinlänglich erweist, jedoch zur Bearbeitung der konkreten obgenannten Fragestellung nur auszugsweise ausreichend Material zur Verfügung steht.

---

1   Vgl. Thomas Grotum, Die Halbstarken. Zur Geschichte einer Jugendkultur der 50er Jahre, Frankfurt am Main u. a. 1994, 70.

2   Vgl. Axel Schildt, Von der Not der Jugend zur Teenager-Kultur: Aufwachsen in den 50er Jahren, in: Axel Schildt u. Arnold Sywottek, Hg., Modernisierung im Wiederaufbau. Die westdeutsche Gesellschaft der 50er Jahre, Bonn 1998, 335.

B *Einleitung einer Kursarbeit zum Thema „Sozialstaat". Trotz interessanter Informationen fehlen in diesem Textbeispiel alle relevanten Angaben, die eine Einleitung
zu leisten hat.*

1. Sozialstaat

Der österreichische Sozialstaat ist ein komplexes und kompliziert ausgestaltetes System

	Voraussetzung	Status	Leistungen
Sozialversiche- rung	Erwerbsarbeit Erwerbseinkommen	„versicherter Bürger"	Krankenversicherung Unfallversicherung Pensionsversiche- rung Arbeitslosenversi- cherung
Fürsorge	Hilfs-, Pflege-, finanzielle Bedürftigkeit	„bedürftiger" Bürger	Sozialhilfe Soziale Dienste: Behindertenhilfe Alten-, Pflegearbeit sozial-medizinische Dienste Essen auf Rädern Krankentransport etc.
Versorgung	Rechtsanspruch bestimmter Bevölkerungs- gruppen bzw. aufgrund bestimmter Lebensumstände	„politischer" Bürger	Beamtenbezüge Opferversorgung Familienunterstüt- zung Wohnbeihilfe etc.

Hauptteil

Im Hauptteil Ihrer Arbeit werden die in der Einleitung beschriebenen Fragen abgehandelt.
Die Problemstellung Ihrer Arbeit sollten Sie immer im Auge behalten, denn an ihr misst
sich die Relevanz des von Ihnen verarbeiteten Materials. Entsprechend der Zielsetzung Ih-

rer Arbeit sollten Sie Literatur und Informationen beschreiben, vergleichen, systematisie-
ren, analysieren und interpretieren und aus diesem Vorgang eine logische Argumentation
zur Abhandlung Ihrer Fragestellung entwickeln. Versuchen Sie also, alles Geschriebene in
Bezug auf die Fragestellung zu überprüfen. Dieses Vorgehen wird Ihnen nicht nur helfen,
das Wesentliche vom Unwesentlichen zu unterscheiden – wenn Sie begründen können,
warum eine bestimmte Information oder Aussage für Ihre Arbeit relevant ist, wird das
zusätzlich auch Ihre eigene Argumentation schärfen und schlüssig machen. Der Hauptteil
einer Arbeit wird in Kapitel, wenn nötig in Unterkapitel, unterteilt.

B *Auszug aus der dem Hauptabschnitt der Kursarbeit „Entwicklung des Fernsehver-
haltens und -angebots von und für Kinder und Jugendliche". Der Autor wertet
die Literatur im Hinblick auf seine Fragstellung nach Fernsehverhalten und -zeiten von
Kindern aus.*

Nachdem die Millionengrenze bei der Anzahl der Fernsehgeräte 1969 durchbrochen wurde,[1]
war klar, dass sich das „neue" Medium in Österreich etabliert hatte. 1977 war auf FS 1 Wo-
chentags schon von 9^{00} bis ca. 11^{00} und von 17^{00} bis ca. Mitternacht Programm[2]. Davon etwa
2 Stunden explizites Kinderprogramm. Aus dieser Zeit (1975) stammt auch die erste Sehbetei-
ligungsauswertung speziell für Kinder unter 14 Jahren für die Sendung „Am dam des", die
speziell für Kinder im Vorschulalter konzipiert war. Diese ergab, dass „im Oktober 1975 täglich
71.300 Vorschulkinder die Sendung ‚Am dam des' gesehen hatten, das waren 13,5% aller
Vorschulkinder Österreichs".[3] Im darauf folgenden Jahr waren es schon 27%.[4] Diese im Oktober
1976 durchgeführte Untersuchung war die erste umfangreiche ihrer Art. In den vom ORF veröffentlichten Auszügen gibt es eine klare Lieblingsserie der Kinder im Jahr 1976: Biene Maja ist
mit 59% der Kinder zwischen 3 und 13 die meist gesehenste Sendung. Auffällig sind auch die
hohen „Einschaltquoten"[5] im Abendprogramm. Mehr als ein Viertel der Befragten 14-jährigen
sah einen Kung-Fu-Film und 69% der 10- bis 13-jährigen sahen die Show „Am laufenden Band"
vom Samstag, den 23.10.1976.[6] Heute sind nur mehr Filme und Shows aus dem Hauptabendprogramm in den TOP-Rankings des Infratests.
    Die meistgesehene ORF-Sendung bei Kindern von 3 bis 11 Jahren war im Jahr 2002 die Ju-
nior-Millionenshow (ORF1) mit einer Durchschnittsreichweite von 163.000 jungen Zuschauern.
Platz zwei nimmt die Wetten, dass …?-Ausgabe vom 7. Dezember (ORF1) ein, die 127.000
Kinder sahen, gefolgt von der Spieleshow Domino Day (ORF1) mit 126.000 jungen Zuschauern.
Das reichweitenstärkste fiktionale Angebot 2002 war der Zeichentrickfilm Asterix und Obelix
gegen Cäsar (ORF1), der 121.000 Kinder erreichte.[7] Das bestätigt die These, dass sich der Fern-

sehkonsum von Kindern vom Nachmittag in den Abend verschoben hat. Auf den ersten zehn Plätzen dieses Rankings befinden sich sechs Hauptabendsendungen, nur drei Vormittagssendungen (was dem eigentlichen Kinderprogramm entspricht) und eine Sportübertragung am Nachmittag.[8]

„Die Primetime der älteren Kinder liegt während der Woche weniger im eigentlichen Kinderprogramm, sondern vielmehr im Vorabend- und frühen Hauptabendprogramm. So werden unter der Woche die höchsten Reichweiten in der Zielgruppe der Drei- bis Elfjährigen von ca. 18:00 Uhr bis 21:00 Uhr [sic!] erzielt. Die unter Sechsjährigen nutzen das Fernsehen allerdings vermehrt schon um die Mittagszeit."[9] Die Funktion als „Babysitter" hat das Fernsehen allerdings. Die Fernsehnutzung an Samstag und Sonntag verlagert sich eindeutig in die frühen Morgenstunden, was auf das Phänomen „Babysitter" hindeutet.

---

1 Vgl. Monika Bernold, Austrovision und Telefamilie. 230.

2 ORF-Almanach, 1977, 60 f.

3 Ebd., S. 267.

4 Ebd., S. 271.

5 Diese Angaben sind eigentlich nicht als Einschaltquoten zu bezeichnen und die Kinder nicht als Befragte. Der „Kinder-Infratest" war ein Anhängsel des normalen Infratest. Es wurden nicht die Kinder selbst, sondern mit im Haushalt lebende Erwachsene befragt.

6 ORF-Almanach, 1977, S. 273.

7 ORF mediaresearch, Die TOP 30 Sendungen bei Erwachsenen und Kindern http://mediaresearch.orf.at/fernsehen.htm (7.7.2003).

8 Vgl. ebd., Popup Daten: Kinder (7.7.2003).

9 Vgl. ORF, Hg., Kinder und Fernsehen. ORF Markt- und Medienforschung, 2001, 4.

B *Auszug aus dem Hauptteil einer Kursarbeit zum Thema „Bergboom in Österreich". Dieses Textbeispiel zeigt, wie Sie Ihre Thesen und Aussagen nicht belegen sollten.*

3. 2. 1. Sportartikelindustrie

Ein weiterer Hinweis darauf, welcher Beliebtheit sich das Bergsteigen und viele andere Outdoor-Sportarten (in denen man sich aus eigener Kraft in unbelassenen Natur bewegt) wie Weitwandern („Trecking") zunehmend erfreuen dürfen, ist das riesige und stets anwachsende Angebot an diesbezüglichen Ausrüstungsgegenständen. Die Bergsportartikelindustrie boomt, noch nie war der Absatzmarkt für ihre Produkte größer. Aus arbeitstechnischen Gründen muss der empirische Beleg dieser Behauptung leider ausbleiben, hier muss ich auf meinen eigenen Eindruck zurückgreifen. Wer sich jedoch schon des öfteren Ausrüstung für diesen Sport angeschafft hat, kann diesen Trend sehr wahrscheinlich bestätigen.

Schlusskapitel

Wenn sie in der Einleitung Fragen gestellt und Hypothesen aufgeworfen haben, erwartet man im Schlusskapitel entsprechende Antworten. Im Schlusskapitel werden daher die wichtigsten Ergebnisse der Arbeit zusammengefasst und als Antwort auf die in der Einleitung aufgeworfenen Fragen präsentiert. Sie können offen gebliebene Probleme thematisieren und weiterführende Perspektiven ansprechen.

B *Schlusskapitel einer Kursarbeit zum Thema „Von der Agrar- zur Dienstleistungsgesellschaft. Die Veränderung der Erwerbsarbeit in Österreich zwischen 1950 und 1990". Der Autor fasst seine Ergebnisse im Hinblick auf die Fragestellung zusammen, thematisiert offen gebliebene Probleme und ergänzt das Resümee an einigen Stellen um seine eigene Meinung.*

Resümee:

Die eingangs aufgestellte Hypothese, dass Bildung, technologischer Fortschritt und wirtschaftlich vernetztere Welt maßgeblich zu den sektoralen Verschiebungen beigetragen haben, kann abschließend nicht voll bestätigt werden. Es lassen sich aber einige interessante Schlüsse daraus ziehen.

Bildung scheint, zumindest zu Anfang der Untersuchungsperiode, keine große Rolle für die Sektorenzugehörigkeit gespielt zu haben. Die Erwerbstätigen sind zum größten Teil einer eher noch nicht sehr geistig fordernden Arbeit nachgegangen. Eine besondere Ausbildung, die über das Anlernen hinausging, war dafür im allgemeinen nicht notwendig, was sich auch daran ablesen lässt, dass es noch in den 1950er Jahren viel mehr Hilfskräfte als Facharbeiter gab. Allerdings schaffte die Zugehörigkeit zu einem anderen als zum primären Sektor die Möglichkeit eines sozialen Aufstieg und das war wahrscheinlich der Anreiz zu höherer Bildung, und nicht die Arbeit an sich. Indem man mehr wusste als der andere, sich spezialisierte, konnte ein gewisser Status erreicht werden. Dieser Trend setzte sich immer weiter fort, und je ausgeklügelter die Produktionstechniken und je anspruchsvoller die Kunden der Dienstleister wurden, desto gefragter war Weiterbildung über das Notwendigste hinaus. Somit veränderte sich im Laufe der Jahrzehnte auch das Anforderungsprofil für den Arbeitnehmer, die Komplexität verlangte immer mehr Spezialisierung und Bildung, wird in Zeiten rarer Arbeitsplätze sogar zur Voraussetzung für eine Beschäftigung. Bildung hat aber an sich die teilweise massiven Strukturveränderungen nicht beeinflusst, sie ist der Sektorenverschiebung nachgefolgt und hat sich gewissermaßen der Arbeit angepasst, und nicht umgekehrt.

Leichter lässt sich ein Zusammenhang zwischen dem technischen Fortschritt und den Sektorenverschiebungen herstellen. Der technische Fortschritt sorgte zuerst in der Landwirtschaft einerseits für enorme Produktionszuwächse, gleichzeitig aber auch für eine Reduktion an Arbeitskräften. Auch im Produktionsbereich führte der technische Fortschritt zu Produktionszuwächsen. Dieser Bereich war aber in der Lage, für lange Zeit immer mehr Menschen zu beschäftigen, da der Wirtschaftsaufschwung kontinuierlich war. Aber sobald für die Industrieprodukte der Markt gesättigt war, sinkt auch hier der Beschäftigtenanteil.

Allerdings ist die Industrie in der Regel besser dafür gerüstet, sich den wechselnden Anforderungen schneller anzupassen als die Landwirtschaft, und somit sind die Auswirkungen in diesem Bereich nicht so gravierend. Im Dienstleistungsbereich bewirkt technischer Fortschritt meiner Ansicht nach genau das Gegenteil wie in den beiden anderen Sektoren. Technischer Fortschritt bewirkt ausgeklügeltere Dienstleistungen, diese erhöhen die Anforderungen der Verbraucher, und somit erhöht sich automatisch der Beschäftigungsanteil. Auch wenn man die Meinung vertreten könnte, technische Errungenschaften wie der Computer machten zum Beispiel einen Buchhalter überflüssig, so glaube ich doch, dass auf lange Sicht dieser Fortschritt in der Lage ist, neue Beschäftigungsimpulse zu setzen.

Ähnlich wie beim technologischen Fortschritt verhält es sich mit der vernetzten Welt. Eine zunehmend globalere Umwelt hat unmittelbare Auswirkungen auf die einzelnen Sektoren, alleine schon durch die daraus erwachsenden weltweiten Konkurrenz. Das gilt besonders für den primären und sekundären Sektor. Der Produzent tritt nicht mehr mit seiner unmittelbaren Umgebung in Konkurrenz sondern mit Weltteilen, die unter besseren Bedingungen arbeiten und demzufolge auch günstiger anbieten können. Dieser Umstand verlangt Anpassungsfähigkeit und Schnelligkeit. Am primären Sektor lässt sich klar ablesen, dass bei mangelnder Anpassungsfähigkeit ein dramatischer Schrumpfprozess einsetzt. Der Dienstleistungssektor ist von der globalen Wirtschaftswelt weniger betroffen, da Dienstleistungen weitgehend an Personen und an Orte gebunden sind.

B *Schlusskapitel einer Kursarbeit zum Thema „Sozialstaat". Das Schlusswort ist die richtige Stelle, um Ihre persönlichen Interpretationen und Meinungen darzustellen. Auch wenn diese Möglichkeit für viele Menschen verlockend ist, sollten Sie versuchen, Ihre wissenschaftlichen Ergebnisse in den Vordergrund zu stellen.*

7. Mein Fazit

Ich persönlich empfinde die Fördermittel des Staates als ausreichend, da ich aufgrund des Interviews mit Herrn M. gesehen habe, dass man diverse Fördergelder beziehen kann und bei AMS einige Kurse ablegen muss, dass man diese weiterhin beziehen kann. Finanziell gesehen lebt man bestimmt mindestens gleich gut, als wenn man eine „40-Stunden- Woche" bei einem Durchschnitts-Job hat. Doch ich persönlich würde diese psychische Belastung nicht aushalten, keinen geregelten Tagesablauf zu haben (aufstehen – in die Arbeit- heim – …) und gegenüber der Gesellschaft als „fauler, unwilliger Sozialschmarotzer" gesehen zu werden (das man auch wird).

Ich weiß, diese Meinung ist etwas brutal, aber mir sind schon einige dieser Art von Menschen begegnet. Doch ich sehe sie eher als „Schwarze Schafe unter den Arbeitslosen", deswegen finde ich die Förderungen des Staates gerechtfertigt und korrekt.

Formale Gestaltung der Arbeit

Deckblatt

Neben den Konventionen beim Verfassen des Textteils gilt es, auch die äußere Gestaltung der Arbeit zu beachten. Die erste Seite einer Arbeit ist das Deckblatt. Sofern es keine Vorgaben Ihrer Universität oder Ihres Lehrveranstaltungsleiters gibt, können Sie folgendermaßen vorgehen:

Links oben befindet sich die Kennzeichnung und Nummer der Lehrveranstaltung sowie das Semester, in dem die Veranstaltung abgehalten wurde. Hier finden sich auch der Name von Lehrveranstaltung und Lehrveranstaltungsleiter/in. Eventuell können auch noch Name des Instituts und Name der Universität benannt werden.

Zentriert, in einer größeren oder fetten Schrift, befindet sich der Titel der Arbeit.

Rechts unten befinden sich Name des Verfassers oder der Verfasserin sowie Matrikelnummer und Studienkennzahl. Eventuell können hier auch noch die Semesterzahl des Studierenden und Datum und Ort der Fertigstellung der Arbeit angegeben werden.

Inhaltsverzeichnis

Im Inhaltsverzeichnis sind sämtliche Kapitel und Unterkapitel der Arbeit mit Seitenzahlen vermerkt.

B *Inhaltsverzeichnis und Einleitung einer Kursarbeit zum Thema „Konsumgeschichte der Nachkriegszeit". In die Einleitung der Arbeit hat sich ein Flüchtigkeitsfehler bei der formalen Gestaltung eingeschlichen. Haben Sie ihn entdeckt?*

Arbeiten sie bei der formalen Gestaltung Ihrer Texte einheitlich und sorgfältig und beachten Sie beim Erstellen von Verzeichnissen die Möglichkeiten Ihres Textverarbeitungsprogramms (automatische Erstellung von Inhaltszeichen beispielweise mit Word).

Inhaltsverzeichnis

I. Einleitung 3

II. Hauptteil 4

1. Voraussetzungen für den Konsum von Unterhaltung und Vergnügen

Allgemeines 4

Finanzielle Möglichkeiten 4

Umrisse der Freizeitgestaltung 5

2. Radio & Co.

Entwicklung des Radios: Vom Phonographen zum Radioapparat 5

Rundfunk 6

Das Programm – Was wurde gesendet? 6

Fakten 6

3. Kino

Entwicklung des Kinos vom Kinetoskop zum Massenmedium 7

Das Programm – Was wurde gezeigt/gesehen? 7

Fakten 8

Der Tonfilm 9

Der Farbfilm 9

4. Fernsehapparat

Entwicklung des Fernsehapparats 9

Fakten 10

Das Programm – Was wurde gesehen? 11

5. Urlaub

Allgemeines und Entwicklung 12

Das Automobil 12

III. Schluss 13

Resümee 13

Literaturverzeichnis 13

Anhang 14

I. Einführung

Der Zweite Weltkrieg (1939–1945) forderte ca. 50 Millionen Menschenleben, sechs Millionen Juden wurden in den Konzentrationslagern ermordet, 250 000 Menschen fielen, oder kehrten aus den Kriegsgefangenenlagern nicht mehr zurück. Der Alltag der Überlebenden wurde von der Suche nach Wohnungen und Nahrungsmitteln, welche nun Mangelware und selbst auf dem Schwarzmarkt nur schwer und zu hohen Preisen erhältlich waren, geprägt. Kein Wunder also, dass sich die Menschen der damaligen Zeit von den Schreckensbildern abzulenken versuchten:

Deshalb lautet meine Forschungsfrage:

„Wie veränderte sich das Konsumverhalten der Menschen in der Nachkriegszeit bezüglich Freizeitverhalten und -gestaltung?"

Die Hypothese:

Da die Menschen wegen geringerer Arbeitszeiten über mehr Freizeit verfügten, konnten sie diese so gestalten, wie sie wollten, sofern es ihr Budget erlaubte. Je mehr Freizeit und Geld sie hatten, desto mehr konnten sie sich von Kino, Theater und Diskos „unterhalten" lassen und auch Reisen unternehmen.

Literaturverzeichnis

Im Literaturverzeichnis am Ende der Arbeit werden alle in der Arbeit verwendeten Titel in alphabetischer Reihenfolge aufgelistet. Wenn Sie in Ihrer Arbeit auch Quellen verwenden, können sie das Literaturverzeichnis in „Darstellungen" und „Quellen" unterteilen.

Weitere Elemente schriftlicher Arbeiten

Wenn Sie Bilder und Tabellen verwenden, sich auf eigene (empirische) Untersuchungen stützen oder seltenes Material bearbeiten, benötigt Ihre Arbeit mehr Verzeichnisse und Teile als jene, die Sie bisher kennen gelernt haben. Sofern nicht anders vorgegeben, können Sie – entsprechend den ‚Bedürfnissen' Ihrer Arbeit – zusätzlich folgende hervorgehobene Elemente in dieser Reihenfolge einfügen:

Deckblatt

Vorwort

Inhaltsverzeichnis

Abbildungs- und/oder Tabellenverzeichnis

Abkürzungsverzeichnis

Einleitung

Hauptteil

Schlusskapitel

Literaturverzeichnis

Anhang

Vorworte in kleineren schriftlichen Arbeiten sind nicht gebräuchlich, in Dissertationen und seltener in Diplomarbeiten jedoch üblich. Falls Sie sich – das gilt besonders für Ihre Diplom-/Lizentiatsarbeit – für ein Vorwort entscheiden sollten, können Sie hier persönliche oder allgemeine Dinge, die in der Einleitung unpassend erscheinen, unterbringen. Dabei kann es sich beispielsweise um Motivationsquellen oder Danksagungen an für das Entstehen der Arbeit wichtige Personen handeln. Das Vorwort befindet sich zwischen Deckblatt und Inhaltsverzeichnis.

Nach dem Inhaltsverzeichnis können Sie ein Verzeichnis der – selbstverständlich nummerierten und beschrifteten – *Abbildungen und/oder Tabellen* Ihrer Arbeit einfügen. Abbildungs- und/oder Tabellenverzeichnisse sind nicht zwingend notwendig, außer

- wenn Bilder und Tabellen unabhängig vom Text Ihrer Arbeit gefunden werden sollen,
- wenn Bilder und Tabellen im Text keine Quellenangaben aufweisen.

Um Ihre Arbeit übersichtlicher zu gestalten, können Sie ein Verzeichnis der verwendeten *Abkürzungen* nach Inhalts- und gegebenenfalls Abbildungs- und Tabellenverzeichnis einfügen.

Gängige Abkürzungen wie ‚z. B.‘, ‚etc.‘ ‚vgl.‘ oder ‚usw.‘ müssen Sie nicht im Abkürzungsverzeichnis anführen. Achten Sie jedoch bei diesen Abkürzungen auf einen einheitlichen Gebrauch und vermeiden Sie Unachtsamkeiten in der Schreibweise (‚zB.‘, ‚z. B.‘ oder ‚zB‘ in derselben Arbeit).

Der *Anhang* einer schriftlichen Arbeit ist für Texte oder andere Dokumente, die nicht unbedingt zum Verständnis des Textes notwendig sind. Dazu können u. a. gehören:

- Fragebögen, statistische Auswertungen, Interviewabschriften bei empirischen Arbeiten oder

- schwer zugängliche oder nicht mehr nachweisbare Materialien, wie zum Beispiel Briefe oder aufgelöste Internetseiten.

Der Anhang wird bei weiterlaufender Seitenzählung nach der Literaturliste eingefügt und auch im Inhaltsverzeichnis aufgeführt.

Hinweise zur Gestaltung

Die folgenden Hinweise bezüglich der Gestaltung von schriftlichen Arbeiten sind keine Vorschriften, sondern Vorschläge. Grundsätzlich gilt wie für wissenschaftliches Arbeiten allgemein, dass, angefangen mit Schriftart, Abständen, Gliederung, Schriftgröße für Überschriften, Text und Fußnoten, Zitierweise bis hin zum Setzen von Leerzeichen und Anführungszeichen, vor allem eine einheitliche Gestaltungsweise verwendet werden soll.

Universitäre schriftliche Arbeiten werden in der Regel in *Schriftarten* wie Times New Roman verfasst. Es empfiehlt sich, als *Schriftgröße* für den Text 12 Punkte und für die Fußnoten 10 Punkte zu verwenden. Der *Zeilenabstand* sollte im Text 1,5 Zeilen und in den Fußnoten 1 Zeile betragen.

Jede wissenschaftliche Arbeit sollte eine *Gliederung* aufweisen, die sich dann im Inhaltsverzeichnis widerspiegelt. Sie können bei der Gliederung Ihrer Kapitel und Unterkapitel römische oder arabische Zahlen sowie arabische oder griechische Buchstaben verwenden. Wichtig ist, dass Sie ein einheitliches Verfahren wählen. Kommt in einem Kapitel nur ein Unterabschnitt vor, überlegen Sie, ob diese Untergliederung wirklich nötig ist. Finden sich auf einer Seite Ihrer Arbeit etwa drei Unterabschnitte, überlegen Sie ebenfalls, ob Sie diese nicht in einem Unterabschnitt zusammenfassen können.

Die *Seitenzählung* einer wissenschaftlichen Arbeit erfolgt mit arabischen Ziffern und beginnt entweder mit dem Inhaltsverzeichnis oder der ersten Textseite. Deckblatt und – je nachdem – Inhaltsverzeichnis werden in die Seitenzählung mit eingeschlossen, aber nicht ausgewiesen. Entsprechend Ihrer Vorgehensweise beginnt die Seitenzählung also mit 2 oder – abhängig von der Länge des Inhaltsverzeichnisses – mit 3 oder mehr.

B *Unter diesem Link http://www.geschichte-online.at/utb/6_1.html finden Sie eine Übung zum inhaltlichen und formalen Aufbau von schriftlichen Arbeiten.*

Schriftliche Arbeiten im Studium

Probleme und Schwierigkeiten, mit dem Schreiben zu beginnen, entstehen für viele Studierende unnötigerweise dadurch, dass sie nicht über die an sie gestellten Anforderungen Bescheid wissen bzw. nicht ausreichend darüber informiert wurden. In den folgenden Abschnitten finden Sie daher Anforderungsprofile für die Arbeiten, die man von Ihnen im Studium erwartet.

Kurs- oder Proseminararbeiten sind kleinere schriftliche ‚Einstiegsarbeiten', die in erster Linie der Übung des wissenschaftlichen Arbeitens dienen. Niemand erwartet von Ihnen, dass Sie mit Ihrer Kurs- oder Proseminararbeit ‚das Rad neu erfinden' und neue Erkenntnisse produzieren. Sie werden möglicherweise sogar das Gegenteil feststellen müssen und sehen, dass zu Ihrem Thema und Ihrer Fragestellung eigentlich schon alles Wichtige gesagt und geschrieben worden ist. Daraus ergibt sich jedoch die Aufgabenstellung beim Verfassen von Kurs- und Proseminararbeiten: Sie zeigen, dass Sie in der Lage sind, zu einem vorgegebenen oder selbstgewähltem Thema unter dem Aspekt einer konkreten Fragestellung

- die wichtigste – möglicherweise ebenfalls vorgegebene – Literatur oder Informationen der bisherigen Forschung aufzufinden und
- daraus die für Ihre Fragestellung relevantesten Ergebnisse herauszufiltern.

Sie zeigen außerdem, dass Sie gelernt haben
- Ihre Ergebnisse in einer den wissenschaftlichen Standards entsprechenden Form darzustellen.

Der Textteil Ihrer Arbeit sollte – falls nicht anders vorgegeben – einen Umfang von ca. 10 geschriebenen Seiten nicht über-, aber auch nicht unterschreiten.

Beim Verfassen einer *Seminararbeit* wird von Ihnen erwartet, dass Sie eine Fragestellung oder einen Problembereich des im Seminar behandelten Themas selbstständig wissenschaftlich bearbeiten. Sie sollen zeigen, dass Sie die in der Literatur und anderen Informationsquellen vorliegenden Meinungen, Standpunkte und Forschungsergebnisse mit Blick auf Ihre Fragestellung

- auffinden,
- erfassen,

- auswerten,
- kurz, prägnant und unter Anwendung wissenschaftlicher Standards darstellen,
- kritisch prüfen und
- in den thematischen/inhaltlichen Rahmen des Seminars einordnen können.

Möglicherweise erhalten Sie Literaturhinweise, aber grundsätzlich bleibt die Auswahl der Literatur und Information Ihnen überlassen. Dadurch können Sie zeigen, dass Sie in der Lage sind, ausreichend Material zu finden, das wissenschaftlichen Standards entspricht und auch in inhaltlichem Zusammenhang mit Ihrem Thema steht. Der Textteil Ihrer Arbeit sollte – falls nicht anders vorgegeben – einen Umfang von ca. 15–20 geschriebenen Seiten nicht über-, aber auch nicht unterschreiten.

Bei einer *Diplom-/Lizentiatsarbeit* handelt es sich um eine an einer Universität oder Hochschule verfasste, ungedruckte Abschlussarbeit eines/einer Autor/in. Mit der Diplom/Lizentiatsarbeit zeigt der Diplomand oder die Diplomandin, dass er/sie ein Thema aus dem Bereich des Studienfachs unter dem Aspekt einer bestimmten Fragestellung selbstständig und unter Anwendung wissenschaftlicher Methoden und Techniken erfassen, darstellen und in einen fächerübergreifenden Rahmen einordnen können.

In vielen Studienfächern bleibt die *Wahl des Themas* dem oder der Studierenden überlassen. Wenn Sie konkrete Themenvorstellungen haben, wählen Sie einen Betreuer, von dem Sie glauben, dass seine fachlichen Kompetenzen dem gewählten Thema entsprechen. Die Themenwahl stellt in diesem Sinn schon eine eigenständige wissenschaftliche Leistung dar, denn oft wird damit verbunden auch die Ausarbeitung eines Konzepts verlangt, in dem über

- Motivation
- Fragestellung
- Literaturbestand und Quellenlage sowie
- methodisches Vorgehen

informiert werden soll. Dieser ,Machbarkeitsstudie', die im Gespräch mit Ihrem Betreuer modifiziert werden kann und in der Regel auch wird, wird Ihnen helfen, Ihre Themenstellung in weiterer Folge zu präzisieren und Ihre Arbeit im Detail zu planen.

Wie anfangen?

Trotz genügender Informationen und theoretischem Wissen bereitet nicht nur Studienanfängern das Anfertigen von schriftlichen Arbeiten oft erhebliche Schwierigkeiten. Allein die Aussicht, mehr als zehn oder sogar mehr als 100 Seiten mit eigenen Argumenten, Sätzen und Formulierungen füllen zu müssen, erschreckt viele Studenten und Studentinnen. Auch der Umstand, beim Verfassen der Arbeit weitgehend allein arbeiten zu müssen, kann im Einzelfall nicht sehr motivierend sein. Versuchen Sie das Schreiben, die wissenschaftliche Behandlung von vorgegebenen oder selbstgewählten Fragestellungen, als wesentlichen *Teil Ihrer Ausbildung* zu betrachten. Auch wenn Sie später nicht als Historiker oder Historikerin arbeiten sollten und die Themen Ihrer Studiumsarbeiten ‚exotisch' scheinen mögen – die Fähigkeit, jegliches Wissen, Informationen und Erkenntnisse in sinnvollen Zusammenhängen erfassen und in kohärenten Argumentationsgängen wiedergeben zu können sind Fertigkeiten, die in vielen Berufen geschätzt werden und die Sie durch Ihre Ausbildung ins Berufleben einbringen können.

Versuchen Sie weiters, *wissenschaftliches Arbeiten als Prozess* ernst zu nehmen. Sie werden mit großer Sicherheit nicht vor dem ‚leeren Blatt/Bildschirm' verzweifeln, wenn Sie sich darüber bewusst werden, dass wissenschaftliches Arbeiten nicht in dem Moment beginnt, in dem Sie sich zum Computer setzen, um zu schreiben. Das ist – Korrektur lesen miteinberechnet – der vorletzte Schritt des gesamten Prozesses. Sie beginnen mit der Wahl des Themas, der schriftlichen oder gedanklichen Formulierung Ihrer Fragestellung oder Hypothese. Der nächste Schritt ist das Auffinden des dazu relevanten Materials, der Literatur und möglicherweise auch der Quellen. Sie werden dann beginnen, Ihr Material im Hinblick auf Ihre Fragestellung oder These zu lesen und auszuwerten. Im besten Fall beginnen Sie schon bei dieser Arbeit damit, sich Notizen zu machen, wichtige Informationen oder Zitate zu exzerpieren usw. Wenn Sie diese Arbeiten abgeschlossen haben, werden sie mit guten Erfolgsaussichten damit beginnen können, Ihre Erkenntnisse schriftlich festzuhalten.

Es ist natürlich nicht immer möglich, diesen Arbeitskreislauf lückenlos einzuhalten. Vielleicht müssen Sie neben Ihrem Studium arbeiten, möglicherweise häufen sich gerade Prüfungen, für die Sie lernen müssen, oder andere unvorhersehbare Ereignisse halten sie davon ab, Ihre Arbeitsweise systematisch und regelmäßig zu gestalten. Versuchen Sie, die wissenschaftliche Arbeitsweise zur Gewohnheit zu machen. Beginnen Sie mit der Literatursuche etwa sehr bald nach dem Festlegen des Themas, also bei Semesterbeginn. Auch wenn Sie die bestellten Bücher nicht von Beginn an systematisch durcharbeiten, ab und zu werden Sie sicher einen Blick hineinwerfen. So bekommen Sie das Gefühl, schon ein wenig im wissenschaftlichen Arbeitsprozess drinnen zu sein. Sie verschaffen sich einen Überblick zum Thema, Sie haben die Zeit, sich für ausgeliehene wichtige Bücher in der Bibliothek vormerken zu lassen, Sie machen einige Notizen usw. Sie werden sehen, dass dieser kleine Arbeitsaufwand den Druck verringern wird und Sie das Gefühl haben werden, nicht unvorbereitet die eigentliche Arbeit zu beginnen.

Falls nun doch der Fall eintreten sollte, dass Sie sich trotz guter Vorbereitung und hoher Motivation außerstande fühlen, einen geordneten Gedanken zu formulieren, geschweige denn aufzuschreiben, handelt es sich um so genannte *Schreibblockaden*. Hier einen Rat zu geben ist sehr schwierig, aber je früher Sie dieses Problem entdecken, desto besser. Sie können mit Ihrem Betreuer über Ihre Schwierigkeiten sprechen, möglicherweise das Thema ändern oder andere Hilfestellungen bekommen.

Wenn Sie sich mit Ihrem Thema überfordert fühlen und Ihnen möglicherweise gar nichts dazu einfällt, hilft eventuell eine Neuformulierung durch eine gezielte Eingrenzung. Versuchen Sie beispielsweise einen besonderen Aspekt auszuwählen, eine bestimmte zeitliche Eingrenzung vorzunehmen oder die Ihnen zur Verfügung stehenden Quellen einzugrenzen. Schreiben Sie dann die Neuformulierung Ihres Themas auf – vielleicht gelingt auf diese Weise ein neuer Zugang zu bzw. ein Neubeginn mit Ihrem Thema.

Literatur und Links zu schriftlichen Arbeiten

Ralf Albrecht u. Natascha Nicol, Wissenschaftliche Arbeiten schreiben mit Word. Formvollendete und normgerechte Examens-, Diplom- und Doktorarbeiten, München April 2004. *Gelungene und zielgerichtete Einführung zum Einsatz von Word beim Erstellen wissenschaftlicher Arbeiten.*

Umberto Eco, Wie man eine wissenschaftliche Abschlussarbeit schreibt. Doktor-, Diplom- und Magisterarbeit in den Geisteswissenschaften, 9. Auflage, München 2002. *Auch wer keine Abschlussarbeit schreibt, wird diesen Klassiker sicher nützlich und vor allem spannend zu lesen finden. Die Informationen sind zwar nicht so gut strukturiert und übersichtlich dargestellt wie in anderen Studien- und Schreibhilfen, aber dafür kann man lernen, dass sich schöner Sprachstil und Wissenschaftlichkeit nicht ausschließen.*

Otto Kruse, Keine Angst vorm leeren Blatt. Ohne Schreibblockaden durchs Studium, 4.

Auflage, Frankfurt a. Main 1995. *Auch wenn Sie keine Schreibblockade, sondern nur Anfangs- bzw. Startprobleme beim Schreiben haben, wird Ihnen die Lektüre dieses Buch mit großer Sicherheit helfen können.*

Wolfgang Lück, Technik des wissenschaftlichen Arbeitens: Seminararbeit, Diplomarbeit, Dissertation, 7. Auflage, München u. Wien 1999. *Ein informatives, vor allem aber sehr prägnant geschriebenes Handbuch zum Thema.*

Georg Rückriem u. a., Die Technik des wissenschaftlichen Arbeitens: eine praktische Anleitung, 10. Auflage, München, Wien u. Zürich 1997. *Ein gut strukturiertes Handbuch, das einen sehr informativen Teil zu Fragen von Lernmotivation und Lerngewohnheiten enthält.*

Wolfgang Schmale, Hg., Schreib-Guide Geschichte. Schritt für Schritt wissenschaftliches Schreiben lernen, Wien u. a. 1999. *Besonders hilfreich für angehende Historikerinnen und Historiker.*

Dieter Scholz, Diplomarbeiten normgerecht verfassen: Schreibtipps zur Gestaltung von Studien-, Diplom- und Doktorarbeiten, Würzburg 2001. *Eine sehr empfehlenswerte Unterstützung. Als Diplomand oder Diplomandin können Sie besonders davon profitieren, dass das Buch selbst wie eine Diplomarbeit strukturiert und formatiert ist. Darüber hinaus beinhaltet es einen anschaulichen Teil über die Verwendung von Textverarbeitungsprogrammen.*

Ewald Standorp u. Matthias L. G. Meyer, Die Form der wissenschaftlichen Arbeit, 15. Auflage, Wiesbaden 1998. *Ein nützliches Handbuch, dessen Anhang über „Formales" und „die häufigsten Schreib- und Stilfehler" keine Fragen unbeantwortet lässt. Wer wissen möchte, ob nach dem Doppelpunkt groß oder klein weitergeschrieben wird, findet hier alle notwendigen Informationen. Manuel*

René Theisen, Wissenschaftliches Arbeiten: Technik-Methodik-Form, 11. Auflage, München 2002. *Ein gut strukturiertes, kompaktes Handbuch, das alle im Titel angekündigten Fragen und Aspekte des wissenschaftlichen Arbeitens behandelt.*

Lutz von Werder, Kreatives Schreiben von Diplom- und Doktorarbeiten, 2. Auflage, Berlin u. Milow 1998. *Wer Anfangsschwierigkeiten beim Schreiben von Arbeiten hat, kann in dieser praktischen Anleitung mit unterstützenden Hinweisen und Übungsmöglichkeiten zu Themenfindung und Schreiben möglicherweise Hilfe finden. Das Buch ist in dem Sinn kein Ratgeber oder Handbuch, sondern bietet Denk- und Schreibanstöße, die Sie zum Teil auch selbst erarbeiten müssen.*

Anmerkungen und Notizen

7. mündliche präsentation

In Ihrem universitären Alltag dienen mündliche Präsentationen der Darstellung und Vermittlung von Inhalten, die auf vorausgegangenem wissenschaftlichen Arbeiten basieren. Als Studienanfänger und -anfängerin erwartet niemand das „perfekte" Referat von Ihnen, denn ebenso wie wissenschaftliches Arbeiten ist auch mündliches Präsentieren erlernbar und nicht eine angeborene Fähigkeit. Ein guter Vortrag entsteht nicht, indem Sie sich vor das Publikum stellen und sprechen, sondern durch gründliche Vorbereitung und durch Kenntnisse bestimmter Grundlagen des Präsentierens. Auch lässt sich Referieren und Präsentieren nicht von heute auf morgen lernen, sondern ist wie alle Lernprozesse eine Frage von Übung und Routine. Betrachten Sie mündliches Präsentieren als Bestandteil Ihrer Ausbildung und versuchen Sie, alle Gelegenheiten zur Übung und zum Ausbau Ihrer Präsentationsfähigkeiten zu nützen. Regelmäßiges Referieren und Präsentieren vor Publikum wird auch Ihre rhetorischen Fähigkeiten ausbilden und verbessern. Gerade der Präsentationsfähigkeit kommt auch außerhalb der Universität wie beispielsweise bei Diskussionen oder Vorstellungsgesprächen große Bedeutung zu. Für die mündliche Präsentation gilt daher ebenso wie für wissenschaftliches Schreiben: Auch wenn Sie später nicht als Historiker oder Historikerin arbeiten sollten und ihre Referatsthemen ‚exotisch' scheinen mögen – die Fähigkeit, jegliches Wissen, Informationen und Erkenntnisse in sinnvollen Zusammenhängen erfassen und in kohärenten Argumentationsgängen überzeugend präsentieren zu können, ist in vielen Berufen unabdingbar.

Gestaltung mündlicher Präsentationen

Sofern der Inhalt Ihrer Präsentation nicht vorgegeben ist (z. B. ein Text oder mehrere Texte) oder Sie schon im Rahmen eines Seminars Material zusammengestellt haben, beginnt die Arbeit mit der Materialsuche. Die Recherche für einen mündlichen Vortrag gleicht der einer wissenschaftlichen, schriftlichen Arbeit. Anders als bei schriftlichen Arbeiten müssen Sie aber bei der Erstellung eines Referats den Stoff auf das Wesentliche reduzieren. Ihre Aufgabe ist nicht die präzise und detaillierte Ausformulierung aller Aspekte und Einzelheiten des Themas, sondern das Gegenteil: Von Ihrem Vortrag wird erwartet, dass Sie so viel wie möglich weglassen, aber dennoch so viel wie nötig sagen.

Die erste Frage, die Sie sich bei der Vorbereitung stellen sollten, lautet daher: Was sind die zentralen Thesen, Aussagen oder Ergebnisse, die ich in meinem Vortrag vermitteln möchte? Die Formulierung der Hauptaussagen Ihres Vortrags wird immer eine Herausforderung darstellen, denn Sie unterliegt in erster Linie Ihrer Urteilskraft und subjektiven Einschätzung. Je mehr Sie mit Ihrem Thema vertraut sind, desto einfacher wird sich die Auswahl der relevanten und wichtigen Aspekte gestalten; und bedenken Sie: Nur das, was Sie selber für sinnvoll und relevant halten, werden Sie erfolgreich argumentieren, weitergeben und gegebenenfalls auch verteidigen und rechtfertigen können.

Ein mündlicher Vortrag sollte präsentiert und nicht vor- oder abgelesen werden. Gute Vorträge jedoch basieren in der Regel auf vorausgegangener Verschriftlichung. Die Ausformulierung der eigenen Gedanken in Form eines *Manuskripts* ist daher ein wichtiger Bestandteil der Referatskonzeption. Sie werden merken, dass Ihnen das schriftliche Festhalten Ihrer Gedanken bei der logischen Strukturierung Ihres Vortrages helfen wird. Sie verschaffen sich auf diese Weise die notwendige Sicherheit, den Vortrag in weiterer Folge frei zu sprechen und können darüber hinaus den vorgegebenen Zeitrahmen der Präsentation im Auge behalten. Als Anhaltspunkt gilt hier: drei gedruckte Seiten entsprechen ca. 5 Minuten Vortrag. Bei der Erstellung des Manuskripts können Sie sich an folgende Gliederung halten: *Einleitung, Hauptteil, Schlussteil*.

Einleitung

In der Einleitung erläutern Sie das Thema Ihres Vortrags und geben gleichzeitig einen knappen Überblick über die Struktur Ihres Referats. Die Struktur des Vortrags sollte sich zur besseren Nachvollziehbarkeit für Ihre Zuhörer/innen, aber auch zu Ihrer eigenen Orientierung wie ein roter Faden durch die Präsentation ziehen. Es ist sinnvoll, die Zuhörer/innen schon zu Beginn über die zentralen Thesen, die Sie im Rahmen des Vortrages darstellen, vermitteln und belegen werden, zu informieren. Sofern es Ihr Thema zulässt, wählen Sie für den Einstieg in das Referat einen „Aufhänger" (aktuelles Beispiel, Problem, spannendes Zitat oder Quelle etc.), der einerseits die Relevanz Ihres Themas unterstreicht und andererseits die Aufmerksamkeit Ihres Publikums erhöht. Die Einleitung sollte nicht mehr als 15 % der Präsentationszeit einnehmen.

Hauptteil

Im Hauptteil Ihres Vortrages versuchen Sie die in der Einleitung aufgestellten Thesen oder Hauptaussagen in Form einer logischen Argumentation darzustellen. Um Ihren Vortrag nachvollziehbar zu machen, ist es wichtig, dass Sie sich an die in der Einleitung angekündigte Struktur halten. Der konkrete Aufbau Ihrer Argumentation hängt stark vom Thema und auch dem Vorwissen Ihres Publikums ab. In der Regel empfiehlt es sich, mit der Erläuterung einiger für das Verständnis relevanter Sachverhalte und/oder Begriffe zu beginnen und anschließend auf die spezielleren und wesentlichen Aspekte Ihres Themas einzugehen. Versuchen Sie, alles Geschriebene (und später Gesprochene) in Bezug auf die Hauptaussagen Ihres Vortrages zu überprüfen. Dieses Vorgehen wird Ihnen helfen, das Wesentliche vom Unwesentlichen zu unterscheiden (das muss bzw. das kann erwähnt werden), aber wenn Sie begründen können, warum eine bestimmte Information oder Aussage für Ihren Vortrag relevant ist, wird das zusätzlich auch Ihre eigene Argumentation schärfen und schlüssig machen. Der Hauptteil nimmt ca. zwei Drittel der Präsentationszeit ein.

Schlussteil

Im Schlussteil stellen Sie ähnlich wie in der schriftlichen Arbeit noch einmal die Kernaussagen Ihres Vortrages zusammen und beziehen sich dabei auf die in der Einleitung aufgestellten Fragen und Thesen. An dieser Stelle des Vortrags können Sie Ihre eigene Bewertung zusammenfassend darlegen und offen gebliebene Fragen ausblicksartig zur Diskussion stellen. Die letzten Worte bleiben den Zuhörern und Zuhörerinnen in der Regel am besten im Gedächtnis und werden daher auch oft in der nachfolgenden Diskussion aufgegriffen.

Thesenpapier

Das Thesenpapier stellt das schriftliche Begleitmaterial Ihres Vortrags dar und muss sich daher inhaltlich an der mündlichen Präsentation orientieren. Ein gelungenes Thesenpapier sollte vor allem folgende Funktionen erfüllen:

- Roter Faden für die Zuhörer: Um die Nachvollziehbarkeit Ihrer Präsentation zu er-höhen, listen Sie die Gliederung bzw. die Punkte, über die Sie sprechen werden, (stichwortartig) auf.
- Verständnishilfe: Wenn Sie unbekannte Begriffe, Definitionen, längere Textpassa-gen oder Zitate anführen, können Sie diese am Thesenpapier festhalten und Ihrem Publikum auf diese Weise in schriftlicher Form zu Verfügung stellen. Informationen, die über Ihre inhaltlichen Ausführungen hinausgehen, sollten Sie im Thesenpapier vermeiden.
- Diskussionsgrundlage: Das Thesenpapier sollte streng genommen im Rahmen eines Seminars die (kritische) Diskussion Ihrer Arbeitsergebnisse ermöglichen. Formulieren Sie daher in kurzen prägnanten Sätzen die wichtigsten Thesen, Ergebnisse und auch eigene Beurteilungen zu Ihrem Thema. Je nach Beschaffenheit Ihres Themas können Thesen auch Beschreibungen, Fragen oder Interpretationen fremder Meinungen etc. sein. Ihre Thesen sollten selbsterklärend für sich stehen oder anderenfalls argumen-tativ begründet werden.

Das Thesenpapier sollte einen Umfang von ein bis maximal drei Seiten aufweisen. Es wird in der Regel vervielfältigt und vor dem Vortrag an die Zuhörer verteilt. Bei der *for-malen Gestaltung* Ihres Thesenpapiers können Sie sich, falls nicht anders vorgegeben, an die folgende Struktur halten:

- Kopfzeile: Kennzeichnung und Titel der Lehrveranstaltung, Semester, Namen des/der Lehrveranstaltungsleiter/in, Name des/der Referenten/in, eventuell Matrikelnum-mer, Ort und Datum
- Thema, Titel des Vortrages
- Konkrete Fragestellung
- Einleitung: Erläuterung des Themas, Kontext (nicht mehr als 5 Zeilen)
- Thesen und Erläuterungen, Begründungen, eigene Beurteilungen, Ergebnisse
- Literaturhinweise

B *Thesenpapier (alle Beispiele dieses Kapitels stammen aus einer Einführungsveran-staltung ins Geschichtestudium an der Universität Wien.)*

Kennzeichnung der LV (z. B.: S 3): Titel der LV, Semester, Name des LV-Leiters/der Leiterin

Name des Referenten/der Referentin, ev. Matrikelnummer
Ort und Datum

Entwicklung des Bergsports in Österreich
von der Nachkriegszeit bis heute,
unter besonderer Berücksichtigung der Entwicklung des österreichischen Alpenvereins

Hauptthese:
Im Untersuchungszeitraum beginnt die stete Entwicklung des Bergsports zu einer Massen-freizeitbetätigung, Alpinismus wird für die Masse der neuen Bergsteiger zum Selbstzweck und verliert den Pioniercharakter, den er in der ersten Hälfte des 20. Jahrhunderts noch hatte. Das Gebirge wird zum Freizeit- und Erholungsgebiet.

Dieser Trend ist ein kennzeichnendes Phänomen unserer hoch technisierten Wohlstands-gesellschaft und kann nur in Zusammenhang mit ihrer Entwicklung verstanden werden.

Indikatoren für diesen Trend:
Kontinuierliches Anwachsen der Mitgliederzahlen des ÖAVs seit seiner Neugründung 1945 bis heute.

Boomende Bergsportartikelindustrie, Einflüsse der „Bergmode" auf die Alltagsmode.

Zunehmende Differenzierung des Bergsports in Teildisziplinen, wobei besonders die Trendsportart Sportklettern hervorzuheben ist, die auch abseits des Gebirges in Städten be-trieben werden kann.

Rahmenbedingungen für die Entwicklung des Bergsports zur Massenfreizeitbetätigung:
Erschließung der Alpen mit Wegen, Steigen und Schutzhütten durch den ÖAV.

Infrastrukturelle Entwicklung des Alpenraumes, die sich vor allem im Zuge des immer wichtiger werdenden Wintertourismus vollzog.

Entwicklung unserer Gesellschaft zur heutigen Wohlstands-, Freizeit- und Dienstleis-tungsgesellschaft.

Zunehmende Motorisierung

Reduktion der Arbeitszeit → mehr Freizeit

Reduktion körperlicher Arbeit → Dienstleistungsgesellschaft

III

Tiefere Gründe dieses Trends erwachsen aus der Entwicklung zu unserer heutigen Gesellschaftsform:

Körperliches Erlebnispotential im Alltag abhanden gekommen → Bergsport als Kompensation

Möglichkeit, sich im Bergsport (im Gegensatz zum Alltag) als leistungsfähigen Menschen zu erleben.

Literatur:

- Regine Vondracek, Soziologie und Psychologie des Bergsteigens. Entwicklungen, Ergebnisse, offene Fragen, phil. Diplomarbeit, Univ. Wien, 1990.
- Franz Halbweiß, Entwicklung des Bergsports in Österreich unter besonderer Berücksichtigung des Österreichischen Alpenvereins und der Naturfreunde, phil. Diplomarbeit, Univ. Wien, 1998.
- Ulrich Aufmuth, Zur Psychologie des Bergsteigens, Frankfurt am Main 1988.
- Inge Karazman Morawetz, Arbeit, Konsum, Freizeit. Veränderungen im Verhältnis von Arbeit und Reproduktion, in: Reinhard Siedler, Heinz Steinert u. Emmerich Talos, Hg., Österreich 1945–1995. Gesellschaft, Politik, Kultur, Wien 1995.
- H. C., Frei sein, high sein. Die 68er-Generation verweigert sich dem Kampf und Risikobergsteigen, in: Profil vom 26. Mai 2003, 106.

Andere Quellen:

- Roland Detsch, Österreichischer Alpenverein, in: Microsoft® Encarta® [elektronische] Enzyklopädie Professional 2003. © 1993–2002 Microsoft Corporation.
- ÖAV Innsbruck, Statistische Daten zur Mitgliederentwicklung von 1947 bis 2002 per Post durch Fr. Wagner am 27. 5. 2003 übermittelt.
- Georg Temme, Berge und Massensport, emmet 10-2002, online unter ULR: http://www.emmet.de/g_a_berg.htm (22.5. 2003).
ÖAV Wien, Statistiken, 2002, online unter URL: http://www.oeav-events.at/ (22. 5. 2003).

Ü *Unter diesem Link http://www.geschichte-online.at/utb/7_1.html können Sie das Verfassen eines Thesenpapiers üben.*

Visualisierung

Die gängigste Form der Visualisierung bei Referaten und Vorträgen ist der Einsatz von Folien. Lange Zeit dominierte dabei die klassische Overheadfolie, die mithilfe eines Projektors auf eine Leinwand projiziert wird. Mittlerweile erlaubt jedoch die technische Ausstattung von Hochschulen wie auch der Studierenden, Folien mithilfe von PCs/Notebooks zu erarbeiten und für Präsentationen einzusetzen. Das am weitesten verbreitete Präsentationsprogramm ist Power Point.

Wann können Folien eingesetzt werden?

Ob bzw. wie viel Bedarf an Visualisierungen besteht, richtet sich nach dem Thema des Vortrags. Die Visualisierung von Information soll vor allem Ihre inhaltlichen Ausführungen unterstützen. Zu viel Visualisierung schadet der Präsentation und es empfiehlt sich, schon vorab zu überlegen, ob der Einsatz von Folien sinnvoll ist und welche Inhalte sich dafür eignen.

Für die Darstellung auf Folien eignen sich

- Informationen, die schwierig bzw. nicht verbal vorgetragen werden können, wie beispielsweise Illustrationen, Tabellen oder Graphiken;
- Informationen, die Ihren Zuhörern während der Dauer des Vortrags präsent bleiben sollten, wie beispielsweise wichtige Namen, Fachbegriffe oder Landkarten;
- komplexe Sachverhalte oder Zusammenhänge, die anhand von Graphiken oder Tabellen besser erläutert werden können;
- längere Textpassagen oder Zitate, sofern diese nicht ohnehin schon am Thesenpapier aufgeführt werden.

Auf folgende Punkte ist bei der Gestaltung von selbst geschriebenen oder mithilfe des Computers erstellten Folien zu achten:

- Folien müssen für alle Zuhörer im Raum lesbar sein. Die Schriftgröße für laufenden Text sollte daher mindestens 18 Punkt (ca. 7mm), für Überschriften mindestens 30 Punkt (ca. 12 mm) betragen.
- Überfüllen Sie Ihre Folien nicht mit Text und Illustrationen. Als Anhaltspunkte gelten hier: höchstens 15 Zeilen pro Hochformat-Folie, höchstens 11 Zeilen pro Querformat-Folie.

Wenn Sie Ihren Vortrag z. B. mit einer Power-Point-Präsentation unterstützen wollen, sollten Sie zusätzlich noch folgende Punkte beachten:

- Die Präsentation muss genau auf Ihren Vortrag abgestimmt sein und daher besonders gründlich vorbereitet werden.
- Denken Sie beim Erstellen der Folien an den Zeitrahmen Ihres Vortrags. Als Anhaltspunkt gilt hier: ca. 4 Minuten pro Folie. Wenn Ihr Vortrag z. B. nicht mehr als 30 Minuten dauern sollte, setzen Sie höchstens 6 Folien ein.
- Nummerieren Sie Ihre Folien durch und versehen Sie die Folien mit Datum, Angaben zur Lehrveranstaltung und eventuell Ihrem Namen.
- Denken Sie daran, dass weniger oft mehr ist. Das gilt nicht nur für mit Text oder Bildern überladene Folien, sondern auch für diverse mit Power-Point produzierbare Effekte. Beschränken Sie sich besser auf einfache Effekte und lassen Sie Ihre Bilder und Textblöcke nicht mit Flugzeuggeräuschen von links und rechts einfliegen.

Präsentation des Vortrags

Vortragsmanuskript/Notizen

Menschen schreiben in der Regel anders, als sie sprechen. Das ausformulierte Manuskript reicht den meisten Referenten und Referentinnen deshalb nicht als Grundlage für den Vortrag aus. Es empfiehlt sich daher, den Vortrag einmal durchzusprechen und anschließend, basierend auf dem Probedurchlauf und dem Manuskript, ein weiteres Vortragsmanuskript zu erstellen, das Ihnen als Grundlage der Präsentation dient.

Auf diese Weise klären Sie die Stärken und Schwächen Ihres Referats und haben ausreichend Zeit, an Ihrer mündlichen Präsentation „herumzufeilen". Sie werden dann eventuell schwierige Passagen oder Übergänge ausformulieren, geschriebene Sätze in gesprochene umformulieren und dort, wo sie sich sicher fühlen, einfach nur Stichworte notieren.

Sprechen Sie sich oder einem Zuhörer/einer Zuhörerin Ihren Vortrag auf jeden Fall einige Male laut vor. So können Sie testen, ob Sie den vorgegebenen Zeitrahmen einhalten und die Struktur Ihres Vortrages nachvollziehbar ist. Durch mehrmaliges Vorsprechen werden Sie außerdem mehr Sicherheit im freien Sprechen erlangen.

Sprechen Sie Ihren Vortrag, so gut es geht, frei und lesen Sie nur in Ausnahmefällen (schwierige Passagen, Zitate usw.) ausformulierte Textstellen ab. Wichtig ist, dass Sie laut, deutlich und nicht zu schnell sprechen. Versuchen Sie, während des Vortrags Ihr Publikum anzusehen und fixieren Sie nicht – wie das häufig der Fall ist – ausschließlich Seminarleiter oder -leiterin. Halten Sie sich unbedingt an den vorgegebenen Zeitrahmen, denn die sorgfältige und gute Vorbereitung eines Referats lässt sich auch daran erkennen, ob die Redezeit eingehalten werden kann oder nicht.

Lampenfieber

Nervosität oder Angst vor öffentlichen Auftritten kennen die meisten Menschen und auch erfahrene Referenten und Referentinnen sind vor Lampenfieber nicht gefeit. Durch die Erfahrung wissen Sie aber, dass die nervenaufreibende und angstauslösende Situation besonders vor, aber auch während des Vortrages aushaltbar und zu bewältigen ist. Die folgenden Hinweise – intensive Vorbereitung und Üben vorausgesetzt – können aber vielleicht helfen, Ihre Nervosität ein wenig zu senken:

- Versuchen Sie, nicht in den Vortrag „hineinzustolpern" und nehmen Sie sich kurz Zeit, sich daran zu gewöhnen, die nächste halbe Stunde im Mittelpunkt des Interesses zu stehen: Atmen Sie ruhig und regelmäßig, lassen Sie Ihren (freundlichen) Blick durchs Publikum schweifen, legen Sie sich Ihr Vortragsmanuskript zurecht (nicht zu lange) und dann beginnen Sie erst mit dem Sprechen.
- Bemühen Sie sich um einen reibungslosen Beginn und bereiten Sie die Einleitung des Referats besonders sorgfältig vor. Formulieren Sie die ersten Sätze aus und lernen Sie diese auswendig.
- Denken Sie daran, dass Sie etwas Wichtiges und Interessantes zu sagen haben.
- „Steckenbleiben" während der Präsentation meistern Sie, indem Sie zugeben, den roten Faden verloren zu haben, den letzten Satz wiederholen oder das bereits Gesagte zusammenfassen.

Literatur und Links zu mündlichen Präsentationen

Wolfram Breger u. Heinz Lothar Grob, Präsentieren mit und ohne Multimedia, Münster 1999. *Eine praxistaugliche Unterstützung bei allen Arten von Präsentationen.*
Georg Rückriem, Joachim Stary u. Norbert Franck, Die Technik wissenschaftlichen Arbeitens: eine praktische Anleitung, 10. Auflage, Paderborn u. a. 1997. *Als Darstellungsform wissenschaftlichen Arbeitens werden mündliche Präsentationen auch in dementsprechenden Handbüchern und Ratgebern behandelt. In diesem Handbuch*

finden sich vor allem Erläuterungen zur formalen und inhaltlichen Gestaltung des schriftlichen Grund- und Begleitmaterials (Referate und Thesenpapiere) und von mündlichen Präsentationen.

Manuel René Theisen. Wissenschaftliches Arbeiten: Technik – Methodik – Form, 11. Auflage, München 2002. *Genaue Erläuterungen zur formalen und inhaltlichen Gestaltungen des schriftlichen Grund- und Begleitmaterials (Referaten und Thesenpapiere) von mündlichen Präsentationen sowie einige Informationen zu den Anforderungen des Vortragens und Präsentierens selbst.*

Tobias Ravens, Wissenschaftlich mit Power-Point arbeiten, München 2004. *Dieses Buch zeigt das, was Sie im wissenschaftlichen Alltag von PowerPoint brauchen, mit praxisnahen Beispielen.*

Rainer Bromme u. Riklef Rambow, Die Verbesserung der mündlichen Präsentation von Referaten: Ein Ausbildungsziel und zugleich ein Beitrag zur Qualität der Lehre (1993). http://wwwpsy.uni-muenster.de/inst3/AEbromme/web/Service/Leitfade/Referate. htm (25. 12. 2003). *Informative und klare Empfehlungen für die Vorbereitung und die mündliche Präsentation von Referaten mit vielen guten Tipps und Ratschlägen.*

Anmerkungen und Notizen

Als Einstieg können Sie unter http://www.geschichte-online.at/utb/8_1.html eine Präsentation aufrufen, die am Beispiel eines Feldpostbriefes aus dem Zweiten Weltkrieg zeigt, was Sie beim Transliterieren von alten Schriften erwartet.

Die Lehre von der Entwicklung und den Formen der Schrift, die *Paläographie*, ist als Hilfswissenschaft ein wichtiges Hilfsmittel in quellenorientierten Wissenschaften wie Geschichte, Kunstgeschichte oder auch der mediävistischen Philologie. Im Laufe Ihres Studiums werden Sie spätestens bei der Beschäftigung mit alter, mittelalterlicher oder neuzeitlicher Geschichte alte Hand- oder Druckschriften kennen lernen, deren Entzifferung Ihnen Schwierigkeiten bereiten wird. Aber auch wenn Sie sich als Historiker oder Historikerin mehr der Zeitgeschichte als früheren Geschichtsepochen verschrieben haben, werden Sie bei Druck- und besonders bei Individualhandschriften nicht immer auf die Ihnen vertraute lateinische Schrift, sondern in vielen Fällen auf die so genannte gotische bzw. Kurrentschrift stoßen.

Erkundigen Sie sich beispielsweise in Ihrer Familie – Sie werden schnell herausfinden, dass Ihre Großeltern oder andere ältere Verwandte und Bekannte in der Schule noch Kurrent und lateinische Schrift gelehrt wurde. Wenn Sie als Historiker und Historikerin mit vergangenen Quellen arbeiten möchten, ist es also notwendig, Lesekenntnisse von früher gebräuchlichen Schriften zu erwerben. Das gilt besonders für mittelalterliche und neuzeitliche Geschichte, aber auch Zeithistoriker und -historikerinnen werden nicht umhin kommen, sich paläographische Grundkenntnisse anzueignen.

Schriftgeschichte

Woher kommt nun unsere Schrift und warum haben frühere Generationen andere Schriften verwendet als wir heute? Im folgenden Kapitel erhalten Sie zur ersten Orientierung einen kurzen Überblick über die wichtigsten Etappen der Schriftgeschichte.

Nach Antike und Völkerwanderung, die viele schriftliche Sonderentwicklungen verursachte, fand in der karolingischen Zeit (um 800) eine Zusammenführung und Vereinheitlichung der gebräuchlichen Schriften statt. Die *karolingischen Minuskel* wurden die neue einheitliche Schrift, auf der sowohl die gotische wie auch unsere heutige lateinische Schrift fußt.

Ein wesentliches Merkmal der karolingischen Minuskel sind ihre Rundungen. Im 12. Jahrhundert erfuhr die Schrift mit dem Übergang zur *gotischen Schrift* einen bedeutsamen Wandel, nämlich die Brechung der Rundungen.

Die Paläographie teilt die Schrift in Buchschriften, die sich (auch vor dem Buchdruck) durch Regelmäßigkeit und Betonung der Einzelbuchstaben kennzeichnen, sowie in Gebrauchs- oder Geschäftsschriften (Kursive), die sich durch die Verbindung der einzelnen Buchstaben charakterisieren lassen. So entwickelte sich neben der gotischen Minuskel als Buchschrift Mitte des 13. Jahrhunderts – auch als Ausdruck zunehmender Schriftlichkeit – die *gotische Kursive* als Gebrauchs- und Geschäftsschrift. Zunehmende wirtschaftliche und verwaltungstechnische Bedürfnisse haben die neue gotische Kursive hervorgebracht, die (bei ständiger Weiterentwicklung) als *Kanzlei- und Kurrentschrift* die Geschäfts- und Individualschrift bis ins 20. Jahrhundert bestimmen sollte.

Im 15. Jahrhundert kam es zu einer Gegenbewegung zur gebrochenen gotischen Schrift, denn diese Schrift wurde vor allem von den Humanisten abgelehnt. Im Glauben, es handle sich um eine antike Schrift wurde die runde karolingische Minuskel mit einigen Weiterentwicklungen als *Antiqua* wieder belebt. Ebenso wie die gotische Buchschrift entwickelte auch die Antiqua eine Gebrauchsschrift – die *humanistische Kursive*, auf der unsere heutige lateinische Schreibschrift beruht.

Besonders im Buchdruck bestehen von da an bis in das 20. Jahrhundert gotische und lateinische Schriftart nebeneinander, jedoch als Schreibschrift setzte sich im deutschsprachigen Raum die Kurrentschrift durch.

B *Karolingische Minuskel, Codex Egberti aus dem Kloster Reichenau zwischen 984 und 993, Quelle: Wilhelm H. Lange, Schriftfibel. Geschichte der abendländischen Schrift von den Anfängen bis zur Gegenwart, 3. Aufl., Wiesbaden 1951, 39.*

B *Zierfraktur, Fraktur, Kurrent, Johann Balthasar Preusse: Vollständige Anleitung zum Schreiben für die Land-Schulen. Braunschweig 1792, aus: Deutsche Bücherei Leipzig, Schreibmeisterblätter. Fraktur, Kanzlei, Kurrent, Leipzig 1968, 29.*

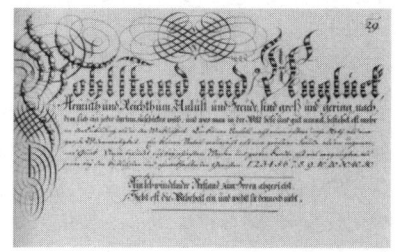

Buchdruck

Der im 15. Jahrhundert aufkommende Buchdruck verdrängte die (handgeschriebene) Buchschrift, und Handschriften wurden von da an vornehmlich in Kanzleien, Ämtern und im individuellen Schriftverkehr gepflegt. Aber auch die neu entstandenen Druckschriften orientierten sich an der gebrochenen, gotischen Schrift: Die erste in Deutschland als reine Druckschrift konzipierte Schrift ist die *Schwabacher Schrift*.

Die Schwabacher Schrift kennzeichnet sich ebenso durch Brechungen wie die aus ihr Anfang des 16. Jahrhunderts entwickelte *Fraktur*, die dem Buchdruck bis ins 20. Jahrhundert erhalten bleiben sollte.

B

Schwabacher   Fraktur

Kurrentschrift

Basierend auf diesen schriftgeschichtlichen Entwicklungen werden ab dem 16. Jahrhundert drei Schriftformen unterschieden: Fraktur als Buch-/Druckschrift, Kanzlei als Schreibschrift für Ämter und Kanzleien und Kurrent als zweite Schreibschrift für privaten Gebrauch, wobei die Abgrenzungen im alltäglichen Gebrauch fließend waren.

Im Verlauf der letzten Jahrhunderte unterlag die Kurrentschrift jedoch unterschiedlichen modischen Entwicklungen, die sich u. a. an der zeitgenössischen Kunst orientierten.

B *Barockkursive, Handschrift von Johann Bernhard Fischer von Erlach*
Quelle: Karl Gladt, Deutsche Schriftfibel. Anleitung zur Lektüre der Kurrentschrift des 17.–20. Jahrhunderts, Graz 1974, Beispiel Nr. 171.

Die Transliteration dieser Handschrift finden Sie unter http://www.geschichte-online.at/utb/8_2.html.

Mit zunehmender Verbreitung der Schreibkenntnisse in der Bevölkerung, durch die allgemeine Schulpflicht, trat eine tendenzielle Vereinheitlichung und Vereinfachung in das Schriftbild. Die letzte Normierung erfuhr die Kurrentschrift zu Beginn des 20. Jahrhunderts durch den Graphiker Ludwig Sütterlin (1865–1917), dessen Entwurf für eine normierte Handschrift, die *Sütterlinschrift*, ab 1930 in den meisten deutschsprachigen Ländern im Schulunterricht eingesetzt wurde.

Nach der nationalsozialistischen Machtergreifung galt die Antiqua oder lateinische Schrift als „nicht-arisch" und war deshalb verpönt. Partei und Staat bemühten sich um die Förderung der „deutschen" Schrift. Der jüdischen Bevölkerung wurden beispielsweise Veröffentlichungen und Druck in Fraktur untersagt, bis es im Jahr 1941 zu einer überraschenden Wendung in der nationalsozialistischen Führung kam. Die NSDAP entschied, dass die so genannte „deutsche" Schrift gar keine deutsche Schrift sei, sondern mit dem Aufkommen des Buchdrucks von jüdischen Buchdruckern eingeführt wurde. In einem internen von Martin Bormann unterzeichneten Rundschreiben vom 3. Jänner 1941 wurde mit dieser haarsträubenden Begründung die „nicht-arische" lateinische Schrift zur Normschrift im gesamten Schriftwesen und im Unterricht erklärt:

„Die so genannte gotische Schrift als eine deutsche Schrift anzusehen und zu bezeichnen ist falsch. In Wirklichkeit besteht die so genannte gotische Schrift aus Schwabacher-Judenlettern. Genauso wie sie sich später in den Besitz der Zeitungen setzten,
setzten sich die in Deutschland ansässigen Juden bei der Einführung des Buchdrucks
in den Besitz der Buchdruckereien, und dadurch kam es in Deutschland zu der starken
Einführung der Schwabacher-Judenlettern." Aus: Karl Gladt, Deutsche Schriftfibel. Anleitung zur Lektüre der Kurrentschrift des 17.–20. Jahrhunderts, Graz 1974, 8.

Nachdem diese Verordnung der Nationalsozialisten nach Kriegsende nicht rückgän-
gig gemacht wurde, konnte sich in der zweiten Hälfte des 20. Jahrhunderts die lateinische Schrift als Schreibschrift im deutsprachigen Raum durchsetzen.

Ü Unter http://www.geschichte-online.at/utb/8_3.html können Sie mit einer speziellen Anfängerübung und anhand von Schriftproben aus dem 20., 19. und 18.
Jahrhundert das Lesen der Kurrentschrift erlernen.

Zur Unterstützung finden Sie sowohl online als auch hier das Kurrent-Alphabet.

A	*a*	*N*	*n*	*ß*
B	*b*	*O*	*o*	*ß*
C	*c*	*P*	*p*	*ß*
D	*d*	*Q*	*q*	
E	*e*	*R*	*r*	
F	*f*	*S*	*1*	
G	*g*	*T*	*t*	
H	*h*	*U*	*ü*	
I	*i*	*V*	*v*	
J	*j*	*W*	*w*	
K	*k*	*X*	*x*	
L	*l*	*Y*	*y*	
M	*m*	*Z*	*z*	

Literatur und Links zu Kurrentschrift

Egon Boshof, Kurt Düwell und Hans Kloft, Grundlagen des Studiums der Geschichte. Eine Einführung, 4. Auflage, Köln, Weimar u. Wien 1994. *In den Abschnitten zur Quellenkunde der mittelalterlichen und neuzeitlichen Geschichte finden sich die wichtigsten Informationen zur Paläographie, die aufgrund ihrer Prägnanz und Kürze einen guten Einstieg in das Thema vermitteln.*

Kurt Dülfer u. Hans Enno Korn, Schrifttafeln zur deutschen Paläographie des 16.–20. Jahrhunderts, 10. Auflage, Marburg 2000. *In diesem Buch findet sich ein informativer und prägnanter einleitender Text zum Thema. Danach folgen 50 Beispielstexte mit Übersetzungen. Die ausgewählten Texte sind mehrheitlich amtliche Briefe, Dokumente und Erlässe.*

Karl Gladt, Deutsche Schriftfibel. Anleitung und Lektüre der Kurrentschrift des 17.–20. Jahrhunderts, Graz 1974. *Anschauliche Beispiele, Übersetzungen und ein einführender, aber sehr informativer Artikel mit vielen Erklärungen. Die ausgewählten Texte sind vor allem Alltagsdokumente wie beispielsweise private Briefe von Berühmtheiten aus Kunst, Kultur und Politik des 18. und 19. Jahrhunderts.*

Christina Kilius, Die Antiqua-Fraktur Debatte um 1800 und ihre historische Herleitung, Wiesbaden 1999. *Für alle, die mehr zum Antiqua-Fraktur-Streit wissen möchten.*

Harald Süß, Deutsche Schreibschrift. Lesen und Schreiben lernen, München 2002. *Lehrbuch für Kurrent, Sütterlinschrift und Offenbacher Schrift.*

Beinert, Wolfgang, Typolexikon.de. Das Lexikon der deutschen Typographie (2001). http://www.typolexikon.de (10. 5. 2004). Ein Online-Lexikon zu allen relevanten Themen der Schriftgeschichte und des Buchdrucks. *Die Universität Zürich entwickelte ein Selbstlernangebot zur Benützung und Auswertung von handschriftlichen Quellen in Archiven unter http://www.adfontes.unizh.ch.*

Anmerkungen und Notizen

Literaturrecherche

In der Online-Version von Geschichte Online erhalten Sie in der Flash-Präsentation „Auf der Suche nach dem ‚ganzen Haus'" einen ersten Überblick über die verschiedenen Wege der Literaturrecherche. Sie finden diese unter folgender Adresse:

http://www.geschichte-online.at/utb/literaturrecherche_1.html

9. umgang mit bibliotheken

Eine kleine Bibliothekskunde

Bibliotheken sammeln traditionellerweise Druckwerke wie Bücher und Zeitschriften, verzeichnen sie in Katalogen und machen sie für interessierte Benützerinnen und Benützer verfügbar. Die Sammelgebiete können dabei über Bücher hinausreichen, auch Landkarten, Handschriften und elektronische Medien/Texte werden in Bibliotheken aufbewahrt.
Folgende Typen von Bibliotheken können unterschieden werden:
- Nationalbibliotheken
- Landesbibliotheken
- Universitätsbibliotheken
- Instituts-/Fachbibliotheken
- Öffentliche Bibliotheken

Beispiele für Verzeichnisse von Bibliotheken:
- Deutsche Bibliotheken Online: http://www.hbz-nrw.de/produkte_dienstl/germlst/index.html
- Verzeichnis wissenschaftlicher Bibliotheken in Österreich: http://orawww.uibk.ac.at/public_prod/owa/portal.bibliotheken
- Schweizerische Bibliotheken: http://www.switch.ch/libraries/

Nationalbibliotheken haben den Anspruch, die gesamte in einem Staat erschienene gedruckte Literatur zu sammeln sowie die wichtigen im Ausland erscheinenden Bücher und Zeitschriften anzukaufen. Aufgrund des so genannten „Pflichtexemplarrechts" muss jede in einem Land erscheinende Druckschrift inklusive universitärer Abschlussarbeiten wie Diplomarbeiten und Dissertationen an die jeweilige Nationalbibliothek abgeliefert werden.
Links:
- Deutsche Nationalbibliothek (vormals Deutsche Bibliothek): http://www.ddb.de/
- Österreichische Nationalbibliothek: http://www.onb.ac.at/
- Schweizerische Landesbibliothek: http://www.snl.admin.ch/
- Europäische Nationalbibliotheken: http://libraries.theeuropeanlibrary.org/libraries_en.xml

- Library of Congress, Washington: http://www.loc.gov/

Landes- und Kantonsbibliotheken befinden sich zumeist in den Hauptstädten der einzelnen Bundesländer bzw. Kantone und sammeln neben Literatur von allgemeiner Bedeutung insbesondere Druckwerke und andere Medien, die einzelne Aspekte der jeweiligen Region behandeln. Manchmal haben sie das Pflichtexemplarrecht für Druckwerke, die in ihrem Einzugsgebiet erscheinen.

Beispiele für deutsche Landesbibliotheken:

- Bayerische Staatsbibliothek: http://www.bsb-muenchen.de/
- Zentral- und Landesbibliothek Berlin: http://www.zlb.de/index.html
- Niedersächsische Landesbibliothek: http://www.nlb-hannover.de/
- Rheinische Landesbibliothek: http://www.rlb.de/
- Württembergische Landesbibliothek: http://www.wlb-stuttgart.de/

In Österreich gibt es folgende Landesbibliotheken:

- Burgenländische Landesbibliothek: http://www.burgenland.at/landesbibliothek
- Kärntner Landesbibliothek: http://www.landesmuseum-ktn.at/Bibliothek/bibliothekfr.html
- Niederösterreichische Landesbibliothek: http://www.noe.gv.at/service/k/k3/landesbibliothek.htm
- Oberösterreichische Landesbibliothek: http://www.landesbibliothek.at/
- Steiermärkische Landesbibliothek: http://www.stmk.gv.at/verwaltung/stlbib/start.stm
- Vorarlberger Landesbibliothek: http://www.vorarlberg.at/vlb/
- Wiener Stadt- und Landesbibliothek: http://www.stadtbibliothek.wien.at/
- In Salzburg und Tirol übernehmen die jeweiligen Universitätsbibliotheken die Aufgabe einer Landesbibliothek.

Eine Übersicht über die Kantonsbibliotheken der Schweiz ist zu finden beim Internet Clearinghouse (ICH) Schweiz, der Informationsplattform der Schweizer Bibliotheken. In den Universitäts-Kantonen Basel-Stadt, Bern, Freiburg, Genf, Luzern, Neuenburg, St. Gallen, Waadt und Zürich sind die Kantons- und Universitätsbibliotheken oft zusammengelegt. Daher sind diese beim ICH Schweiz nicht auf der Liste des Kantonsbibliotheken sondern bei den Universitätsbibliotheken zu finden.

- Internet Clearing House Schweiz – Kantonsbibliotheken: http://www.ichschweiz.ch/

Aufgabe der *Universitätsbibliotheken* ist es, Studierenden und Lehrenden die für die universitäre Lehre und Forschung benötigte Literatur zur Verfügung zu stellen. Universitätsbibliotheken sammeln daher in erster Linie Literatur zu den an der jeweiligen Universität befindlichen Studienrichtungen. Auch Personen, die nicht der Universität angehören, können sie benützen. In Österreich besitzen Universitätsbibliotheken das „Pflichtexemplarrecht" für in dem jeweiligen Bundesland erschienene Druckwerke (die Universitätsbibliothek Wien hat darüber hinaus das „Pflichtexemplarrecht" für Burgenland und Niederösterreich, die Universitätsbibliothek Innsbruck auch für Vorarlberg).

Beispiele für deutsche Universitätsbibliotheken:
- Universitätsbibliothek der Humboldt-Universität Berlin: http://www.ub.hu-berlin.de/
- Universitätsbibliothek Bielefeld: http://www.ub.uni-bielefeld.de/home.htm
- Universitätsbibliothek Frankfurt am Main: http://www.ub.uni-frankfurt.de/
- Staats- und Universitätsbibliothek Hamburg: http://www.sub.uni-hamburg.de/
- Universitätsbibliothek München: http://www.ub.uni-muenchen.de/
- Universitätsbibliothek Weimar: http://www.uni-weimar.de/ub/

In Österreich gibt es folgende Universitätsbibliotheken:
- Universitätsbibliothek Graz: http://www.kfunigraz.ac.at/ub/
- Universitätsbibliothek Innsbruck: http://ub.uibk.ac.at/
- Universitätsbibliothek Klagenfurt: http://www.uni-klu.ac.at/ub
- Universitätsbibliothek Linz: http://www.bibliothek.jku.at/
- Universitätsbibliothek Salzburg: http://www.ubs.sbg.ac.at/
- Universitätsbibliothek Wien: http://www.ub.univie.ac.at/

In der Schweiz gibt es folgende wichtige Universitätsbibliotheken:
- Universitätsbibliothek Basel: http://www.ub.unibas.ch/
- Stadt- und Universitätsbibliothek Bern: http://www.stub.unibe.ch/
- Kantons- und Universitätsbibliothek Freiburg (KUB): http://www.fr.ch/bcuf/
- Bibliothèque publique et universitaire de Genève (BPU): http://www.ville-ge.ch/bpu/
- Bibliothèque Cantonale et Universitaire Lausanne (BCU): http://www.unil.ch/BCU/
- Zentral- & Hochschulbibliothek Luzern (ZHB): http://www.zhbluzern.ch/
- Bibliothèque publique et universitaire Neuchâtel (BPUN): http://bpun.unine.ch/
- Zentralbibliothek Zürich: http://www.zb.unizh.ch/
- Hauptbibliothek Universität Zürich: http://www.hbz.unizh.ch/
- Bibliothek der Eidgenössischen Technischen Hochschule Zürich: http://www.ethbib.ethz.ch/

Eine Liste sämtlicher Hochschulbibliotheken der Schweiz finden Sie beim Internet Clearing House Schweiz der Schweizer Bibliotheken: http://www.ichschweiz.ch/resultate_bibliotheken.asp?lang=de&IDTyp=1

Die meisten Universitätsinstitute besitzen eigene *Fachbibliotheken*, die Literatur zu den am jeweiligen Institut gelehrten Inhalten sowie zu den Forschungsschwerpunkten sammeln. Neben der jeweiligen Universitätsbibliothek sind diese Bibliotheken die ersten Anlaufstellen für Studierende.

Beispiele für Bibliotheken historischer Seminare/Institute in Deutschland:

- Humboldt-Universität Berlin: Zweigbibliothek Geschichte: http://www.ub.hu-berlin.de/bibliothek/zweigbibliotheken/hist/hist.html
- Universität Bochum: Historische Bibliothek: http://www.ruhr-uni-bochum.de/histo-bib/
- Universität Göttingen: Bibliothek des Seminars für Mittlere und Neuere Geschichte: http://www.gwdg.de/%7Esmnghome/bibliothek/bib.htm
- Universität Hannover: Bereichsbibliothek Geschichte und Religionswissenschaft: http://www.tib.uni-hannover.de/benutzung/standorte/bbg/
- Universitätsbibliothek München: Bibliothek des Historicums: http://www.ub.uni-muenchen.de/bibliothekenlmu.php?bid=13&typ=tb
- Universität des Saarlandes: Bereichsbibliothek 1 der Philosophischen Fakultäten: http://www.uni-saarland.de/fak3/bbi/

In Österreich gibt es folgende geschichtswissenschaftliche Instituts- bzw. Fach(bereichs)-bibliotheken:

- Uni Graz: Fachbibliothek für Geschichte: http://www-gewi.kfunigraz.ac.at/hi/bibliothek.html
- Uni Innsbruck: Fakultätsbibliothek für Geisteswissenschaften: http://www2.uibk.ac.at/ub/fbg/
- Uni Linz: Fachbibliothek für Geschichte: http://www.ifz.jku.at/Seiten/bibliothek.html (Standorte: Institut für Neuere Geschichte und Zeitgeschichte, Institut für Sozial- und Wirtschaftsgeschichte)
- Uni Salzburg: Fachbibliothek für Gesellschaftswissenschaften: http://www.sbg.ac.at/fbg/
- Uni Wien: Fachbereichsbibliothek für Geschichtswissenschaften: http://www.univie.ac.at/Geschichte/Bibliothek/

- Uni Wien: Fachbereichsbibliothek für Zeitgeschichte: http://www.univie.ac.at/zeit-geschichte/fachbib.html
- Uni Wien: Fachbereichsbibliothek für Osteuropäische Geschichte: http://www.uni-vie.ac.at/iog/bib.htm
- WU Wien: Bibliothek des Instituts für Wirtschafts- und Sozialgeschichte: http://www.wu-wien.ac.at/geschichte/bibliothek/Bibliothek.html
- An der Universität Klagenfurt gibt es keine Instituts- oder Fachbibliotheken.

In der Schweiz gibt es im Bereich Geschichte folgende größere Institutsbibliotheken:
- Bibliothek des Historischen Seminars der Universität Basel: http://www.ub.unibas.ch/lib/ba/a202.htm
- Bibliothek des Historischen Instituts der Universität Bern: http://www.hist.unibe.ch/content/bibliothek/index_ger.html
- Bibliothèque d'histoire générale de la Faculté des lettres de l'Université de Genève: http://www.unige.ch/lettres/istge/bistge.html
- Bibliothek des Historischen Seminars der Universität Zürich: http://www.hist.unizh.ch/biblio/BIB.html
- Bibliothek der Forschungsstelle für schweizerische Sozial- und Wirtschaftsgeschichte der Universität Zürich: http://www.fsw.unizh.ch/lehrstuhl_frames.php?id=44&typ=M

Im Gegensatz zu den bisher genannten Bibliotheken handelt es sich bei den *öffentlichen Bibliotheken* nicht um wissenschaftliche Einrichtungen, sondern um Bibliotheken, die für interessierte Leserinnen und Leser Bücher und andere Medien zur Verfügung stellen, ganz gleich, ob es sich um Kriminalromane, Reiseführer, Musik-CDs oder Ratgeberliteratur handelt. Da diese Bibliotheken aber oft auch wissenschaftliche Literatur sammeln, können sie auch für einen Überblick über das jeweilige Untersuchungsgebiet nützlich sein. Oft finden Sie in diesen Bibliotheken Standardwerke, die an anderen Bibliotheken über lange Zeit hindurch entlehnt sind.

Beispiele für öffentliche Bibliotheken:
- Verbund der Öffentlichen Bibliotheken Berlins: http://www.voebb.de/
- Bayerische Staatsbibliothek: Landesfachstelle für das öffentliche Bibliothekswesen: http://www.lfs.bsb-muenchen.de/
- Büchereiverband Österreichs: Dachverband der Öffentlichen Büchereien: http://www.bvoe.at/

- Wiener Städtische Büchereien: http://www.buechereien.wien.at/
- Verzeichnis öffentlicher Bibliotheken in der Schweiz: http://www.ichschweiz.ch/resultate_bibliotheken.asp?lang=de&IDTyp=5
- Öffentliche Bibliotheken in Basel: http://www.abg.ch/
- Pestalozzi-Bibliothek Zürich: http://www.pbz.ch/

Verzeichnisse von Forschungseinrichtungen

Das geschichtswissenschaftliche Fachportal *Clio Online* verzeichnet nicht nur Bibliotheken, die für die Geschichtswissenschaften relevant sind, sondern darüber hinaus Archive, Museen, Institute usw. Der Schwerpunkt liegt dabei auf Deutschland, aber auch österreichische und schweizerische Einrichtungen sind hier verzeichnet.

Link: http://www.clio-online.de/site/lang__de/40208107/Institutionen.aspx

B *Benützen Sie das Institutionenverzeichnis von Clio und verschaffen Sie sich einen Überblick über die Forschungseinrichtungen zu Ihrem Fachbereich, indem Sie mittels der Eingabe eines Suchbegriffs nach für Ihre Fragestellungen relevanten Einrichtungen recherchieren.*

Ein Tipp: Kreuzen Sie auch das Kästchen „Alle Rubriken und Verzeichnisse" an, bevor Sie mit Ihrer Suche beginnen.

Auch in Österreich gibt es eine Reihe von kleineren und größeren Forschungseinrichtungen, die Bibliotheken beherbergen. Für spezielle Fragestellungen können auch diese von großem Interesse sein. Ein Verzeichnis solcher Forschungseinrichtungen finden Sie im *Infonet*, einer gemeinsam von Wissenschaftsministerium und ÖNB erstellten Datenbank.

Link: http://infonet.onb.ac.at/

Ü *Benützen Sie die Datenbank von Infonet und verschaffen Sie sich einen Überblick über die Forschungseinrichtungen, die sich in Ihrem Bundesland befinden; sollten Sie bereits zu einem bestimmten Thema recherchieren, suchen Sie mithilfe der alphabetischen Schlagwortliste (abrufbar unter „Thema") nach für Ihre Fragestellungen relevanten Forschungseinrichtungen.*

Die Benützung der Bibliothek

Für die Benützung der meisten großen Bibliotheken brauchen Sie einen eigenen Ausweis bzw. einen auf Ihrem Student/inn/enausweis angebrachten Aufkleber mit einem Strichcode. Manche Bibliotheken, wie z. B. die Österreichische Nationalbibliothek, verlangen auch eine jährlich zu zahlende Gebühr. In der Schweiz wiederum gibt es Bibli-Opass <http://www.bibliopass.ch/>. Hinter diesem Namen steht ein Verbund von rund 600 nationalen, kantonalen und universitären Bibliotheken, welche die von ihnen ausgestellten Benutzungskarten gegenseitig anerkennen. Mit einer einzigen Benutzungskarte – ausgestellt von einer der teilnehmenden Bibliotheken – und ohne zusätzliche Einschreibegebühren können sich die Benutzenden in allen teilnehmenden Bibliotheken einschreiben, deren Bestände konsultieren und Dokumente ausleihen. Es gilt die Benutzungsordnung der jeweiligen Ausleihbibliothek.

Beachten Sie bitte, dass zur Erlangung des Ausweises zumeist die Mitnahme des Meldezettels sowie eines amtlichen Dokuments wie des Führerscheins oder des Student/inn/enausweises nötig ist!

Eine der ersten Einrichtungen, die Sie nach dem Betreten einer Bibliothek benützen werden, ist die *Garderobe*: In dieser hinterlegen Sie Ihr Übergewand sowie allfällige Taschen oder Rucksäcke. Zumeist versperren Sie diese in Garderobekästchen, für deren Benützung Sie eine Münze (1 oder 2 Euro bzw. Franken) brauchen. Denken Sie daran, beim Bibliotheksbesuch immer Münzen mitzunehmen!

Die in einer Bibliothek befindlichen Bücher werden in *Katalogen* verzeichnet. Zumeist handelt es sich dabei um Datenbanken, die per Internet auch außerhalb der Bibliothek zugänglich sind; auch im Bibliotheksbereich aufgestellte Computerterminals ermöglichen die Recherche. Diese Kataloge verzeichnen unter anderem den Standort des Buches in der Bibliothek, die so genannte *Signatur*. Sollte es sich beim gefundenen Buch um ein Werk handeln, das im öffentlich zugänglichen Freihandbereich aufgestellt ist, können Sie das Buch mithilfe dieser Signatur selbst aufsuchen; falls es sich im Magazin befindet, müssen Sie es entweder elektronisch oder mithilfe eines händisch auszufüllenden Bestellscheins bestellen.

Nicht immer sind alle Bibliotheksbücher in ein und derselben Datenbank verzeichnet. Es ist daher wichtig, sich einen Überblick über die einzelnen Kataloge der jeweiligen Bibliothek zu verschaffen.

Achtung: Lesen Sie bei der Verwendung von Katalogen die dazu angebotenen Hilfetexte durch!

Im *Lesesaal* bzw. an den dafür vorgesehenen Arbeitsplätzen können Sie die Bücher benützen, lesen und exzerpieren. Für die Arbeit mit Notebooks gibt es manchmal einen speziellen Bereich.

In der Regel finden Sie im Lesesaal auch *Referenzwerke* aufgestellt, das heißt Nachschlagewerke, die einen ersten Zugang zu einem Thema und Hinweise auf weitere Literatur bieten sollen.

Große Bibliotheken besitzen zumeist einen eigenen Lesesaal, der für die Lektüre aktueller wissenschaftlicher *Fachzeitschriften* gedacht ist. Sie finden dort die zuletzt erschienenen Ausgaben dieser Periodika, die so lange aufgehoben werden, bis sie in der Regel in der Buchbinderei zu Jahrgangsbänden gebunden werden. Sie können sich somit in diesem Lesesaal einen Überblick über die für Ihr Fachgebiet wichtigen wissenschaftlichen Zeitschriften verschaffen und über aktuelle Forschungsergebnisse informieren.

Falls Sie *Kopien* aus den Büchern anfertigen möchten, können Sie zumeist Kopiergeräte mit Münzen oder Kopierkarte verwenden. Bei besonders wertvollen Büchern, die Sie nicht selber kopieren dürfen, gibt es manchmal die Möglichkeit, Kopien in Auftrag zu geben, was aber verhältnismäßig teuer sein kann.

Wenn Sie Bücher zu Hause benützen wollen, müssen Sie die *Entlehnmöglichkeiten* klären. In den Universitätsbibliotheken können Bücher in der Regel entlehnt werden, außer es handelt sich um besonders alte oder wertvolle Bände. An manchen Bibliotheken wiederum können Sie nur zu bestimmten Zeiten (z. B. über das Wochenende oder während der vorlesungsfreien Zeit) entlehnen, manchmal gelten auch Sonderbestimmungen für Studierende, die an einer Diplomarbeit oder Dissertation arbeiten.

Universitätsbibliotheken besitzen in der Regel eine eigene *Lehrbuchsammlung*. In dieser finden Sie Standardwerke zu Ihrem Fachgebiet in mehrfacher Ausfertigung, die Sie länger als üblich entlehnen können. Die hier befindlichen Werke sind insbesondere zur Prüfungsvorbereitung gedacht, oft gibt es hier aber auch eine Reihe weiterer interessanter Bücher.

Bei der *Fernleihe* handelt es sich um ein Service von großen Bibliotheken: Sie können hier Bücher bestellen, die in der jeweiligen Bibliothek bzw. in Bibliotheken Ihrer Stadt nicht vorhanden sind. Dieses Service ist kostenpflichtig.

Sie können diese Einrichtung auch verwenden, um Artikel aus Zeitschriften elektronisch zu bestellen, wobei es jedoch zumeist billiger ist, dies selbst mithilfe eines elektronischen Dokumentenlieferdienstes wie Subito <http://www.subito-doc.de/> zu tun.

Übung: Bibliotheksbesuche

Ü *Bibliotheken lernt man am besten kennen, indem man sie besucht und benützt. Nehmen Sie sich einmal die Zeit und vergleichen Sie zwei/drei unterschiedliche Bibliotheken Ihres Studienorts. Zum Beispiel*

1. die Bibliothek Ihres Instituts oder Ihrer Studienrichtung
2. die Universitätsbibliothek
3. die Landes-/Kantonal-/Staats- oder Nationalbibliothek

Besorgen Sie sich – soferne es einen solchen gibt – einen Bibliotheksausweis, hinterlegen Sie Ihre Überkleidung und Taschen in der Garderobe und betreten Sie den Freihand- und Lesesaalbereich der Bibliothek. Tauchen Sie ein in die Ihnen vielleicht unvertraute Atmosphäre und lassen Sie Ihre Blicke schweifen. Schlendern Sie durch die Regale, schauen Sie sich die Bücher an und eruieren Sie, wo die Nachschlagewerke wie z. B. Lexika und Enzyklopädien stehen. Falls Sie sich in einer fächerübergreifenden Bibliothek befinden, suchen Sie die Regale, in denen die Literatur zu den Geschichtswissenschaften aufgestellt ist. Schauen Sie möglichst durch alle zugänglichen Räume, damit Ihnen kein versteckter Winkel verborgen bleibt. Wo befinden sich die Kopierer, und wo gibt es die dafür benötigten Copy-Cards zu kaufen? Wo sind die Arbeitsplätze mit Steckdosen für Laptop-Benützerinnen und -Benützer? Gibt es einen Zeitschriftenlesesaal? Informieren Sie sich mithilfe von aufliegenden Foldern oder mittels den Angaben der Homepage der Bibliothek darüber, wie Sie Bücher, die sich nicht im Freihandbereich befinden, in den Lesesaal bestellen oder aber nach Hause entlehnen können. Sind alle Kataloge der Bibliothek über Internet verfügbar oder gibt es Kataloge, die Sie nur in der jeweiligen Bibliothek verwenden können? Verfertigen Sie über jeden Bibliotheksbesuch am besten auch ein Protokoll, in dem Sie Ihre Eindrücke und Entdeckungen niederschreiben.

Literatur und Links

Reinhard Feldmann u. Klaus Schultze, Wie finde ich Literatur zur Geschichte, 3. Auflage, Berlin 1995. *Etwas veraltet, bietet aber einen recht umfangreichen Überblick über gedruckte Bibliographien, Einführungswerke und Überblicksdarstellungen aus allen Bereichen der Geschichtswissenschaften.*

Harald Jele, Wissenschaftliches Arbeiten in Bibliotheken. Einführung für StudentInnen,

München u. Wien 1999. *S. 35–40, 72–83 zu Handbücher und Fachlexika, S. 50–60, 84–94 zu Bibliographien, S. 41–49 zu Klassifikationssystemen.*

Gregor Horstkemper, Henry J. Steffens u. Mary Jane Dickerson, Literatursuche in der Bibliothek und grundlegende Bibliographien, in: Wolfgang Schmale, Hg., Schreib-Guide Geschichte. Schritt für Schritt wissenschaftliches Schreiben lernen, Wien u. a. 1999, 167–202. *Konzise Einführung in die Materie.*

Peter Baumgartner u. Sabine Payr, Studieren und Forschen mit dem Internet, Innsbruck 2001, 27–45. *Das Kapitel „Recherchieren" behandelt die einzelnen Schritte der Literaturrecherche.*

Marianne Dörr u. Wilfried Enderle, Bibliotheken und Sondersammelgebiete, in: Stuart Jenks u. Stephanie Marra, Hg., Internet-Handbuch Geschichte, Köln u. a. 2001, 167–193. *Der Aufsatz beschreibt, wie Bibliotheken angesichts des Internets ihre Aufgabenbereiche neu definieren.*

Österreichischen Nationalbibliothek, Sammelrichtlinien der Österreichischen Nationalbibliothek (03.07.2003) http://www.onb.ac.at/about/sammrl/sammrl1.htm (24.9.2003). *Hier finden Sie auch Informationen über das „Pflichtexemplarrecht".*

Anmerkungen und Notizen

Referenzwerke sind Nachschlagewerke, die einen ersten Zugang zu einem Thema und Hinweise auf weitere Literatur bieten sollen. Die meisten Bibliotheken besitzen einen Bereich mit solchen sofort zugänglichen Büchern, auch dann, wenn es sich um keine Bibliothek mit Freihandaufstellung handelt.

Im Folgenden finden Sie nun einige Typen solcher Nachschlagewerke präsentiert.

Seit dem 18. Jahrhundert gibt es die großen *Enzyklopädien*, die den Anspruch haben, das gesamte Wissen einer Epoche entweder nach einer Systematik gegliedert oder nach einer alphabetischen Anordnung der Begriffe zur Verfügung zu stellen; berühmte frühe Beispiele dafür wären Zedlers Universallexikon (64 Bände und 4 Supplementbände, 1732–1754) und die Encyclopédie von Diderot und d'Alembert (35 Bände, 1751–1780). Mit der zunehmenden Ausdifferenzierung des Wissens wird spätestens ab dem 20. Jahrhundert der universale Anspruch kaum mehr einlösbar, weswegen zunehmend Enzyklopädien zu einzelnen Wissensgebieten erscheinen.

Beispiele für Enzyklopädien:

Eine der bekanntesten Enzyklopädien im deutschen Sprachraum ist der seit dem 19. Jahrhundert erscheinende Brockhaus:

Brockhaus. Enzyklopädie in vierundzwanzig Bänden, 19. Auflage, Mannheim 1986–1994.

Es gibt auch Enzyklopädien, deren Einzelbeiträge in Form von eigenständigen Büchern erscheinen, z. B.:

Lothar Gall, Hg., Enzyklopädie deutscher Geschichte, bisher 66 Bde., München 1988 ff.

– Hier erschien z. B.:

Peter Blickle, Unruhen in der ständischen Gesellschaft 1300–1800 (= Enzyklopädie deutscher Geschichte, Bd. 1), München 1988.
Walter Demel, Vom aufgeklärten Reformstaat zum bürokratischen Staatsabsolutismus (= Enzyklopädie deutscher Geschichte, Bd. 23), München 1993.

Ein beeindruckendes Projekt, das auf der freiwilligen Mitarbeit von tausenden Beiträger/inne/n beruht, ist die *Wikipedia* <http://de.wikipedia.org/>. Diese Online-Enzyklopädie wurde 2001 gegründet, und ihre deutschsprachige Version beinhaltete im August 2005 bereits mehr als 270.000 Artikel zu allen Themenbereichen. Die Inhalte sind frei zugänglich und können von jeder/jedem Internetbenützer/in leicht geändert oder ergänzt werden.

Wenn Sie die Wikipedia verwenden, sollten Sie allerdings vorsichtig sein: Die Beiträge sind oft von begeisterten Lai/inn/en verfasst und nicht immer zuverlässig, weswegen es auch in der Wikipedia-Gemeinde eine Diskussion über Qualitätssicherung gibt. Für eine erste, vielleicht auch nur oberflächliche Information ist die Wikipedia aber sicher ein brauchbares Nachschlagewerk, von dem ausgehend Sie dann weiterrecherchieren können.

Streng genommen bieten *Wörterbücher* nur Sprachinformationen, wie zum Beispiel in einem Rechtschreibwörterbuch, das die richtige Schreibweise aller Wörter einer Sprache in alphabetischer Reihenfolge enthält. Oft werden die Begriffe Wörterbuch, *Lexikon* und auch Enzyklopädie aber synonym verwendet und bezeichnen dann zumeist alphabetisch geordnete Verzeichnisse von Begriffen, die in kurzen Texten – und zuweilen ergänzt um Literaturangaben – erklärt werden.

Beispiele für Wörterbücher und Lexika:

Konrad Fuchs u. Heribert Raab, Wörterbuch Geschichte, 11. Auflage, München 1998.

Manfred Asendorf u. a., Geschichte. Lexikon der wissenschaftlichen Grundbegriffe, Reinbek 1994.

Otto Brunner, Werner Conze, Reinhart Koselleck, Geschichtliche Grundbegriffe. Historisches Lexikon zur politisch-sozialen Sprache in Deutschland, 8 Bde., Stuttgart 1972–1997.

Wolfgang Fritz Haug, Hg., Historisch-kritisches Wörterbuch des Marxismus, bisher 6 Bde., Hamburg 1994ff.

Handbücher sind Werke, die zumeist in längeren Einzelbeiträgen den Forschungsstand zu einem bestimmten Gebiet zusammenfassen, sie liefern in der Regel also keine neuen Kenntnisse. Im Gegensatz zu Wörterbüchern erfolgt die Anordnung der einzelnen Beiträge in der Regel chronologisch oder systematisch; weiters wird die wichtige Literatur zum behandelten Thema angeführt.

Beispiele für Handbücher:

Wolfgang J. Fuchs u. Reinhold Reitberger, Comics-Handbuch, Reinbek 1978.
Christoph Wulf, Hg., Vom Menschen. Handbuch historische Anthropologie, Weinheim u. a. 1997.
Dieter Nohlen u. Franz Nuscheler, Hg., Handbuch der Dritten Welt, 8 Bde., 2. Auflage, Hamburg 1982–1983.

Ein eigener Typus von *Nachschlagewerken* widmet sich den *Biographien* von Personen. Sie erfahren daraus nicht nur Lebe- und Sterbedaten sowie wichtige Begebenheiten im Leben der beschriebenen Menschen, sondern bekommen darin oft auch ein Verzeichnis der von den jeweiligen Personen publizierten Bücher und sonstigen Werke.
Beispiele für biographische Nachschlagewerke:

Österreichisches Biographisches Lexikon 1815–1950 (ÖBL), bisher 12 Bde., Wien 1957ff.
Neue Deutsche Biographie (NDB), bisher 21 Bde., München 1953ff.
Wolf Rüdiger Baumann, Gustav Fochler-Hauke, Biographien zur Zeitgeschichte seit 1945, Frankfurt am Main 1985.
Brigitte Hamann (Hg.), Die Habsburger. Ein biographisches Lexikon, Wien 1988.

Bibliographien sind Verzeichnisse von Literaturangaben; sie können unterschieden werden nach Nationalbibliographien, die alle in einem Land erscheinenden Werke verzeichnen sowie nach Spezialbibliographien, die Literatur zu einem bestimmten Thema anführen.
Beispiele für Bibliographien:

Gesamtverzeichnis des deutschsprachigen Schrifttums 1700–1910, 160 Bde., München u. a. 1979–1987.
Magdalene Humpert, Bibliographie der Kameralwissenschaften, Köln 1937, Neudruck Hildesheim 1972.
Österreichische Bibliographie. Verzeichnis der österreichischen Neuerscheinungen, Wien 1946ff.
Karl Stubenvoll, Bibliographie zum Nationalsozialismus in Österreich. Eine Auswahl, Wien 1992.

Das Schweizer Buch. Schweizerische Nationalbibliographie = Le livre suisse = Il libro
svizzero, Zürich 1901ff.
Paul Guyer, Bibliographie der Städtegeschichte der Schweiz, Zürich 1960.

Es gibt noch eine Vielzahl *weiterer Nachschlagewerke*, z. B. zu einzelnen Ländern, The-
aterstücken, Filmen, Einführungsbücher in bestimmte Fachgebiete usw.; am besten, Sie
wandern immer wieder mit offenen Augen zwischen den Regalen der Bibliotheken und
informieren sich somit darüber, was es alles gibt.

Ü *Sehen Sie sich mehrere Referenzwerke zum Thema Arbeiter/Arbeiterbewegung
durch. Vergleichen Sie, auf welch unterschiedliche Art und Weise das Thema
dargestellt wird und schreiben Sie darüber einen circa zweiseitigen Essay. Beantworten
Sie vor allem folgende Fragen:*
1. Welche Art von Buch ist das?
2. Wie ist die Information in diesem Buch organisiert?
3. Wie lässt sich die Information auffinden?

Sie sollten zumindest in folgenden Werken nachsehen:

Brockhaus. Enzyklopädie in vierundzwanzig Bänden, 19. Auflage, Mannheim 1986–1994.
Otto Brunner, Werner Conze, Reinhart Koselleck, Geschichtliche Grundbegriffe. His-
torisches Lexikon zur politisch-sozialen Sprache in Deutschland, 8 Bde., Stuttgart
1972–1997.
Manfred Asendorf u. a., Geschichte. Lexikon der wissenschaftlichen Grundbegriffe,
Reinbek 1994.
Konrad Fuchs u. Heribert Raab, Wörterbuch Geschichte, 11. Auflage, München 1998.
Gerhard Schildt, Die Arbeiterschaft im 19. und 20. Jahrhundert (= Enzyklopädie deut-
scher Geschichte, Bd. 36), München 1996.

Literatur und Links

Reinhard Feldmann, Klaus Schultze, Wie finde ich Literatur zur Geschichte, 3. Auflage,
Berlin 1995. *Ein Klassiker: Ein ganzes Buch voller Hinweise auf geschichtswissenschaftliche Literatur.*

Erwin Faber, Imanuel Geiss, Arbeitsbuch zum Geschichtsstudium, 3. Auflage, Wiesbaden 1996, S. 187–237. *Eine umfangreiche Bibliographie zu Standardwerken der Geschichtswissenschaften.*

Hilfsmittel für Historikerinnen und Historiker (Mittelalterliche Geschichte, Neuere Geschichte, Zeitgeschichte): http://www.univie.ac.at/Geschichte-Meta/lehre/hm.html. *Literaturhinweise für eine erste Orientierung für Studierende der Geschichtswissenschaften. Sie sind vor allem auf die Studienpläne der Studienrichtung Geschichte an der Universität Wien abgestimmt, ermöglichen aber in ihrer thematischen Breite allen an den Geschichtswissenschaften Interessierten einen Ausgangspunkt für die Literatur- und Informationsrecherche.*

Einführende Literatur zum Geschichtsstudium: http://www.unibw-hamburg.de/PWEB/hisfrn/litliste/liste2.htm. *Eine auf dem Stand des Jahres 2002 befindliche Liste der Helmut-Schmidt Universität Hamburg.*

Anmerkungen und Notizen

Keine Suche ohne Thema

suchen wissen

ich was suchen
ich nicht wissen was suchen
ich nicht wissen wie wissen was suchen
ich suchen wie wissen was suchen
ich wissen was suchen
ich suchen wie wissen was suchen
ich wissen ich suchen wie wissen was suchen
ich was wissen

(Ernst Jandl, Die Bearbeitung der Mütze: Gedichte, Darmstadt 1978, 82)

Am Anfang der Suche steht das Thema: Je genauer Sie wissen, wonach Sie suchen, umso erfolgreicher wird Ihre Recherche sein. Nehmen Sie sich daher am Beginn Ihrer Suche ausreichend Zeit, Ihr Thema zu umreißen und zu präzisieren. Überlegen Sie sich, welche Aspekte Sie besonders interessieren und welche Eingrenzungen des Themas Sie vornehmen können.

Das wichtigste Mittel, das Ihnen in Bibliothekskatalogen zur Verfügung gestellt wird, um Bücher zu einem bestimmten Thema zu finden, sind die so genannten „Schlagwörter". Dabei handelt es sich um Begriffe, die von den Bibliothekar/innen eigens vergeben werden, um das jeweilige Buch für die BenützerInnen auffindbar zu machen.

Ü *Wählen Sie ein Thema, zu dem Sie Literatur recherchieren wollen, am besten eines, das Sie ohnehin schon für das Verfassen einer Übungsarbeit in einer von Ihnen besuchten Lehrveranstaltung gewählt haben. Legen Sie eine Datei mit einer Liste der Schlagwörter zu diesem Thema an und notieren Sie darin, wann Sie in welchem Katalog nach welchen Schlagwörtern gesucht haben. Sie ersparen sich damit viel Zeit, wenn Sie über mehrere Monate hindurch an einem Thema arbeiten.*

145

Der richtige Suchbegriff

Phantasie und Einfühlung

Bei der Suche zu Ihrem Thema müssen Sie beachten, dass die Beschlagwortung der entsprechenden Bücher von Bibliothekar/inn/en vorgenommen wird, die zwar in der Regel ausgebildete Historiker/innen sind, jedoch eine sehr weite Bandbreite an Themen abdecken und viele Bücher beschlagworten müssen. Oft vergeben sie Schlagwörter, an die man keineswegs gedacht hätte. Es braucht daher zuweilen viel Phantasie und ein großes Einfühlungsvermögen in die Gedankengänge der Bibliothekar/inn/e/n, bis man die Suchbegriffe herausgefunden hat, die zu den gewünschten Büchern führen.

B *Beispiel einer Schlagwortliste (Österreichischer Verbundkatalog):*

Jugend / Geschichte / - [Normdatenanzeige]
Jugend / Gesellschaft / - [Normdatenanzeige]
Jugend / Gewerkschaft / - [Normdatenanzeige]
Jugend / Gynäkologie / - [Normdatenanzeige]
Jugend / Justizvollzugsanstalt / - [Normdatenanzeige]
Jugend / Kirche /
Jugend / Kirche / - [Normdatenanzeige]
Jugend / Körperbehinderung /
Jugend / Körperbehinderung / - [Normdatenanzeige]
Jugend / Krankheit / - [Normdatenanzeige]

Ü *In der Regel werden Sie zumindest ein Buch zu Ihrem Thema schon kennen. Suchen Sie danach im Verbundkatalog Ihrer Region (z. B.: Bibliotheksverbund Bayern, Südwestdeutscher Bibliotheksverbund, Österreichischer Verbundkatalog, Informationsverbund Deutschschweiz Basel Bern), um die Schlagwörter herauszufinden, die zu diesem Buch vergeben wurden!*

Verbundkataloge und virtuelle Kataloge

Für eine umfassende Literaturrecherche ist es sinnvoll, nicht nur in dem Bestand einer Bibliothek zu recherchieren, sondern die Bestände mehrerer Bibliotheken zu durchsuchen. Diese Möglichkeiten bieten Ihnen Verbundkataloge bzw. virtuelle Kataloge; dies sind Kataloge, mit deren Hilfe sie gleichzeitig in mehreren Bibliothekskatalogen recherchieren können, ohne dass Sie jeden einzelnen Katalog extra aufrufen müssen. Beachten Sie bitte, dass dies auch Nachteile haben kann, da Sie bei der Benützung insbesondere virtueller Kataloge oft weniger Suchoptionen zur Verfügung haben als bei der direkten Recherche in den einzelnen Bibliothekskatalogen selbst.

Beispiele:

Karlsruher Virtueller Katalog (KVK): http://kvk.uni-karlsruhe.de/
Mithilfe dieses Katalogs können Sie gleichzeitig in den wichtigsten Bibliothekskatalogen der Welt recherchieren. Meistens werden Sie diesen verwenden, um deutsche Bibliotheksbestände abzufragen.

Bibliotheksverbund Bayern (BVB): http://gateway-bayern.bib-bvb.de/
Dieser Verbundkatalog bietet Ihnen Zugriff auf die Bestände von mehr als 140 bayerischen Bibliotheken und wird Ihnen auf den nächsten Seiten vorgestellt.

Gemeinsamer Bibliotheksverbund (GBV): http://www.gbv.de/gsomenu/opendb.php?db=2.1&ln=de
Dieser Katalog liefert Informationen zu den Büchern von mehr als 700 norddeutschen Bibliotheken; auch er wird auf den nächsten Seiten vorgestellt.

IDS Basel Bern: http://aleph.unibas.ch/
Dieser Verbundkatalog bietet Zugriff auf die Bibliotheken der Universitäten Basel und Bern; Vorstellung auf den nächsten Seiten.

NEBIS: http://www.nebis.ch/
Im Netzwerk von Bibliotheken und Informationsstellen in der Schweiz (NEBIS) haben sich über 80 Bibliotheken von Hochschulen, Fachhochschulen und Forschungsanstalten mit Schwerpunkt Zürich zusammengeschlossen.

Österreichischer Verbundkatalog (ÖVK): http://opac.bibvb.ac.at/acc01
Dieser Katalog verzeichnet Bücher aus österreichischen Bibliotheken und wird auf den nächsten Seiten umfassend vorgestellt.

Bibliotheksverbund Bayern

Der Bibliotheksverbund Bayern umfasst bibliographische Angaben inklusive Standortangaben zu mehr als 13 Millionen Buchtiteln von mehr als 140 bayerischen Bibliotheken. Beachten Sie bitte, dass dieser Katalog nicht immer den Gesamtbestand an Büchern der daran teilnehmenden Bibliotheken enthält, da manchmal die früher erschienenen Bestände noch nicht elektronisch erfasst sind. Um ältere Bücher zu finden, müssen Sie daher unter Umständen auch in den Zettel- oder Bandkatalogen der einzelnen Bibliotheken recherchieren, die nicht immer online verfügbar sind.

Link: http://gateway-bayern.bib-bvb.de/
(Sie können sich entweder registrieren lassen oder die Option „Ich möchte als Gast recherchieren" auswählen.)

Ü *Schauen Sie sich an, welche Bibliotheken am Bibliotheksverbund Bayern beteiligt sind: http://bvba2.bib-bvb.de/bvb_biblist_sort.html.*

Nach dem Start des Bibliotheksverbunds Bayern können Sie Ihre Suchbegriffe gleich in eines der dafür vorgesehenen Felder eingeben. Für den Anfang ist es wohl am besten, wenn Sie beim Auswahlfenster der Felder die Option „Alle Felder" auswählen, um gleichzeitig im Bereich des Namens des Autors/der Autorin, des Titels, des Schlagworts sowie der anderen Felder zu suchen. Dazu müssen Sie im Auswahlfenster ganz nach unten scrollen. Sollten Sie auf diese Weise ein zu großes Ergebnis bekommen, können Sie immer noch die Suche auf ein bestimmtes Feld eingrenzen.

Trunkierung und *Maskierung* sind Basisfunktionen, die Ihre Recherche im BVB unterstützen.

Mithilfe der Trunkierung können Sie einzelne Zeichen am Ende Ihres Suchbegriffs durch ein Jokerzeichen ersetzen.

Die Maskierung ermöglicht es Ihnen, einzelne Zeichen im Inneren Ihres Suchbegriffs durch ein Jokerzeichen zu ersetzen.

Bei der Trunkierung wird der Suchbegriff an einer sinnvollen Stelle abgeschnitten; die restlichen Buchstaben werden durch ein Jokerzeichen ersetzt, das von Abfragesystem zu Abfragesystem verschieden sein kann, üblicherweise werden **?** oder ***** verwendet.

Eine Suche nach Volkszählung**?** bringt als Ergebnisse: Volkszählung, Volkszählung**en**, Volkszählung**sgesetz**, Volkszählung**sprotest**, …

Bei der Maskierung werden einzelne Zeichen im Inneren eines Wortes durch ein Jokerzeichen ersetzt.

Eine Suche nach Tos**?**ana bringt als Ergebnisse: Tos**c**ana, Tos**k**ana.

Bei der *Ergebnisanzeige* müssen Sie unterscheiden zwischen der *Kurzanzeige*, in der die bibliographischen Angaben zu mehreren Büchern in abgekürzter Form angezeigt werden – im Bibliotheksverbund Bayern heißt diese Trefferliste –, und der *Vollanzeige*, in der alle bibliographischen Angaben eines Buchs angezeigt werden. Um ein Buch aus der Kurzanzeige vollständig angezeigt zu bekommen, müssen Sie auf den Button „Vollanzeige" klicken.

Falls Sie beabsichtigen, sich mehrere Titel aus Ihrem Suchergebnis zuzumailen oder aber diese abzuspeichern, müssen Sie die Titel erst markieren. Im Bibliotheksverbund Bayern geschieht dies, indem Sie in der Kurzanzeige das Kästchen vor dem Titeleintrag aktivieren. Diese Einträge bleiben auch dann markiert, wenn Sie in der Kurzanzeige weiterspringen.

Abspeichern und Mailen können Sie die markierten Datensätze, indem Sie auf „Treffer speichern" oder „Treffer senden" klicken und die weiteren Anweisungen befolgen.

Ü *Führen Sie eine Suche im Verbundkatalog zu dem von Ihnen gewählten Thema durch; wählen Sie einige für Sie interessante Ergebnisse aus, mailen Sie sich diese oder speichern Sie diese auf Ihrer Festplatte ab.*

Falls Sie kein Thema haben, wählen Sie bitte als Suchgebiet z. B. den „Aufgeklärten Absolutismus".

Um ein ausgewähltes Buch nun tatsächlich auch benützen zu können, müssen Sie zuerst herausfinden, in welchen Bibliotheken das Buch verfügbar ist. Wenn Sie die Vollanzeige eines Werks ansehen, finden Sie die Namen der entsprechenden Bibliotheken am Ende der Anzeige aufgelistet. Um das Buch nun aber bestellen zu können, müssen Sie auf das SFX-Symbol klicken, danach auf „Bestand im Bibliotheksverbund Bayern", dann auf den Namen der gewünschten Bibliothek und anschließend auf „Bestellung".

Ob Sie nun den Band in den Lesesaal oder auch zur Entlehnung nach Hause bestellen können, hängt von der jeweiligen Bibliothek ab.

Norddeutscher Bibliotheksverbund (GBV)

Der Katalog des Gemeinsamen Bibliotheksverbund (GBV) umfasst bibliographische Angaben inklusive Standortangaben zu mehr als 24 Millionen Buchtitel von mehr als 770 norddeutschen Bibliotheken. Daran beteiligt sind die sieben Bundesländer Bremen, Hamburg, Mecklenburg-Vorpommern, Niedersachsen, Sachsen-Anhalt, Schleswig-Holstein, Thüringen sowie die Stiftung Preußischer Kulturbesitz (SPK). Beachten Sie bitte, dass dieser Katalog nicht immer den Gesamtbestand an Büchern der daran teilnehmenden Bibliotheken enthält, da manchmal die früher erschienenen Bestände noch nicht elektronisch erfasst sind. Um ältere Bücher zu finden, müssen Sie daher unter

Umständen auch in den Zettel- oder Bandkatalogen der einzelnen Bibliotheken recherchieren, die nicht immer online verfügbar sind.

Link: http://www.gbv.de/gsomenu/opendb.php?db=2.1&ln=de

Ü *Schauen Sie sich an, welche Bibliotheken am Gemeinsamen Bibliotheksverbund beteiligt sind: http://www.gbv.de/du/gbib/index.shtml.*

Nach dem Aufruf des Gemeinsamen Bibliotheksverbunds können Sie Ihre(n) Suchbegriff(e) gleich in das dafür vorgesehene Feld eingeben. Sollten Sie auf diese Weise ein zu großes Ergebnis bekommen, können Sie immer noch die Suche auf ein bestimmtes Feld (z. B. auf den Namen des Autors/der Autorin) eingrenzen.

Bei der *Ergebnisanzeige* müssen Sie unterscheiden zwischen der Anzeige in der Kurzliste, in der die bibliographischen Angaben zu mehreren Büchern in abgekürzter Form angezeigt werden, der Anzeige mit den Nachweisinformationen – d. h. der Information, an welcher Bibliothek das Buch vorhanden ist – sowie der Anzeige der Titeldaten, bei der die bibliographischen Angaben des Buches umfassend dargestellt werden.

Sie können das Suchergebnis abspeichern, ausdrucken oder sich per Mail zuschicken lassen. Dazu ist es notwendig, im linken Bereich des Bildschirms auf „Download" zu klicken und dann den Anweisungen zu folgen. Beachten Sie bitte, dass bei dieser Option die Standortangaben zu den Bibliotheken nicht mitgeliefert werden!
Es ist auch möglich, nur ausgewählte Treffer auf diese Weise zu behandeln. Dazu müssen Sie in der Nachweisinformationen- oder Titeldaten-Anzeige eines Buchs links auf „Download" oder auf „Titel kopieren" klicken und danach auf die Schaltfläche „Zwischenablage" klicken:

Wenn Sie nun in der obersten Zeile des Bildschirmfensters auf „Zwischenablage" klicken, bekommen Sie die von Ihnen ausgewählten Titel angezeigt.

Um ein ausgewähltes Buch nun tatsächlich auch benützen zu können, müssen Sie zuerst herausfinden, in welchen Bibliotheken das Buch verfügbar ist. Eine Liste dieser Bibliotheken erhalten Sie, wenn Sie in der Kurzanzeige auf den Titel des gewünschten Werks klicken.

Sollte sich das Buch an Ihrer Universitätsbibliothek befinden, brauchen Sie nur vor deren Namen das Symbol für „lokale Verfügbarkeit" („opc") anklicken und können dann den Anweisungen gemäß vorgehen.

Befindet sich das Buch nicht an Ihrem Studienort, so können Sie es eventuell per Fernleihe bestellen. Dazu ist es notwendig, im linken Bereich des Bildschirms auf „Leihbestellung" zu klicken und hierauf sich mit Ihrer Kundennummer anzumelden.

Die Zeitschriftendatenbank (ZDB)

Wenn Sie wissen wollen, an welchen deutschen Bibliotheken sich eine bestimmte Zeitschrift befindet, sind Sie mit der Zeitschriftendatenbank (ZDB) an der richtigen Stelle. Diese enthält die Titeldaten von mehr als 1 Million Zeitschriften, die in deutschen Bibliotheken gesammelt werden.

Link: http://dispatch.opac.ddb.de/

In der Regel werden Sie den Titel der Zeitschrift, nach der Sie suchen, schon wissen; es ist daher am besten, wenn Sie die Option „Titelanfang [TST]" auswählen und hierauf in das Eingabefeld den Titel der Zeitschrift tippen.

 ZDB

In welchen bayerischen Bibliotheken finden Sie den Jahrgang 1976 der Zeitschrift „History Workshop"?
Die Lösung finden Sie im Anhang auf Seite 310.

Österreichischer Verbundkatalog

Der Gesamtkatalog des Österreichischen Bibliothekenverbundes (Österreichischer Verbundkatalog) umfasst bibliographische Angaben inklusive Standortangaben zu mehr als 4 Millionen Buchtitel von mehr als 60 österreichischen Bibliotheken. Mit der Online-Katalogisierung begonnen wurde je nach Bibliothek zwischen 1980 und 1990, Bücher mit früherem Erscheinungsdatum finden Sie daher nicht vollständig verzeichnet, sondern nur in dem Ausmaß, in dem die am Verbund beteiligten Bibliotheken mit der retrospektiven Erfassung ihrer Altbestände fortgeschritten sind. Um ältere Bücher zu finden, müssen Sie daher unter Umständen auch in den Zettel- oder Bandkatalogen der einzelnen Bibliotheken recherchieren, die nicht immer online verfügbar sind. Beachten

Sie auch bitte, dass in den lokalen Versionen der Online-Kataloge zuweilen mehr ältere Buchtitel zu finden sind, was insbesondere für den Online-Katalog der Universitätsbibliothek Wien gilt.

Link: http://opac.bibvb.ac.at/acc01

 Schauen Sie sich an, welche Bibliotheken am Österreichischen Bibliothekenverbund beteiligt sind: http://www.bibvb.ac.at/verbund-opac.htm

Der Österreichische Verbundkatalog verwendet das Bibliothekssystem „Aleph". Nach seinem Start können Sie Ihre Suchbegriffe gleich unter „Schnellsuche" eingeben, die Suche wird dann in allen Feldern der eingegebenen Datensätze durchgeführt. Eine präzisere Suche können Sie vornehmen, wenn Sie im Menübereich die Option „Suche" auswählen. Auf der sich danach öffnenden Seite „Einfache Suche" können Sie unter „Suchfeld" genau bestimmen, nach welchem Bestandteil der Datensätze – z. B. nach dem/der Autor/in, Wörtern aus dem Titel oder nach dem Erscheinungsjahr – Sie suchen wollen.

Bei der *Trunkierung* wird der Suchbegriff an einer sinnvollen Stelle abgeschnitten; die restlichen Buchstaben werden durch ein Jokerzeichen ersetzt, das von Abfragesystem zu Abfragesystem verschieden sein kann, üblicherweise werden **?** oder ***** verwendet. Im Österreichischen Verbundkatalog wird traditionell **?** verwendet, ***** führt aber zum selben Ergebnis.

Eine Suche nach Konsum**?** bringt als Ergebnisse: Konsum, Konsum**ent**, Konsum**gesellschaft**, …

Bei der *Maskierung* werden einzelne Zeichen im Inneren eines Wortes durch ein Jokerzeichen ersetzt.

Eine Suche nach Tos**?**ana bringt als Ergebnisse: Tos**c**ana, Tos**k**ana.

Bei der *Ergebnisanzeige* müssen Sie unterscheiden zwischen der Kurzanzeige, in der die bibliographischen Angaben zu mehreren Büchern in abgekürzter Form angezeigt werden – im Österreichischen Verbundkatalog heißt diese Ergebnisliste –, und der Vollanzeige, in der alle bibliographischen Angaben eines Buches angezeigt werden. Um ein Buch aus der Kurzanzeige vollständig angezeigt zu bekommen, müssen Sie die Zahl vor dem Titeleintrag oder den Titel anklicken.

Nach der Durchführung einer Suche können Sie sich das Ergebnis nun nicht nur anzeigen lassen, sondern damit auch weiterarbeiten: Sie können es sich zumailen lassen, es abspeichern, die Sortierreihenfolge ändern oder aber eine bestimmte Teilmenge aus dem Ergebnis filtern.

Falls Sie beabsichtigen, sich mehrere Titel aus Ihrem Suchergebnis zuzumailen oder aber diese abzuspeichern, müssen Sie die Titel erst markieren. Im Österreichischen Verbundkatalog geschieht dies, indem Sie in der Kurzanzeige das Kästchen vor dem Titeleintrag aktivieren. Diese Einträge bleiben auch dann markiert, wenn Sie in der Kurzanzeige weiterspringen.

Mailen und Abspeichern können Sie die markierten Datensätze, indem Sie den Download-Button anklicken und die weiteren Anweisungen befolgen. Beachten Sie bitte, dass weder Standortangabe noch Signatur des Werks mitgemailt/abgespeichert werden!

Ü *Führen Sie eine Suche im Verbundkatalog zu dem von Ihnen gewählten Thema durch; wählen Sie einige für Sie interessante Ergebnisse aus, mailen Sie sich diese oder speichern Sie diese auf Ihrer Festplatte ab.*

Falls Sie kein Thema haben, wählen Sie bitte als Suchgebiet z. B. den „Aufgeklärten Absolutismus".

Sie können selbst bestimmen, ob die Titel in der alphabetischen Reihenfolge der Autor/inn/en (Standardeinstellung) oder aber nach dem Titel oder dem Erscheinungsjahr sortiert angezeigt werden sollen. Das anzuklickende *Sortierungskriterium* finden Sie in der ersten Zeile der Ergebnisliste in der Kurzanzeige.

Die *Filter-Funktion* können Sie verwenden, um Ihre Suche noch weiter einzuschränken. Sie können die Suche auf Werke in bestimmten Sprachen, Werke aus bestimmten Erscheinungsländern oder aber auf bestimmte Dokumenttypen wie Diplomarbeiten oder Dissertationen eingrenzen. Vielleicht wird es in einer zukünftigen Softwareversion auch wieder möglich sein, den Erscheinungszeitraum der Ergebnisse festzulegen.

Um ein ausgewähltes Buch nun tatsächlich auch benützen zu können, müssen Sie zuerst herausfinden, in welchen Bibliotheken das Buch verfügbar ist. Wenn Sie die Vollanzeige eines Werks ansehen, finden Sie die Namen der entsprechenden Bibliotheken am Ende der Anzeige aufgelistet. Um die Signatur, d. h. die genaue Standortangabe des Werks, zu eruieren, müssen Sie auf den Namen der Bibliothek klicken.

Achtung: Bei Werken mit mehreren Bänden müssen Sie in der Vollanzeige zuerst den entsprechenden Band auswählen, bevor Sie die Standortangabe ersehen können.

Ob Sie nun den Band in den Lesesaal oder zur Entlehnung nach Hause auch bestellen können, hängt von der jeweiligen Bibliothek ab. Bücher der Österreichischen Nationalbibliothek können Sie z. B. nicht über den Österreichischen Verbundkatalog bestellen, Sie müssen dazu unter „Katalogauswahl" – „Kataloge der einzelnen Verbundbibliotheken" den Katalog der ÖNB auswählen und dort nochmals nach dem gewünschten Buch suchen. Bücher der Universitätsbibliothek Wien können Sie demgegenüber sehr wohl über den Österreichischen Verbundkatalog bestellen, sofern Sie über einen gültigen Benützer/innenausweis der UB Wien verfügen.

Suche nach Zeitschriften im ÖVK

In den Österreichischen Verbundkatalog integriert finden Sie auch Datensätze zu Zeitschriften. Um die Suche auf diese einzuschränken, müssen Sie unter „Katalogauswahl" die Option „Teilkatalog Zeitschriften und Serien" auswählen. Darauf ist es am besten, wenn Sie den Namen der Zeitschrift, nach der Sie suchen, im ersten Feld unter „Suche nach Zeitschriften/Serien" eingeben.

Link: http://opac.bibvb.ac.at/acczs

Die Suche nach Zeitschriftentiteln im Österreichischen Verbundkatalog weist einige Tücken auf. So sind viele Zeitschriftentitel doppelt zu finden, weil auch die Daten der ehemaligen ÖZDB (Österreichische Zeitschriftendatenbank) in den Verbundkatalog eingespielt wurden. Weiters finden Sie die Standortangaben und Signaturen zu der gesuchten Zeitschrift manchmal an unterschiedlichen Stellen:

1. Können diese in der Katalogkartenansicht angezeigt werden (Achtung: Sie finden hier auch Zeitschriftenbestände von Bibliotheken, die ansonsten nicht am Österreichischen Verbundkatalog teilnehmen!),
2. können diese über die Vollanzeige der jeweiligen Zeitschrift oder aber
3. über die Vollanzeige der einzelnen Zeitschriftenbände ausfindig gemacht werden. Sie müssen alle diese Möglichkeiten auswählen, um sicher zu gehen, dass Sie keine Bibliothek übersehen, die Bestände der gesuchten Zeitschrift besitzt.

Überprüfen Sie auch immer, ob die von Ihnen ausgewählte Bibliothek den von Ihnen gewünschten Jahrgang oder Band der Zeitschrift überhaupt aufbewahrt!

Zeitschriftensuche:

In welchen österreichischen Bibliotheken finden Sie den Jahrgang 1976 der Zeitschrift „Journal of family history"?

Die Lösung finden Sie im Anhang auf Seite 310.

Verbundkataloge Schweiz

In der Schweiz stehen zur Zeit keine gesamtschweizerischen Verbundkataloge zur Verfügung, vielmehr müssen Sie mehrere Kataloge abfragen. Die Kataloge der Universitätsbibliotheken in der Deutschschweiz haben sich zum Informationsverbund Deutschschweiz (IDS) – http://www.zb3.unizh.ch/ids/index.htm – zusammengeschlossen, die Gesamtabfrage über die einzelnen Kataloge bietet allerdings nur rudimentäre Funktionen, so dass in der Regel die Kataloge einzeln abgefragt werden müssen:

- Basel/Bern: http://aleph.unibas.ch/
- Universität Zürich: http://biblio.unizh.ch/
- Nebis (ETH Zürich, Zentralbibliothek Zürich und einige Dutzend Fachhochschulbibliotheken): http://opac.nebis.ch/ sowie
- Luzern: http://ilu.zhbluzern.ch/.
- Das Réseau Romand – http://www.rero.ch/ – hingegen ist ein wirklicher Verbundkatalog, der alle relevanten Bibliotheken erfasst.

Die beiden für historische Forschungen bedeutendsten Bibliotheken von Basel und Zürich haben ihre Altbestände entweder bereits in den Online-Katalog eingearbeitet oder bieten vollständig eingescannte Zettelkataloge zur Abfrage an (siehe Hinweise der UB Basel – http://www.ub.unibas.ch/info5.htm – und der ZB Zürich – http://zbzazk.eurospider.com/digital_library/).

Die Bibliotheken der Bundesverwaltung haben sich in einem Katalog namens Alexandria – http://topaz.snl.ch/cgi-bin/gwalex/chameleon?lng=de&skin=portal – zusammengeschlossen. Obgleich die Bibliotheken in der Regel nicht frei benutzt werden können, bildet der Katalog ein gutes Recherchierinstrument, weil sehr viele Schriften und zum Teil auch Aufsätze nachgewiesen sind, die in den wissenschaftlichen Bibliothekskatalogen oftmals fehlen. Zu erwähnen ist schließlich der Katalog der Schweizerischen Landesbibliothek: http://topaz.snl.ch/cgi-bin/gw/chameleon?skin=helveticat&lng=de.

Im Folgenden lernen Sie den *IDS Katalog Basel Bern* – http://aleph.unibas.ch/ – kennen. Die meisten Funktionen finden Sie in genau gleicher Art und Weise auch in den übrigen Katalogen der Deutschschweiz. Der IDS Basel Bern umfasst sämtliche Biblio-theken der beiden Universitäten in Basel und Bern sowie einige zusätzliche Spezialbiblio-theken in diesen beiden Städten. Der IDS Basel Bern ist Teil des Informationsverbundes Deutschschweiz, allerdings betreibt dieser Verbund nicht einen gemeinsamen Katalog, sondern mehrere Kataloge, die mit der gleichen Software laufen. Über die einzelnen Teilkataloge können Sie sich auf der IDS-Informationsseite – http://www.zb3.unizh.ch/ids/ – informieren.

In der *Suchmaske* können Sie entweder im oberen Teil einen oder mehrere Suchbe-griffe eingeben oder im unteren Teil in einer Liste blättern.

Bei der *Trunkierung* wird der Suchbegriff an einer sinnvollen Stelle abgeschnitten; die restlichen Buchstaben werden durch ein Jokerzeichen ersetzt, im IDS Basel Bern ist das ein **?**.

Eine Suche nach Schweiz**?** bringt als Ergebnisse: Schweiz, Schweiz**er**, Schweize-**rische**, …

Bei der *Maskierung* werden einzelne Zeichen im Inneren eines Wortes durch ein Jokerzeichen ersetzt:

Das Symbol **#** kann benutzt werden, um verschiedene Schreibweisen zu finden, bei denen eine Version des Wortes mehr Zeichen als die andere Version enthält. Zum Bei-spiel findet die Eingabe Schiff**#**ahrt sowohl Schiffahrt als auch Schiff**f**ahrt, und A**#**lborg findet Alborg ebenso wie A**a**lborg.

Das **!** kann genutzt werden, um verschiedene Schreibweisen zu suchen, bei denen sich ein einzelner Buchstabe ändert. So finden Sie mit der Eingabe Hydrox**!**d sowohl Hydrox**y**d als auch Hydrox**i**d.

Bei der *Ergebnisanzeige* müssen Sie unterscheiden zwischen der Kurzanzeige, in der die bibliographischen Angaben zu mehreren Büchern in abgekürzter Form angezeigt werden, und der Vollanzeige, in der alle bibliographischen Angaben eines Buches an-gezeigt werden. Um ein Buch aus der Kurzanzeige vollständig angezeigt zu bekommen, müssen Sie auf die Zahl in der linken Spalte klicken.

Falls Sie beabsichtigen, sich mehrere Titel aus Ihrem Suchergebnis zuzumailen oder abzuspeichern, müssen Sie die Titel erst markieren. Im IDS Basel Bern geschieht dies, in-dem Sie in der Kurzanzeige das Kästchen vor dem Titeleintrag aktivieren. Diese Einträge bleiben auch dann markiert, wenn Sie in der Kurzanzeige weiterspringen.

Abspeichern und mailen können Sie die markierten Datensätze, indem Sie auf „Spei-chern/Versenden" klicken und die weiteren Anweisungen befolgen.

Um ein ausgewähltes Buch nun tatsächlich auch benützen zu können, müssen Sie zuerst herausfinden, in welchen Bibliotheken das Buch verfügbar ist. Im IDS Basel Bern sehen Sie bereits in der Kurzanzeige in der rechten Spalte diejenigen Bibliotheken aufgelistet, die das entsprechende Werk besitzen.

Wenn Sie auf eine Bibliothek klicken, sehen Sie, ob das Buch verfügbar ist und ob Sie es selber im Freihandbereich der Bibliothek holen oder ob Sie es online bestellen müssen.

Wenn Sie das Buch bestellen, müssen Sie noch angeben, in welcher Bibliothek Sie das Buch abholen möchten oder ob Sie lieber eine Postzustellung wünschen. Vorsicht: Die Zustellung per Post oder in eine andere Bibliothek ist kostenpflichtig!

Suche nach Zeitschriften im IDS Basel Bern

Sie können im IDS Basel Bern ganz einfach nach Zeitschriften suchen, indem Sie in der entsprechenden Liste im unteren Teil der Standardsuche blättern. Wenn Sie den gewünschten Titel gefunden haben, müssen Sie überprüfen, welche Bibliothek den gesuchten Jahrgang besitzt.

Suche nach Zeitschriften im Schweizerischen Zeitschriftenportal

Wenn Sie eine Zeitschrift nicht im Verbundkatalog Ihrer Wahl gefunden haben, können Sie mit einer speziellen Suchmaschine in allen Bibliotheksverbünden der Schweiz gleichzeitig nach Zeitschriften suchen. Das Schweizerische Zeitschriftenportal (SZP) ist eine Dienstleistung der Schweizerischen Landesbibliothek (SLB) in Zusammenarbeit mit den regionalen Verbünden.

Link: http://www.swiss-serials.ch/

Literatur und Links

Peter Baumgartner u. Sabine Payr, Studieren und forschen mit dem Internet, Innsbruck 2001, 27–45. *Das Kapitel „Recherchieren" behandelt die einzelnen Schritte der Literaturrecherche.*
Michael Burchardt, Leichter studieren. Wegweiser für effektives wissenschaftliches Arbeiten, 3. Auflage, Berlin 2000, 49–51. *Eine kurze Passage zum Finden des geeigneten Schlagwortes.*

Harald Jele, Wissenschaftliches Arbeiten in Bibliotheken. Einführung für Studierende, München u. Wien 1999, 95–101. *Der Abschnitt enthält ein Glossar bibliothekarischer Fachbegriffe.*

Harald Jele, Informationstechnologien in Bibliotheken, München u. Wien 2001, 55–72. *Beschreibt die Funktionsweise von Bibliothekssystemen.*

Österreichischer Bibliothekenverbund <http://www.bibvb.ac.at/>. *Der österreichische Bibliothekenverbund ist eine Serviceeinrichtung für die österreichischen wissenschaftlichen Bibliotheken, die insbesondere EDV-Angelegenheiten verwaltet.*

Österreichischer Bibliothekenverbund: Online-Kataloge der daran beteiligten Bibliotheken <http://www.bibvb.ac.at/verbund-opac.htm>

Ex Libris: http://www.exlibrisgroup.com/international.php?newlang=German. *Deutschsprachige Version der Homepage der Firma Ex Libris, die das Bibliothekssystem Aleph vertreibt.*

Anmerkungen und Notizen

12. bibliographische datenbanken

Zugangsregelungen und Medien

Manche Datenbanken – zum Beispiel die „Jahresberichte für deutsche Geschichte", die „Österreichische Historische Bibliographie" oder die „Bibliographie der Schweizergeschichte" – werden gratis im Internet angeboten, es reicht also ein PC mit Internet-Anschluss, um darin zu recherchieren.

Oft ist die Benützung aber nicht so einfach, da viele Datenbanken von kommerziell orientierten Unternehmen erstellt werden; es ist nicht unüblich, dass die jährlich zu bezahlenden Kosten der Subskription einer Datenbank auf 3000 Euro kommen.

In diesen Fällen sind folgende Zugangsregelungen üblich:

– Die Recherche ist nur an Computern möglich, deren IP-Adresse vom Betreiber der jeweiligen Datenbank freigeschaltet wurde, also z. B. nur an Computern, die im Bereich der jeweiligen Universität oder Bibliothek aufgestellt sind. Dies gilt z. B. für die Datenbank „Historical Abstracts".

– Die Recherche ist nur für Universitätsangehörige möglich, die sich mittels User-ID und Passwort identifizieren. In solchen Fällen können Sie, sofern Sie als Student oder Studentin an ihrer jeweiligen Universität über einen Internet-Account verfügen, auch von Ihrem privaten PC in der Datenbank recherchieren.

Die meisten Datenbanken werden im Internet als Webdatenbanken angeboten, das heißt, Sie können diese unter Verwendung eines Browsers abfragen, ohne dass Sie zusätzliche Programme auf Ihrem Computer installieren müssen.

Anders verhält es sich mit (zumeist älteren) Datenbanken, die auf CD-Roms abgespeichert sind: Diese CD-Roms werden von den jeweiligen Bibliotheken oft auf eigenen Servern gespiegelt und können dann über die Homepage der Bibliothek abgerufen werden. Zuvor müssen Sie allerdings erst ein eigenes Programm – einen so genannten „Klienten" – installieren, die dazu nötigen Arbeitsschritte werden auf der jeweiligen Homepage erklärt.

Im Vergleich zu Webdatenbanken haben Datenbanken auf CD-Rom oft einen entscheidenden Vorteil: Sie verfügen in der Regel über komfortablere und ausgefeiltere Abfrageprogramme und ermöglichen somit komplexere Suchen als Datenbanken, die mittels einer im Webbrowser geöffneten Suchmaske abgefragt werden. Ihr Nachteil besteht darin, dass sie nicht immer so aktuell sind wie Datenbanken, die im Internet regelmäßig auf dem neuesten Stand gehalten werden.

Beispiele für CD-Rom-Angebote:

- Humboldt-Universität zu Berlin: CD-Rom-Service der Universitätsbibliothek: http://www.hu-berlin.de/rz/cd-rom-service/
- UB Salzburg: CD-Rom Angebot: http://www.ubs.sbg.ac.at/ubs/cdrom/net/
- UB Basel: CD-Rom Angebot: http://www.ub.unibas.ch/vlib/vbhist.htm#lok

Wie finde ich die Datenbanken?

Wie finden Sie nun überhaupt diese Datenbanken? In der Regel wird die Homepage Ihrer Universitätsbibliothek die erste Anlaufstelle dafür sein, denn dort gibt es zumeist ein Verzeichnis von Datenbanken, aus dem auch hervorgeht, wie diese Datenbanken zugänglich sind. Manchmal befinden sich dort auch nützliche Hilfestellungen für die Recherche in diesen Datenbanken.

Darüber hinaus bieten folgende Einrichtungen brauchbare Verzeichnisse von Datenbanken an:

- Bibliographischer Werkzeugkasten des Hochschulbibliothekszentrums des Landes Nordrhein-Westfalen: http://toolbox.hbz-nrw.de/
- Verzeichnis von Datenbanken & Online-Lexika von der Österreichischen Nationalbibliothek: http://www.onb.ac.at/kataloge/db-ext_fr.htm
- Virtuelle Bibliothek Geschichte der UB Basel: http://www.ub.unibas.ch/vlib/vbhist.htm

Ü *Suchen Sie auf der Homepage Ihrer Universitätsbibliothek das Verzeichnis der Datenbanken. Schauen Sie sich dieses Verzeichnis durch und beachten Sie insbesondere, welche geistes-, kultur- und sozialwissenschaftlichen Datenbanken dort aufgelistet sind. Sind die geschichtswissenschaftlichen Datenbanken eigens angeführt? Notieren Sie, welche Datenbanken Ihnen für Ihre Fragestellungen besonders interessant erscheinen!*

Selbstständige und unselbstständige Literatur

Bei der Suche nach Literatur zu einem bestimmten Thema wird traditionellerweise zwischen „selbstständiger" und „unselbstständiger" Literatur unterschieden. Bei ersterer handelt es sich in der Regel um Bücher, bei letzterer um Aufsätze, die in Büchern oder Zeitschriften erschienen sind. Diese Unterscheidung ist deswegen von Bedeutung, weil manche bibliographischen Datenbanken nur „selbstständige", andere wiederum nur „unselbstständige" Literatur verzeichnen.

Als *„selbstständige" Literatur* werden in der Regel Druckwerke bezeichnet, die in der Form eines Buches gebunden sind, also auch physisch eine eigene Medieneinheit darstellen. Beispiele dafür sind:

- Monografien (ein Buch, verfasst von einem/einer oder mehreren Autor/innen)
- Sammelbände (von einem/einer oder mehreren Herausgeber/innen publiziert, umfassen sie die Aufsätze/Beiträge mehrerer Autor/innen)
- Hochschulschriften (zur Erlangung eines akademischen Abschlusses verfasste Hausarbeiten, Diplomarbeiten, Dissertationen, Habilitationsschriften)

Bei *„unselbstständiger" Literatur* handelt es sich um Texte, die als Teil eines Druckwerks erschienen sind, wie zum Beispiel

- Zeitschriftenaufsätze
- Aufsätze in Sammelbänden
- Lexikonartikel

Die Suche nach „unselbstständiger" Literatur gestaltet sich in der Regel aufwändiger als die Recherche nach „selbstständig" erschienenen Büchern, weil sie im Gegensatz zu letzteren nicht in Bibliothekskatalogen erfasst ist. Sie müssen zumeist mehrere unterschiedlich aufgebaute Datenbanken konsultieren, um einen einigermaßen umfassenden Überblick über die Literatur zu bekommen, die zu Ihrem Recherchethema erschienen ist.

Suche nach selbstständiger Literatur und Zeitschriftenjahrgängen

Es gibt eine Vielzahl von Datenbanken, die darauf spezialisiert sind, „selbstständige" Literatur zu erfassen. Dazu gehören:

- Nationalbibliographien

- Bibliothekskataloge
- Verzeichnisse von Hochschulschriften
- Zeitschriftendatenbanken
- Verlags-/Buchhandelsbibliographien

Nationalbibliographien verzeichnen die in einem Staat oder in einer bestimmten Sprache neu erschienenen Druckwerke.

Beispiele für solche Datenbanken wären:

- Österreichische Bibliographie: http://bibliographie.onb.ac.at/biblio/
- Deutsche Nationalbibliographie: http://dnb.ddb.de/
- Das Schweizer Buch (kostenpflichtig): http://www.snl.admin.ch/d/online/na_sb.htm
- Bibliographie Nationale Française: http://bibliographienationale.bnf.fr/
- British National Bibliography: http://www.bl.uk/services/bibliographic/natbib.html

Achtung: Da die Erstellung der Nationalbibliographien oft eine Aufgabe der jeweiligen Nationalbibliotheken ist, sind diese zuweilen in deren Bibliothekskataloge integriert worden!

Auch *Bibliothekskataloge* sind bibliographische Datenbanken. Sie beinhalten nicht nur die bibliographischen Angaben der an der jeweiligen Bibliothek vorhandenen Werke, sondern auch die Standortangabe, die so genannte „Signatur".

Beispiele:

- Deutsche Nationalbibliothek: Katalog: http://opac.ddb.de/
- British Library: Integrated Catalogue: http://catalogue.bl.uk/
- Bibliothèque Nationale de France, Catalogue général: http://catalogue.bnf.fr/
- Library of Congress Online Catalog: http://catalog.loc.gov/

Insbesondere für die Erfassung von *Dissertationen* gibt es eigene Datenbanken, wie z. B.:

- Die Deutsche Bibliothek: Hochschulschriften 1945–1997 (CD-Rom)
- Österreichische Dissertationsdatenbank 1970–2003: http://www.arcs.ac.at/dissdb/diss
- Österreichische Dissertationsdatenbank 2004–: http://dissdb.bibvb.ac.at/
- DocThèses (Französische Dissertationen ab 1972) (CD-Rom)
- Dissertation Abstracts – ProQuest Digital Dissertations: http://wwwlib.umi.com/dissertations/

Für deutsche Dissertationen gibt es zusätzlich das Informationsportal dissonline.de; für Schweizer Hochschulschriften gibt es keine eigene Datenbank, sie sind im Helveticat – http://www.helveticat.ch/ – enthalten.

Ü *Suchen Sie in der Österreichischen Dissertationsdatenbank nach einer Dissertation, die zur Geschichte von Speiseeis geschrieben wurde. An welchem Institut wurde diese Arbeit verfasst? Wer hat die Arbeit betreut?*

Link: http://www.arcs.ac.at/dissdb/diss
Die Lösung finden Sie im Anhang auf Seite 310.

Zeitschriftendatenbanken verzeichnen die Titel von Zeitschriften und geben Informationen, an welcher Bibliothek Sie den von Ihnen gewünschten Jahrgang der betreffenden Zeitschrift finden können.

Beispiele:

- Deutsche Zeitschriftendatenbank: http://zdb-opac.de/
- Österreichischer Verbundkatalog: Teilkatalog Zeitschriften und Serien: http://opac.bibvb.ac.at/acczs
- Schweizer Zeitschriftenportal SZP: http://www.swiss-serials.ch/

Verlags- bzw. Buchhandelsbibliographien geben Auskunft darüber, ob ein Druckwerk käuflich erworben werden kann, und enthalten Angaben zu seinem Preis; Beispiele dafür sind:

- Verzeichnis lieferbarer Bücher (lieferbare Bücher für den deutschsprachigen Raum): http://www.buchhandel.de/
- Amazon (lieferbare Bücher weltweit): http://www.amazon.com/
- Alapage (lieferbare französische Bücher): http://www.alapage.fr/
- Zentrales Verzeichnis antiquarischer Bücher: http://www.zvab.com/
- Abebooks (antiquarische Bücher weltweit): http://www.abebooks.com/

Suche nach unselbstständiger Literatur

Es können folgende Typen von Datenbanken unterschieden werden, die unselbstständig erschienene Literatur verzeichnen:

- Allgemeine Zeitschrifteninhaltsdatenbanken
- Sozial-/Humanwissenschaftliche Datenbanken
- Geschichtswissenschaftliche Datenbanken

- Zitationsindizes
- Volltextdatenbanken

Allgemeine Zeitschrifteninhaltsdatenbanken beinhalten Hinweise auf Zeitschriftenartikel ohne thematische Eingrenzung auf ein bestimmtes Fachgebiet.
Beispiele dafür sind:
- IBZ – Internationale Bibliographie der Zeitschriftenliteratur (1983 ff, nicht frei zugänglich): http://gso.gbv.de/LNG=DU/DB=2.4/
- Ingenta (v.a. englischsprachige wissenschaftliche Zeitschriftenartikel): http://www.ingenta.com/
- PCI – Periodical Contents Index (nicht frei zugänglich): http://pci.chadwyck.com/

Sozial-/Humanwissenschaftliche Datenbanken verzeichnen Literatur speziell zu den Fächern der Sozial-, Geistes- und Humanwissenschaften.
Beispiele:
- (British) Humanities Index (ab 1980er, nicht frei zugänglich)
- Social Sciences Index (ab 1980er, CD-Rom bzw. nicht frei zugänglich)
- Sociological Abstracts (1952/1963 ff, nicht frei zugänglich)
- wiso III Sozialwissenschaftliche Literatur und Projekte (1945 ff, nicht frei zugänglich)

Geschichtswissenschaftliche Datenbanken verzeichnen geschichtswissenschaftliche Literatur und sind daher für Ihre Fragestellungen besonders wichtig.
Beispiele:
- Historical Abstracts (1955 ff; nicht frei zugänglich): http://serials.abc-clio.com/active/start?_appname=serials&initialdb=HA
- Historische Bibliographie Online (1990 ff; nur ein kleiner Teil davon ist frei zugänglich): http://www.historische-bibliographie.de/
- Österreichische Historische Bibliographie (1945 ff): http://www.uni-klu.ac.at/oehb/oehb_query/
- Bibliographie der Schweizergeschichte: http://topaz.snl.ch/cgi-bin/gw/chameleon?skin=biblio
- International Medieval Bibliography – Online (1967 ff; nicht frei zugänglich): http://www.brepolis.net/

An dieser Stelle ist auch folgendes frei zugängliche Angebot zu nennen, obwohl es sich dabei streng genommen nicht um eine Datenbank handelt:

Zeitschriftenfreihandmagazin (Inhaltsverzeichnisse geschichtswissenschaftlicher Zeitschriften): http://www.phil.uni-erlangen.de/~p1ges/zfhm/zfhm.html

Ü *Suchen Sie in der Historischen Bibliographie Online nach Literatur zu den Hussiten! Welche Titel finden Sie dort?*
Link: http://www.historische-bibliographie.de/
Die Lösung finden Sie im Anhang auf Seite 311.

Ü *Suchen Sie in der Österreichischen Historischen Bibliographie nach Literatur zum Teppich von Bayeux! Welche Titel finden Sie dort?*
Link: http://www.uni-klu.ac.at/oehb/oehb_query/
Die Lösung finden Sie im Anhang auf Seite 311.

Ü *Suchen Sie in der Bibliographie der Schweizergeschichte nach Dokumenten zum Thema Tagsatzung. Welche Titel finden Sie dort?*
Link: http://topaz.snl.ch/cgi-bin/gw/chameleon?skin=biblio
Die Lösung finden Sie im Anhang auf Seite 312.

Es gibt eine Reihe *weiterer Datenbanken*, die für geschichtswissenschaftliche Fragestellungen von Interesse sein können, zum Beispiel:
- Europäische Bibliographie zur Osteuropaforschung: http://www.ebsees.msh-paris.fr/BD_Bibl_Est_accueil.htm
- Ariadne (Datenbank zur Frauen/Geschlechterforschung, 1990ff): http://www.onb.ac.at/ariadne/
- MLA International Bibliography (Literaturwissenschaftliche Datenbank, nicht frei zugänglich): http://edina.ac.uk/mla/
- Index deutschsprachiger Zeitschriften 1750–1815: http://gso.gbv.de/LNG=DU/DB=2.13/

Zitationsindizes sind ein „Abfallprodukt" des US-amerikanischen Universitätssystems: Sie gehen davon aus, dass sich die Qualität wissenschaftlicher Publikationen daraus bestimmen lässt, in welchen Zeitschriften sie zitiert werden; sie umfassen daher nicht nur die bibliographischen Angaben einzelner Zeitschriftenartikel, sondern darüber hinaus (in stark gekürzter Form) die in den Fußnoten der jeweiligen Artikel zitierte Literatur.

Beispiele:

- Arts & Humanities Citation Index (nicht frei zugänglich)
- Social Sciences Citation Index (nicht frei zugänglich)

Volltextdatenbanken beinhalten nicht nur die bibliographischen Angaben zum erfassten Text, sondern auch eine elektronische Version des Textes selbst; die Bestellung der Zeitschrift wird damit überflüssig.

Beispiele:

- Periodicals Contents Index Full Text (1770–1995; nicht frei zugänglich): http://pcift. chadwyck.co.uk/
- Humanities Full Text (1984/95 ff; nicht frei zugänglich): http://vnweb.hwwilsonweb. com/hww/jumpstart.jhtml?prod=HUMFT
- JSTOR – The Scholarly Journal Archive (nicht frei zugänglich): http://www.jstor.org/
- World History Full Text (nicht frei zugänglich)

Erfassungszeitraum und Wissenspolitik

Bei der Recherche in Datenbanken ist immer zu berücksichtigen, dass diese trotz der oft erschlagenden Fülle der in ihnen enthaltenen bibliographischen Angaben keineswegs vollständig sind. Sie sollten daher Folgendes beachten:

Mit welchem Jahr beginnt der Erfassungszeitraum der jeweiligen Datenbank? Viele Datenbanken gibt es erst seit den 1980er Jahren und Literatur, die zu einem früheren Zeitpunkt erschien, wurde darin nicht aufgenommen. Gerade im Bereich der Geschichtswissenschaften können aber auch früher erschienene Texte sehr wichtig sein, weswegen es zuweilen notwendig ist, ältere Bibliographien heranzuziehen, die (noch) nicht in elektronischer Form vorliegen.

Welche Zeitschriften werden von der benützten Datenbank erfasst? Manchmal gibt es die Möglichkeit, eine alphabetische Liste der Zeitschriften durchzusehen, deren Artikel in der Datenbank verzeichnet sind; überprüfen Sie, ob sich dort Ihnen bekannte, für Ihre Fragestellungen wichtige Zeitschriften befinden! Die Entscheidung darüber, welche Zeitschriften ausgewählt werden, um ihre Inhalte zu erfassen, ist auch eine wissen-(schaft)spolitische Angelegenheit; manchmal braucht es langwierige Prozeduren, bis es der Redaktion einer Zeitschrift gelingt, die Betreiber und Betreiberinnen einer Datenbank davon zu überzeugen, dass ihr Periodikum „würdig" ist, darin aufgenommen zu werden.

Oft sind die Inhalte von Datenbanken auch ein Spiegelbild internationaler Machtverhältnisse. So dominieren z. B. in der Datenbank „Historical Abstracts" (Stand: Juli 2003) die englischsprachigen Einträge: Mehr als 340.000 davon gibt es, es folgen an zweiter Stelle die deutschsprachigen (mehr als 54.000), an dritter die französischen (mehr als 52.000) Texte; jedoch gibt es z. B. nur 6.000 chinesische und knapp 500 arabische Einträge.

Schließlich ist zu bedenken, dass nicht immer alle in einer Zeitschrift erschienenen Texte in den Datenbanken aufgenommen werden; nur die großen Artikel finden darin Eingang, Kurztexte, Ankündigungen und Rezensionen können unter Umständen unbeachtet bleiben.

Literatur und Links

UB Bielefeld: Datenbanken, Multimedia, Internet-Quellen nach Fachportalen geordnet
    <http://www.ub.uni-bielefeld.de/portals/index.htm>
Bibliographischer Werkzeugkasten <http://toolbox.hbz-nrw.de/>. *Vom Hochschulbibliothekszentrum des Landes Nordrhein-Westfalen zusammengestelltes Verzeichnis, das nicht nur bibliographische Datenbanken umfasst, sondern auch Links zu Rezensionsdiensten, Verlagen usw.*
Datenbank-Infosystem der Universitätsbibliothek Regensburg <http://www.bibliothek. uni-regensburg.de/dbinfo/?bib_id=ub_r>. *Ein nach Fachgebieten geordnetes Verzeichnis von insbesondere bibliographischen Datenbanken.*

Literatur und Links zu Zitationsindizes

Thomson – Institute for Scientific Information <http://www.isinet.com/isi/>. *Homepage des weltweit größten Anbieters von Zitationsindizes.*
Homepage von Eugene Garfield <http://www.garfield.library.upenn.edu/>. *Die Homepage des Gründers des Institute for Scientific Information enthält umfassende Informationen zur Geschichte und Funktion von Zitationsindizes.*

Gerhard Fröhlich, Das Messen des leicht Meßbaren. Output-Indikatoren, Impact-Maße: Artefakte der Szientometrie? in: AGMB aktuell. Mitteilungsblatt der Arbeitsgemeinschaft für Medizinisches Bibliothekswesen, Nr. 7, April 2000, 13–17 <http://www.akh-wien.ac.at/agmb/mbi/7/mb7.pdf> (21.11.2003). *Dieser Beitrag beschäftigt sich nicht nur mit der Problematik bestehender Zitationsdatenbanken, sondern stellt am Schluss auch noch kurz einen Reformvorschlag vor.*

Heinz Hauffe, Is Citation Analysis a Tool for Evaluation of Scientific Contributions? Paper given at the 13th Winterworkshop on Biochemical and Clinical Aspects of Pteridines, St.Christoph/Arlberg, (25.2.1994) <http://www.uibk.ac.at/sci-org/voeb/texte/vhau9402.html> (21.11.2003). *Eine weitere Kritik an den "Citation biases" von Zitationsindizes, ergänzt um einen Kommentar von Eugene Garfield.*

Friedemann Mattern, Zur Evaluation der Informatik mittels bibliometrischer Analyse, (2002), <http://www.inf.ethz.ch/vs/publ/papers/bibliometro.pdf> (21.11.2003). *Der Autor behandelt die Aussagefähigkeit und die Problematik von Zitationsindizes anhand seines eigenen Faches.*

Anmerkungen und Notizen

13. grundbegriffe der recherche II: historical abstracts + ibz

Historical Abstracts Online

Historical Abstracts ist eine der traditionsreichsten geschichtswissenschaftlichen Literaturdatenbanken. Ihr Schwerpunkt liegt auf Literatur zur Weltgeschichte von 1450 bis heute mit Ausnahme der USA und Kanadas. Für Letztere gibt es eine eigene Datenbank mit dem Titel *America: History and Life*.

In der gedruckten Form erschien *Historical Abstracts* erstmals 1954, alle seit damals erfassten Aufsätze – über eine halbe Million – sind auch in der Online-Version erhalten. Die Datenbank beschränkt sich keineswegs auf englischsprachige Artikel, auch deutschsprachige, französische, spanische und in vielen anderen Sprachen verfasste Aufsätze sind hier verzeichnet.

Eine wichtige Unterscheidung bei Datenbanken ist die zwischen *„Datensatz"* und *„Datenfeldern"*.

Ein Datensatz ist eine Einheit von zusammengehörenden und strukturiert aufbereiteten Informationen. Sehen Sie hier ein Beispiel für eine Vollanzeige eines Datensatzes aus der Datenbank Historical Abstracts:

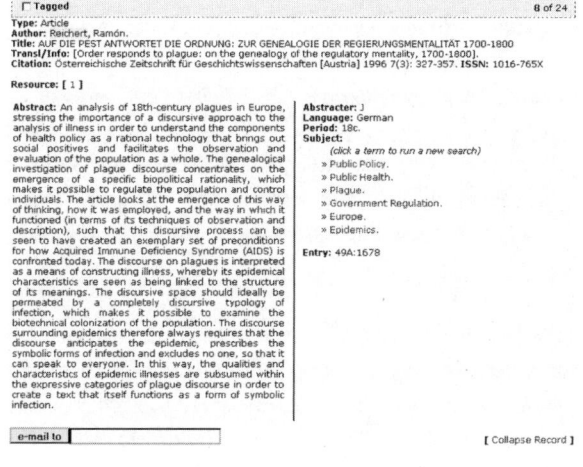

Wenn Sie sich den Datensatz näher betrachten, werden Sie schnell bemerken, dass dieser aus mehreren Bestandteilen, den Datenfeldern, besteht. Die Namen der Felder finden Sie jeweils in fetter Schrift:

- Type, also Typus, zeigt Ihnen an, welche Textsorte hier erfasst ist; in diesem Fall handelt es sich – wie meistens – um einen Artikel, es könnte aber auch ein Buch, ein Sammelband oder eine Dissertation sein.
- Es folgen der Name des Autors bzw. der Autorin und der
- Titel des Aufsatzes in der Originalsprache, und gleich darauf der
- Titel in der englischen Übersetzung.
- Sie bemerken also, dass es im Falle dieser Datenbank immer sinnvoll ist, englische Suchbegriffe zu verwenden!
- Unter dem Feld Citation finden Sie die genaue bibliographische Angabe der Zeitschriftenausgabe, in der der Artikel erschienen ist.
- ISSN ist die International Standard Serials Number, eine weltweit eindeutige Nummer zur Identifikation der Zeitschrift, in der der Artikel erschienen ist; Sie werden diese in der Regel nicht brauchen.
- Das Abstract liefert Ihnen eine englische Zusammenfassung des Inhalts – auch bei Artikeln, deren Sprache Sie nicht verstehen, können Sie somit einen Eindruck davon gewinnen, worum es in dem Text geht!
- Das Feld Abstracter enthält ein Namenskürzel derjenigen Person, die das Abstract verfasst hat.
- Language zeigt die Sprache des Artikels an.
- Period ist ein sehr wichtiges Feld, da darin der Zeitraum, den der Artikel behandelt, eingetragen ist, in diesem Fall das 18. Jahrhundert.
- Unter Subject werden die von den Ersteller/inne/n der Datenbank für den jeweiligen Artikel vergebenen Schlagwörter eingetragen, hier finden Sie also wichtige Hinweise darauf, welche Begriffe Sie noch für Ihre Suche verwenden könnten.
- Das Feld Entry wird Sie in der Regel nicht interessieren: Es gibt den Hinweis, an welcher Stelle der gedruckten Version von Historical Abstracts der Datensatz zu finden ist.

In den meisten Datenbanken ist es möglich, die Suche auf bestimmte Datenfelder einzugrenzen und damit zu präzisieren; in Historical Abstracts z. B. brauchen Sie nur „Advanced" anzuklicken, um eine Eingabemaske zu erhalten, die alle durchsuchbaren Datenfelder anführt. So können Sie z. B. ganz gezielt nach einem bestimmten Autor/einer bestimmten Autorin suchen, Ihre Suche auf den Titel des Aufsatzes/Buchs beschränken oder nach Artikeln suchen, die in einer bestimmten Zeitschrift erschienen sind.

Eine der wichtigsten bibliothekarischen Unterscheidungen ist jene zwischen *Stichwort* (englisch keyword) und *Schlagwort* (englisch subject term).

Ein Stichwort im engeren Sinn ist ein Wort, das in den Titelangaben eines Buchs oder eines Aufsatzes vorkommt. Sie finden hier eine leicht bearbeitete Form des soeben angezeigten Datensatzes:

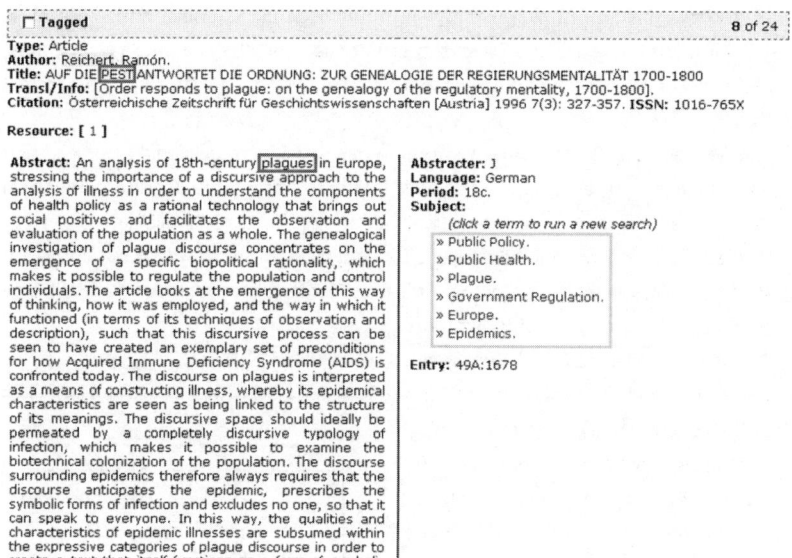

Die erste Umrandung eines Worts ist ein Beispiel für ein Stichwort, nämlich „Pest".

Im weiteren Sinn ist ein Stichwort ein Wort, das in ausgewählten Datenfeldern oder aber an jeder beliebigen Stelle eines Datensatzes vorkommen kann, zum Beispiel im Bereich des Abstracts; hier finden Sie als ein weiteres Beispiel für ein Stichwort die Mehrzahl des englischen Worts für Pest (nämlich „plagues") umrandet.

Wenn Sie in Historical Abstracts eine Stichwortsuche durchführen, führen Sie damit gleichzeitig eine Suche in praktisch allen für die inhaltliche Erschließung relevanten Feldern (z. B. Abstract, Titel, Titelübersetzung, Schlagwörter, Autor/in) durch.

Für die Suchpraxis bedeutet dies, dass Sie die für Sie relevanten Suchbegriffe immer ins Englische übersetzen müssen!

Schlagwörter sind im Gegensatz zu Stichwörtern Begriffe, die von Bibliothekar/inn/en oder den Ersteller/inne/n einer Datenbank selbst vergeben werden, um die Aufsätze oder Bücher inhaltlich zu charakterisieren. Im vorliegenden Beispiel finden Sie diese Begriffe im rechten Bereich des Screenshots umrandet. Sie sehen daraus, dass „plague" ein Schlagwort ist, während die Mehrzahlform „plagues" nur als Stichwort im Abstract auftaucht.

Die Vergabe von Schlagwörtern erfolgt in der Regel nicht willkürlich; zumeist gibt es klare Regeln und festgelegte Schlagwortlisten, aus denen die Begriffe genommen werden; leider sind diese für die Recherche aber nicht immer zugänglich.

Ganz besonders komfortabel sind jene Datenbanken, die einen Thesaurus zur Verfügung stellen: Dies ist eine geordnete Wortliste, in der zu jedem Wort nicht nur allfällige Synonyme und gegensätzliche Begriffe (Antonyme), sondern auch allgemeinere Begriffe (Oberbegriffe) und speziellere Begriffe (Unterbegriffe) eingetragen sind.

Historical Abstracts enthält keinen Thesaurus, Sie können sich aber mithilfe des alphabetischen *Index* einen Überblick über die verwendeten Schlagworte verschaffen. Wenn Sie auf das Buchsymbol rechts neben dem Eingabefeld für die Schlagwörter klicken, erhalten Sie eine alphabetische Liste aller verwendeten Schlagwörter, die Sie nun durchsuchen können.

Beispiel für Schlagwörter, die mit dem Begriff „youth" anfangen:

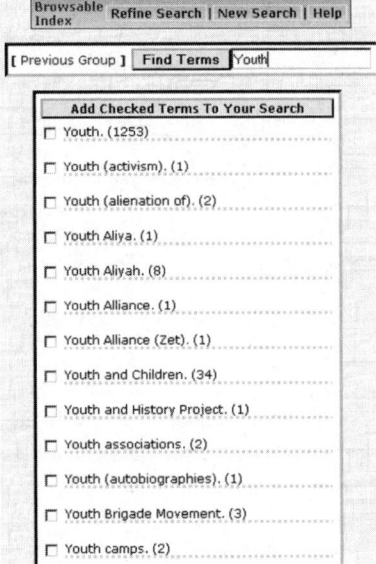

Sie können selbstverständlich die Funktion des Index auch bei anderen Feldern benützen, z. B. beim Zeitschriftentitel. So ist es möglich, nach Zeitschriften zu suchen, die mit „Österreich" anfangen (Sie müssen dazu allerdings den Suchbegriff ohne Umlaut eingeben, d. h. „Osterreich"):

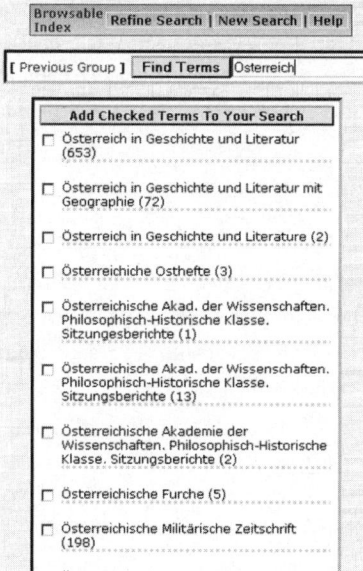

Ü *Aus dem Kapitel „Grundbegriffe der Recherche I" wissen Sie schon, dass Sie mithilfe von Jokerzeichen einzelne Buchstaben trunkieren bzw. maskieren können. Welche Jokerzeichen allerdings verwendet werden, variiert von Datenbank zu Datenbank. Verwenden Sie die Hilfefunktion von Historical Abstracts, um die in dieser Datenbank verwendeten Jokerzeichen zu finden.*

Achtung: Da Historical Abstracts eine kostenpflichtige Datenbank ist, können Sie diese nur von einer Bibliothek/Universität aus konsultieren, die diese subskribiert hat!

Link: http://serials.abc-clio.com/active/start?_appname=serials&initialdb=HA

Ein Tipp: Auf Englisch heißen die Jokerzeichen „Wildcards".

Die Lösung finden Sie im Anhang auf Seite 312.

Mit *logischen* oder *booleschen Operatoren* können Sie Suchbegriffe miteinander verknüpfen. Die gebräuchlichen Operatoren lauten „and", „or" sowie „not" (in deutschsprachigen Datenbanken entsprechend: „und", „oder" sowie „nicht"; manchmal werden auch eigene Symbole anstelle der Begriffe verwendet).

Mithilfe des Operators „and" bekommen Sie die Schnittmenge der beiden Mengen A und B bzw. der beiden Begriffe Österreich und Geschichte (das Ergebnis ist jeweils grau hinterlegt):

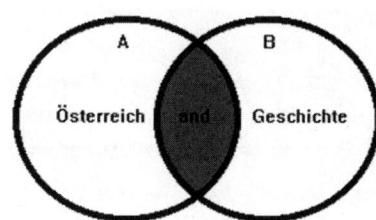

Mithilfe des Operators „or" bekommen Sie die Vereinigungsmenge der beiden Mengen A und B bzw. der beiden Begriffe Österreich und Habsburgermonarchie:

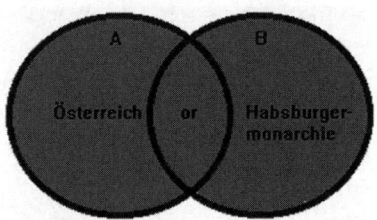

Mithilfe des Operators „not" bekommen Sie nur Elemente der Menge A und schließen alle Elemente der Menge B aus (=Exklusionsmenge):

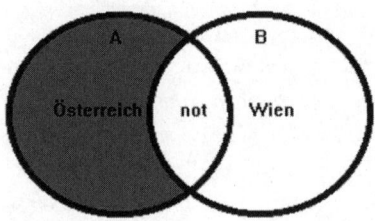

Wenn Sie mehrere Operatoren verwenden, müssen Sie *Klammerausdrücke* verwenden.

Z. B. müssen Sie, wenn Sie nach dem Thema Pest und Cholera in Europa suchen, Folgendes eingeben:

for (plague or cholera) and europe   in Keywords

Falsch wäre:

for plague or cholera and europe   in Keywords

Mit der zweiten – falschen – Suchanfrage bekommen Sie ein viel umfangreicheres Ergebnis als mit der ersten, denn gefunden wird damit

1. alles zum Thema Pest, egal in welchem Land oder Kontinent
sowie
2. alles zur Cholera in Europa

Verdeutlichen lässt sich der Unterschied zwischen den beiden Suchabfragen auch, wenn sie als Rechenoperation dargestellt werden.

Eine Eingabe mit Klammerausdrücken würde so aussehen:

$(1 + 2) * 3 = 9$

Eine Eingabe ohne Klammerausdrücke würde folgender Rechnung entsprechen:

1 + 2 * 3 = 7

Die daraus resultierende Grundregel: Wenn Sie Suchbegriffe mit „or" verknüpfen, sollten Sie diese immer in Klammern setzen!

Historical Abstracts ist eine der wenigen Datenbanken, die es Ihnen erlaubt, präzise
nach einer bestimmten *Zeitperiode* zu suchen. Ein eigenes Feld mit dem Namen „Time
Period" ist dafür in der Advanced Search reserviert.

Die Modalitäten der Suche sind allerdings etwas gewöhnungsbedürftig:

So ist es einerseits möglich, nach einem Zeitraum von 100 Jahren zu suchen: Eine
Eingabe von „1900H" (H steht für Hundred) beschränkt die Suche auf Artikel, die den

Zeitraum 1900–1999 behandeln, erfasst
also beinahe das ganze 20. Jahrhundert
(das ja von 1901–2000 gedauert hat). Ein
Beispiel für eine Suche aus der Praxis (Polizei im 17. Jahrhundert) finden Sie hier:

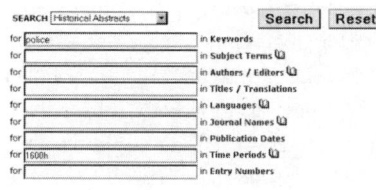

Weiters ist es möglich, nach einem Zeitraum von 10 Jahren zu suchen: Wenn Sie
z. B. „1770D" (D steht für Decade) eingeben, werden Artikel gefunden, die den
Zeitraum 1770–1779 behandeln. Sehen
Sie hier eine Eingabe, die die Suche auf
die Hungersnot dieser Jahre beschränkt:

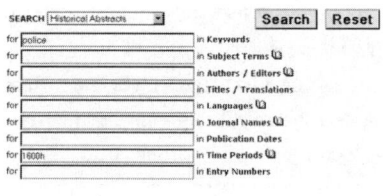

Beachten Sie bitte, dass es nicht möglich ist, nach einem bestimmten Jahr (z. B. „1648")
zu suchen!

Ü *Für ein Seminar, das die europäischen Auswirkungen der Französischen Revolution behandelt, sollen Sie Literatur zur Wiener und Pariser Polizei im Zeitraum
1790–1809 recherchieren. Finden Sie einen Weg, wie Sie dies in Historical Abstracts mit
einem einzigen Arbeitsschritt bewerkstelligen können!*

Link: http://serials.abc-clio.com/active/start?_appname=serials&initialdb=HA

Ein Tipp: Auch bei der Suche nach Zeitperioden können Sie logische Operatoren verwenden, z. B. in der Form: „1790d or 1800d".

Die Lösung finden Sie im Anhang auf Seite 312.

Ähnlich wie beim Österreichischen Verbundkatalog haben Sie unterschiedliche Möglichkeiten, mit dem Ergebnis zu arbeiten:

Sie können das Ergebnis sortieren, z. B. nach dem Namen des Autors/der Autorin oder nach Erscheinungsdatum. Diese Einstellungen müssen Sie allerdings bereits vor der Suche setzen, und zwar unter „Display Options"; dort können Sie auch einstellen, wie viele Datensätze sie auf einer Bildschirmseite angezeigt bekommen wollen.

Sie können einzelne für Sie interessante Ergebnisse auch markieren, indem Sie die neben dem Begriff „tagged" befindliche Checkbox anklicken; diese befindet sich im oberen linken Bereich jeder Trefferanzeige.

Um Ergebnisse zu mailen oder abzuspeichern, müssen Sie auf „Export Options" klicken. Danach werden Sie u. a. vor die Wahl gestellt, ob Sie die Ergebnisse als „Short Entry" oder als „Full Entry" abspeichern/mailen wollen. Es empfiehlt sich, hier „Full Entry" auszuwählen, da nur in diesem Fall auch das Abstract abgespeichert/gemailt wird. Sollten Sie zuvor Ergebnisse markiert haben, ist automatisch eingestellt, dass sich Ihre Aktionen auf diese, also die „Tagged Entries" beziehen.

Wenn Sie über längere Zeit zu einem Thema arbeiten, werden Sie vielleicht gerne die Möglichkeit in Anspruch nehmen, ein *Personal Profile* anzulegen und das „Alert Service" einzurichten: Damit werden Ihnen einmal im Monat per Mail diejenigen Datensätze zugeschickt, die Ihrer Suchanfrage entsprechen und die seit dem letzten Mal neu in die Datenbank aufgenommen wurden.

Beispiel für eine als „Alert" eingegebene Suchanfrage:

Alert 1: Clear

Search this Database: ☐ AHL ☑ HA

Subject Terms: census

Author:

Time Period:

Language:

Document Type:

Internationale Bibliographie der Zeitschriftenliteratur (IBZ)

Im Gegensatz zu *Historical Abstracts* ist die *Internationale Bibliographie der Zeitschriftenliteratur* (IBZ) nicht auf ein Fachgebiet beschränkt. Bei der IBZ handelt es sich um ein sehr traditionsreiches Angebot: Der Vorläufer – oft als „Dietrich" bezeichnet – begann bereits 1896 damit, Aufsätze nach Schlagworten geordnet in Form eines Buches zu verzeichnen.

Die Online-Version umfasst die Daten seit 1983. Sollten Sie ältere Literatur recherchieren wollen, müssen Sie die gedruckte Version des IBZ konsultieren, was allerdings zeitaufwändig und mühsam ist. Sie werden dies wohl nur in Ausnahmefällen machen, vor allem dann, wenn Sie einen einzigen, klar abgegrenzten Suchbegriff haben.

Da die Recherche in dieser Datenbank verhältnismäßig einfach funktioniert, wird darauf nicht näher eingegangen. Im Gegensatz zu anderen Datenbanken können Sie hier die Einzelergebnisse nicht markieren, es ist dafür aber möglich, sich Ergebnisse per E-Mail zuschicken zu lassen (Auswahl des Buttons „Download" in der Ergebnisanzeige).

Mithilfe von *Kontextoperatoren* (englisch: proximity operators) kann bestimmt werden, wie weit die eingegebenen Suchbegriffe voneinander entfernt sein sollen.

Dies ist insbesondere bei englischen Suchbegriffen sinnvoll, da hier im Gegensatz zum Deutschen seltener zusammengesetzte Hauptwörter verwendet werden. So können Sie im Deutschen z. B. problemlos und präzise mithilfe des Begriffs „Sozialdisziplinierung" suchen, während eine Eingabe von „social discipline" auch eine gewisse Zahl von sinnlosen Treffern bringt.

Die IBZ – und auch viele andere Datenbanken – bieten mehrere komfortable Möglichkeiten an, um dieses Problem zu lösen.

1. Die einfachste – und Ihnen wahrscheinlich schon vertraute – Lösung ist es, die betreffenden Begriffe unter Anführungszeichen zu setzen: „social discipline" sucht nach dem Vorkommen dieser Begriffe genau so, wie sie eingegeben sind: In der angegebenen Reihenfolge und mit einem Leerzeichen dazwischen.
2. Eine weitere Möglichkeit ist die Verwendung des Kontextoperators „bei" (alternativ: das Tildezeichen „~"): social bei discipline sucht die beiden Begriffe, wobei diese maximal zwei Wörter voneinander entfernt sein dürfen; die Reihenfolge der Begriffe ist dabei egal.
3. Es geht aber auch noch komplizierter (und zugleich präziser), mit den Kontextoperatoren (im IBZ werden sie als Nachbarschaftsoperatoren bezeichnet) „*" „?" „#", „!" und „%".

181

Mit diesen können Sie festlegen, ob zwischen den beiden Suchbegriffen kein Wort, ein Wort oder beliebig viele stehen können und ob die beiden Suchbegriffe in genau der von Ihnen eingegebenen Reihenfolge im Ergebnis vorkommen müssen.

Eine detaillierte Erläuterung finden Sie hier in einem Screenshot der IBZ-Hilfeseite:

2 Nachbarschaftsoperatoren:

Mit Hilfe von Nachbarschaftsoperatoren können Sie festlegen, ob die von Ihnen gesuchte Phrase in der angegebenen Wortfolge oder mit dazwischen stehenden Begriffen gesucht werden soll.

Operator	Beispiel	Erläuterung
? *	geschichte ? eisenbahn geschichte * eisenbahn	Wenn Sie zwei Begriffe mit einem * oder ? dazwischen eingeben, werden nur Titel gesucht, in denen die Begriffe in dieser Reihenfolge vorkommen. Zwischen den gesuchten Begriffen können keine oder beliebig viele andere Begriffe vorkommen. Das Such-Beispiel findet: *Geschichte der Eisenbahn* *Geschichte der Ahaus-Enscheder Eisenbahn*
#	geschichte # eisenbahn	Es werden nur Titel gesucht, bei denen die Begriffe in dieser Reihenfolge vorkommen. Zwischen den Begriffen darf maximal ein Wort vorkommen.
!	geschichte ! eisenbahn	Es werden nur Titel gesucht, bei denen die Begriffe in dieser Reihenfolge vorkommen. Zwischen den Begriffen darf exakt ein Wort vorkommen, z.B. *Geschichte der Eisenbahn*
%	geschichte % eisenbahn	Mit diesem Operator werden die Stichwörter in beliebiger Reihenfolge gesucht. Zwischen den gesuchten Begriffen steht kein weiterer Begriff. Das Suchbeispiel findet: *Erlebnis Eisenbahn - Geschichte und Hintergrund*
%? %# %!	geschichte %! eisenbahn	Durch das Kombinieren des Operators % mit einem der oben beschriebenen unidirektionalen Operatoren (? * # !), werden diese zu bidirektionalen Operatoren, d.h. die eingegebenen Begriffe werden mit keinem, einem oder vielen Begriffen dazwischen in beliebiger Reihenfolge gesucht. Das Suchbeispiel findet: *Geschichte der Eisenbahn* *Die Eisenbahn Verona-Brenner : Geschichte einer bedeutenden Verkehrslinie*

 Recherchieren Sie in der IBZ Literatur zur von Michel Foucault vorgeschlagenen Methode der „Genealogie"!

Link zur IBZ: http://gso.gbv.de/LNG=DU/DB=2.4/

Achtung: Da die IBZ eine kostenpflichtige Datenbank ist, können Sie diese nur von einer Bibliothek/Universität aus konsultieren, die diese subskribiert/abonniert hat!

Die Lösung finden Sie im Anhang auf Seite 313.

 Wenn Sie in Deutschland studieren, machen Sie bitte folgende Übungsaufgabe: Suchen Sie in Historical Abstracts nach Literatur zum 1933 von den Nationalsozia-listen ermordeten Philosophen Theodor Lessing.

Link: http://serials.abc-clio.com/active/start?_appname=serials&initialdb=HA

Wenn Sie sich die Ergebnisse durchsehen, werden Sie feststellen, dass insgesamt vier Aufsätze in Heft 3 des Jahrgangs 1998 der Zeitschrift für Religions- und Geistesge-schichte erschienen sind.

Recherchieren Sie nun in der Deutschen Zeitschriftendatenbank, ob diese Ausgabe an Ihrer Universitätsbibliothek vorhanden ist! Schauen Sie weiters nach, an welchen Münchner Bibliotheken der entsprechende Zeitschriftenjahrgang zur Verfügung steht.

Die Lösung finden Sie im Anhang auf Seite 313.

Ü *Wenn Sie in Österreich studieren, machen Sie bitte folgende Übungsaufgabe:*
Suchen Sie in Historical Abstracts nach Literatur zur Situation von Witwen in der Habsburgermonarchie. Bedenken Sie, dass bei manchen Datensätzen in solchen Fällen nicht immer „Habsburgermonarchie" (oder „habsburg monarchy", manchmal auch „hapsburg monarchy") vorkommen muss, sondern auch „Österreich", also „Austria"!

Sie sollten unter den Ergebnissen auch einen vor kurzem erschienenen Aufsatz zur Geschichte der Witwen in Niederösterreich gefunden haben. Das Abstract dazu lautet wie folgt:

Recherchieren Sie nun im Österreichischen Verbundkatalog – Teilkatalog Zeitschriften und Serien –, wo in Österreich dieser Artikel zu finden ist.

Link: http://opac.bibvb.ac.at/acczs

die Lösung finden Sie im Anhang auf Seite 313

Ü *Wenn Sie in der Schweiz studieren, lösen Sie bitte folgende Übungsaufgabe:*
Suchen Sie in Historical Abstracts nach Literatur zur Geschichte der Basler Fasnacht. Bedenken Sie, dass nicht in allen Datensätzen zwingend das Wort „Fasnacht" vorkommen muss, sondern auch andere Begriffe verwendet werden können!

Sie sollten zumindest einen Treffer gefunden haben, einen Aufsatz von Peter Weidkuhn. Recherchieren Sie nun, ob Sie den Aufsatz in Ihrer Bibliothek finden. Dazu drücken Sie auf den SFX-Knopf in der Anzeige der Historical Abstracts.

Fehlt dieser Knopf, dann müssen Sie die Zeitschrift im Schweizer Zeitschriftenportal suchen: http://www.swiss-serials.ch/

Die Lösung finden Sie im Anhang auf Seite 314.

Literatur und Links

Harald Jele, Informationstechnologien in Bibliotheken, München u. Wien 2001. *S. 38–44 zur Indizierung, S.51–54 zu Kontextoperatoren und Logischen Operatoren.*
Rupert Hacker, Bibliothekarisches Grundwissen, 7. Auflage, München 2000, 221–229. *Zu den einzelnen Funktionen der Recherche in Literaturdatenbanken wie Logische Operatoren, Trunkierung/Maskierung, Indizierung und Stichwort/Schlagwort.*

Anmerkungen und Notizen

Historische Bibliographie online

Die Historische Bibliographie erschien erstmals als eigenständige Publikation 1987 mit dem Berichtsjahr 1986. Sie wird seit damals von der Arbeitsgemeinschaft außeruniversitärer historischer Forschungseinrichtungen in der Bundesrepublik Deutschland erstellt. Die Onlineversion beginnt erst mit dem Jahr 1990 und hat mehr als 150.000 Einträge zu auf Deutsch erschienener geschichtswissenschaftlicher Literatur. Zusätzlich enthält die Onlineversion Angaben zu über 10.000 in Arbeit befindlichen Forschungsprojekten; Sie können somit Kontakte zu Forscher/inne/n knüpfen, die zu einem Thema arbeiten, mit dem Sie ebenfalls beschäftigt sind.

Die Historische Bibliographie ist nicht frei zugänglich; Sie können daher nur darin recherchieren, wenn Sie an einem Computer einer Bibliothek oder Universität sitzen, die diese Datenbank subskribiert hat!

Link: http://www.historische-bibliographie.de

Die Suche in der Historischen Bibliographie funktioniert relativ einfach und braucht daher nicht weiter erklärt zu werden; nur zwei Hinweise:

1. Wählen Sie von vornherein unter „Anzeige" die Option „Autor, Titel, bibl. Angaben" aus, dann brauchen Sie nämlich die Vollanzeige der Titel gar nicht mehr aufzurufen.
2. Obwohl nicht eigens angegeben, können Sie die logischen Operatoren and, or sowie not verwenden.

Ü *Machen Sie sich mit dieser Datenbank vertraut, indem Sie eine halbe Stunde darin zu einem beliebigen Thema recherchieren! Falls Ihnen kein Thema einfällt, recherchieren Sie doch nach Literatur zur Theorie der „Sozialdisziplinierung". (Da diese Datenbank nicht frei zugänglich ist, können Sie diese Übungsaufgabe nicht von ihrem privaten PC aus machen, sondern nur von Ihrer Bibliothek bzw. Universität aus.)*

Das Zeitschriftenfreihandmagazin

Viele herkömmliche Datenbanken erfassen nur die Literatur der letzten zehn, zwanzig Jahre. Gerade in den Geschichtswissenschaften ist es aber auch notwendig, die ältere Literatur zu kennen, da geschichtswissenschaftliches Wissen nicht in demselben Ausmaß veraltet wie z. B. naturwissenschaftliches.

Eine Hilfestellung bei der Suche nach älterer geschichtswissenschaftlicher Literatur bietet das so genannte Zeitschriftenfreihandmagazin (zfhm), ein Angebot, das auf den Mediävisten Stuart Jenks zurückgeht: In diesem Zeitschriftenfreihandmagazin werden Ihnen die Inhaltsverzeichnisse vieler geschichtswissenschaftlicher Zeitschriften, aber auch von Ausstellungskatalogen und Festschriften in Form von statischen HTML-Seiten zur Verfügung gestellt.

Link zum Zeitschriftenfreihandmagazin: http://www.phil.uni-erlangen.de/~p1ges/zfhm/ zfhm.html

Viele dieser Zeitschriften sind von Beginn ihres Erscheinens an erfasst, wie zum Beispiel die Mitteilungen des Instituts für Österreichische Geschichtsforschung (von 1880 an).

Sie können im Zeitschriftenfreihandmagazin gezielt die Inhaltsangaben von einzelnen Zeitschriften auswählen und Jahrgang für Jahrgang am Bildschirm durchsehen, wenn Sie sich einen Überblick über die Bandbreite der in einer bestimmten Zeitschrift behandelten Themen verschaffen wollen.

Zumeist aber werden Sie die vom Zeitschriftenfreihandmagazin zur Verfügung gestellte Suchmaschine benutzen, um nach Literatur zu einem bestimmten Thema zu recherchieren. Geben Sie zum Beispiel den Suchbegriff „Kalenderreform" ein und sehen Sie sich die Ergebnisse durch!

Bei Ihrer Suche sollten Sie – abgesehen von den vom Zeitschriftenfreihandmagazin zur Verfügung gestellten Suchtipps – die folgenden Hinweise beachten:

Die Inhaltsverzeichnisse im Zeitschriftenfreihandmagazin sind nicht vollständig und beschränken sich zumeist auf Artikel; Rezensionen sind in der Regel nicht erfasst.

Es gibt keine Beschlagwortung, eine inhaltliche Suche ist also auf die im Titel vorkommenden Begriffe beschränkt. Sie müssen bei Ihrer Suche also sehr kreativ sein und möglichst viele Synonyme sowie Trunkierungen (mit dem Rautezeichen: #) verwenden.

Das Zeitschriftenfreihandmagazin enthält nicht nur deutschsprachige Titelangaben, sondern u. a. auch englische, französische und italienische Texte; bedenken Sie dies bei der Wahl Ihrer Suchbegriffe!

Bei der Eingabe von Suchbegriffen müssen Sie gegebenenfalls auch die früher übliche Orthographie berücksichtigen; z. B.: „FRIEDEL, Das volks**th**ümliche Backwe**ck** der Deutschen, in: Korrespondenzblatt des Gesamtvereins der deutschen Geschichts- und Altertumsvereine (KorrBlGesamtVGA) 39, 1891, S. 17" oder „Fr. Paulus Maria de LOE, Reformations-Versuche im Domini**c**aner-Kloster zu Wesel in den Jahren 1460–1471, in: BGNrh 11, 1897, S. 82–130" (Hervorhebungen nicht im Original).

Umlaute bereiten dieser Suchmaschine (trotz entgegenlautender Angaben) erhebliche Probleme. Es empfiehlt sich, diese zu trunkieren, also z. B. „#ffentlichkeit" anstelle von „Öffentlichkeit" oder „Volksz#hlung" anstelle von „Volkszählung" in das Suchfeld einzugeben. Das Ergebnis ist jeweils deutlich höher! Alternativ zur Trunkierung können Sie die Suche auch mithilfe einer anderen Suchmaschine wie Google durchführen, indem Sie die Suche auf den Server des Zeitschriftenfreihandmagazins beschränken und abgesehen von Ihrem Suchbegriff auch nach dem Begriff „Zeitschriftenfreihandmagazin" suchen, damit nur zu diesem dazugehörige Seiten gefunden werden. Ein Beispiel für eine solche Eingabe wäre:

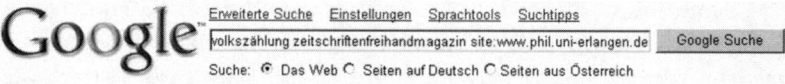

Beachten Sie allerdings, dass Sie bei dieser Vorgangsweise jede Ergebnisseite einzeln anzeigen und nochmals nach dem Suchbegriff durchsuchen müssen, da dieser auf einer Seite mehrfach vorkommen kann!

Die Suchmaschine erlaubt es nicht, nach Zahlen zu suchen, was insbesondere die Suche nach Ereignissen, die mit markanten Jahreszahlen verbunden sind (z. B. 1789, 1848), verunmöglicht; auch hier haben Sie wieder die Möglichkeit, den Umweg über Google zu wählen. Ein Beispiel für eine solche Sucheingabe wäre:

Eine Eingabe von mehr als einem Begriff in das Suchfeld wird als Phrasensuche interpretiert; die Suchbegriffe müssen dann also genau in der von Ihnen eingegebenen Reihenfolge im Ergebnis vorkommen. Wenn Sie im Suchfeld z. B. „soziale Kontrolle" (ohne Anführungszeichen!) eingeben, bekommen Sie als Ergebnis u. a.: „David COHEN, Die Schwestern der Medea. Frauen, Öffentlichkeit und soziale Kontrolle im klassischen Athen, in: JbHistKolleg 1998, S. 77".

Eine Suche mit logischen Operatoren wäre zwar theoretisch möglich, ist aber nicht sinnvoll, da es sich beim Zeitschriftenfreihandmagazin nicht um eine Datenbank handelt.

Nicht immer ist die Seitenangabe in der Ergebnisanzeige komplett, manchmal ist nur die erste Seitenzahl des gefundenen Artikels angeführt. Um eine ungefähre Ahnung zu bekommen, wie lang der Artikel ist, müssen Sie die komplette HTML-Seite der betreffenden Zeitschrift aufrufen; erst dann können Sie unter Umständen eruieren, auf welcher Seite der anschließende Artikel beginnt.

In der Ergebnisanzeige finden Sie die Titel der Zeitschriften zumeist nur in abgekürzter Form; sollte Ihnen die Abkürzung nicht geläufig sein, müssen Sie die komplette HTML-Seite der betreffenden Zeitschrift aufrufen, um eine Auflösung des Kürzels zu finden.

Ü *Suchen Sie im Zeitschriftenfreihandmagazin nach Literatur zur Geschichte des Tabakhandels und der Tabakindustrie in deutschen und habsburgischen Ländern. Notieren Sie sich, mit welchen Begriffen Sie gesucht haben und kopieren Sie Ergebnisse, die Ihnen interessant erscheinen, in eine eigene Datei. Wenn Sie Ihre Suche abgeschlossen haben, können Sie Ihre Recherchestrategie mit der in der im Anhang abgedruckten Lösung vergleichen. Siehe Seite 314.*

Zeitschrifteninhaltsverzeichnisse vom Istituto Datini

Ein ähnliches Angebot wie das Zeitschriftenfreihandmagazin stellt das Istituto Internazionale di Storia Economica „Francesco Datini" zur Verfügung. Der Schwerpunkt liegt hier auf romanischsprachigen Zeitschriften wie z. B. Actes de la recherche en sciences sociales, Annales und Quaderni Storici; auch englischsprachige Zeitschriften wie Comparative Studies in Society and History oder Past & Present sind hier vertreten. Es handelt sich somit um eine ideale Ergänzung zum Zeitschriftenfreihandmagazin.

Auch dieses Angebot kann mithilfe einer Suchmaschine abgefragt werden, die Ergebnisanzeige liefert im Gegensatz zum Zeitschriftenfreihandmagazin aber nur die gefundenen Seiten mit den Zeitschrifteninhaltsverzeichnissen, nicht aber die Titelangaben. Sie müssen daher jede Seite einzeln aufrufen und mit der browserinternen Suchfunktion nochmals nach dem Suchbegriff durchsuchen.

Link zur englischen Startseite: http://www.istitutodatini.it/biblio/riviste/eng/presenta.htm

Österreichische Historische Bibliographie

Wenn Sie die Übungen im Kapitel 12, Bibliographische Datenbanken absolviert haben, dann kennen Sie die *Österreichische Historische Bibliographie* (ÖHB) schon. Diese Datenbank erfasst geschichtswissenschaftliche Literatur, die in Österreich erschienen ist, und stellt daher eine der wichtigsten Datenbanken zur Literaturrecherche dar.

Die Printversion dieser Datenbank erschien erstmals 1967 und umfasste damals das Berichtsjahr 1965. Die Herausgeber von damals arbeiteten eng mit den Betreibern der Bibliographie *Historical Abstracts* zusammen. Zwischen 1945 und 1964 in Österreich erschienene geschichtswissenschaftliche Literatur wurde retrospektiv erfasst, 1977 wurden die Einträge mittels eines EDV-Systems in eine Datenbank eingegeben. Mittlerweile sind alle Einträge digitalisiert, womit Ihnen die in Österreich erschienene geschichtswissenschaftliche Literatur ab 1945 zur Verfügung steht.

Link: http://www.uni-klu.ac.at/oehb/oehb_query/

Die Suche in der ÖHB funktioniert sehr einfach; bei den Suchfunktionen ist lediglich erwähnenswert,

1 dass eingegebene Begriffe automatisch trunkiert werden sowie dass
2. die in der Hilfe-Funktion gegebene Erläuterung, dass der logische Operator „und" mithilfe eines Sternes („*") ausgedrückt werden kann, zu präzisieren ist: In Wirklichkeit handelt es sich dabei um einen Kontextoperator, der nur Ergebnisse findet, in dem die Suchbegriffe in der eingegebenen Reihenfolge mit mindestens einem Wort Abstand vorkommen. Vergleichen Sie selbst: Wenn Sie „Wien 1683", „Wien * 1683" und „1683 * Wien" (ohne Anführungszeichen) eingeben, ist das Ergebnis jeweils unterschiedlich!

Ü *Ähnlich wie Bibliotheken lernt man Datenbanken am besten kennen, indem man in ihnen zunächst einmal herumstöbert. Machen Sie sich daher mit der ÖHB vertraut, indem Sie eine halbe Stunde darin zu einem beliebigen Thema recherchieren! Falls Ihnen kein eigenes Thema einfällt, recherchieren Sie doch nach Literatur zum Thema Hungersnot!*

World History Full Text

Diese Datenbank beinhaltet Volltexte von mehr als 150 geschichtswissenschaftlichen Zeitschriften, beginnend mit dem Jahr 1990. Da diese Datenbank die Daten von *Historical Abstracts* bezieht, sind die Suchmöglichkeiten durchaus vergleichbar mit letzterer Datenbank; der wesentliche Unterschied ist nur, dass World History Full Text die Daten selbst mit den Volltexten verknüpft. Diese Volltexte werden entweder im HTML- und/oder PDF-Format angeboten; ersteres bietet zwar den Vorteil des geringeren Speicherplatzbedarfs, sie sollten aber doch lieber letzteres verwenden, da Sie hier den Satzspiegel des gedruckten Originals vor sich haben und auch nach Seitenzahlen zitieren können.

Link: http://search.epnet.com/ (Kostenpflichtig, daher nur von einer subskribierenden Institution aus abrufbar!)

World History Full Text bietet Ihnen die komfortable Möglichkeit, Volltexte per Mail an Ihre eigene Adresse zu senden; dies ist deswegen ratsam, da Sie – falls die Institution, an der Sie die Datenbank konsultieren, dies überhaupt zulässt – die Volltextdateien wegen der Größe des PDF-Formats kaum auf Diskette abspeichern können.

Ein Tipp: Nicht alle Volltextdatenbanken bieten die Möglichkeit, die Volltexte per Mail zuzuschicken. In diesem Fall haben Sie folgende Möglichkeiten, der Texte „habhaft" zu werden.

1. Sie drucken diese an einem dafür vorgesehenen Computer aus; dies ist meistens kostenpflichtig.
2. Sie speichern den Volltext – sofern möglich – auf der Festplatte des Computers ab, steigen mittels Browser in Ihren E-Mail-Account ein und schicken sich selbst den Volltext als Attachment.

Arts and Humanities Citation Index

Bei dieser Datenbank handelt es sich um einen Zitationsindex, d. h., die Datensätze umfassen nicht nur die bibliographischen Angaben der eingegebenen Artikel, sondern darüber hinaus in Kurzform die im Anmerkungsapparat enthaltenen Literaturzitate. Sie können diese Datenbank also für die Suche nach Artikeln benutzen, die ein bestimmtes Werk zitieren, das für Ihre Forschungsarbeit sehr wichtig ist und von dem Sie überzeugt sind, dass alle Wissenschafter/innen, die zum selben Thema arbeiten, es in ihren Texten zitieren.

Link: http://isiknowledge.com/wos (Kostenpflichtig, daher nur von einer subskribierenden Institution aus abrufbar!)

Da die Recherche in dieser Datenbank nicht ganz einfach ist, wird Ihnen nun anhand eines Beispiels gezeigt, wie Sie darin nach Artikeln suchen können, die ein bestimmtes Buch zitieren. Konsultieren Sie zudem die von der Datenbank angebotenen Hilfetexte!

Angenommen, Sie arbeiten zur Geschichte der Verwandtschaftsbeziehungen und der Namengebung, und zwar vor allem ausgehend von folgendem Buch:

Mitterauer, Michael, Ahnen und Heilige. Namengebung in der europäischen Geschichte, München 1993.

Nach dem Aufruf der Datenbank wählen Sie zunächst die gewünschte Datenbank aus:

Select database(s) and timespan:

Citation Databases:
☐ ⓘ Science Citation Index Expanded (SCI-EXPANDED)--1945
☑ ⓘ Social Sciences Citation Index (SSCI)--1956-present
☑ ⓘ Arts & Humanities Citation Index (A&HCI)--1975-present

Im gezeigten Fall wurde nicht nur die Datenbank „Arts & Humanities Citation Index" ausgewählt, sondern weiters auch die Datenbank „Social Sciences Citation Index", da auch Letztere interessante Ergebnisse beinhalten kann. Der „Science Citation Index Expanded" beinhaltet nur naturwissenschaftliche Angaben und ist daher für die gewählte Fragestellung nicht von Relevanz.

Dann wählen Sie die Suche nach den Zitaten, die „Cited Reference Search". Nun können Sie den Namen des Buchautors eingeben, und zwar in der Form Nachname – Leerzeichen – Erster Buchstabe des Vornamens – Stern:

CITED AUTHOR: ⓘ Enter the name of th
Example: O'BRIAN C* OR OBRIAN C*

| Mitterauer M* |

CITED WORK: ⓘ Enter the abbreviated :
view the Thomson ISI list of journal abbre
Example: J Comput Appl Math*

| |

CITED YEAR(S): ⓘ Enter year, or range
Examples: 1943 or 1943-1945

| |

Sie bekommen nun eine ganze Liste von zitierten Werken von Mitterauer; im Folgenden finden Sie Ausschnitte aus einem Screenshot dieser Liste:

⊓	1	MITTERAUER M	AHNEN HEILIGE	1993		
⊓	1	MITTERAUER M	AHNEN HEILIGE NAMEN	1993		
⊓	1	MITTERAUER M	AHNEN HEILIGE NAMENB	1993	293	
⊓	1	MITTERAUER M	AHNEN HEILIGE NAMENG			
⊓	8	MITTERAUER M	AHNEN HEILIGE NAMENG	1993		
⊓	1	MITTERAUER M	AHNEN HEILIGE NAMENS	1998		
⊓	1	MITTERAUER M	AHNEN HEILIGEN NAMEN	1993		
⊓	1	MITTERAUER M	BEITRAGE HIST SOZIAL	1982	4	11
⊓	1	MITTERAUER M	BEITRAGE HIST SOZIAL	1976	6	
⊓	2	MITTERAUER M	BEITRAGE HIST SOZIAL	1976	6	49
⊓	1	MITTERAUER M	BEITRAGE HIST SOZIAL	1971	1	41
⊓	1	MITTERAUER M	BEITRAGE HIST SOZKUN	1988	18	48
⊓	1	MITTERAUER M	BEITRAGE HISTORISCHE	1988	18	S36
⊓	1	MITTERAUER M	BEITRAGE HISTORISCHE	1978		81
⊓	1	MITTERAUER M	BEITRAGE HISTORISCHE	1976	6	78
⊓	1	MITTERAUER M	BEITRAGE HISTORISCHE	1973		
⊓	1	MITTERAUER M	BEITRAGE HISTORISCHE	1973	3	46
⊓	1	MITTERAUER M	BEITRAGE NEUEREN GES	1974		188
⊓	1	MITTERAUER M	BEITRAGE NEUEREN GE	1974		187
⊓	1	MITTERAUER M	BEITRAGE ZUR BEVOLKE	1973		
⊓	1	MITTERAUER M	BEITRAGE ZUR HIST SO		11	49
⊓	1	MITTERAUER M	BEITRAGE ZUR HIST SO	1982	2	53
⊓	1	MITTERAUER M	BEITRAGE ZUR HIST SO	1981		77
⊓	1	MITTERAUER M	BEITRAGE ZUR HIST SO	1981	3	77
⊓	1	MITTERAUER M	BEITRAGE ZUR NEUEREN	1974		176
⊓	1	MITTERAUER M	BIBLIO KULTURGESCHIC	1992	26	171
⊓	1	MITTERAUER M	BIOGRAPHIESOZIALGESC	1988		62

Innerhalb der ersten Umrandung finden Sie das gesuchte Werk, dessen Titel in verschiedenen Formen, zum Teil auch mit Tippfehlern, angeführt wird.

Innerhalb der darauf folgenden zwei Umrandungen finden Sie Artikel, die in verschiedenen Jahrgängen der Zeitschrift „Beiträge zur Historischen Sozialkunde" erschienen sind; gerade bei Zeitschriftenartikeln ist es in Zitationsindizes oft üblich, dass nicht der Titel des Artikels, sondern eine Kurzform des Zeitschriftentitels erfasst wird, und dies oft nicht einheitlich.

Der letzte umrandete Eintrag ist etwas schwieriger zu entschlüsseln: Es handelt sich dabei um ein Buch von Michael Mitterauer mit dem Titel Familie und Arbeitsteilung, das als Band 26 der Reihe Kulturstudien, Bibliothek der Kulturgeschichte, erschienen ist. Anstelle des Buchtitels wurde hier also eine Kurzform des Untertitels des Reihentitels als „Cited Work" genommen! – Sie sehen also, dass Sie bei der Suche nach einem zitierten Werk mitunter sehr kreativ sein müssen, da die Dateneingabe in diese Datenbank nach sehr eigenwilligen Kriterien vor sich geht.

Bei der Eingabe Ihrer Suchanfrage hätten Sie alternativ gleich das erste Wort des Titels, gefolgt von einem Stern eingeben können:

CITED AUTHOR: ⓘ Enter the name of
Example: O'BRIAN C* OR OBRIAN C*

Mitterauer M*

CITED WORK: ⓘ Enter the abbreviate
view the Thomson ISI list of journal abb
Example: J Comput Appl Math*

Ahnen*

CITED YEAR(S): ⓘ Enter year, or ran
Examples: 1943 or 1943-1945

Empfehlenswert ist dies jedoch nur in Fällen, wo Sie bei der Eingabe des Autor/inn/ennamens eine zu hohe Anzahl von Treffern bekommen. Sonst ist es sinnvoll, in der Ergebnisanzeige der zitierten Werke zu blättern, da oft das gesuchte Werk an mehreren Stellen auftauchen kann. Ein Zeitschriftenaufsatz kann z. B. unter dem Titel der Zeitschrift eingegeben sein, findet sich manchmal aber auch unter dem Titel des Aufsatzes; oft kommt es auch zu Tippfehlern, und vielleicht interessieren Sie sich ja auch für Übersetzungen des gesuchten Werks.

Markieren Sie anschließend an die Suche die gewünschten Zitate und klicken Sie hierauf auf „Finish Search":

FINISH SEARCH >> View the articles that cite the selected referenc
The completed search will be added to the sear

(Limit by language and document type)

CITED
REFERENCE   Go to Page: 1   of
INDEX
References 1 --   ◄ ◄◄ ◄[1 | 2 | 3 | 4 | 5 | 6 | 7 |
20

SELECT PAGE SELECT ALL* CLEAR ALL   or select specific references from
When desired references have be
click FINISH SEARCH to complete your search.

Select	Times Cited*	Cited Author	Cited Work	Year
☐	1	MITTERAUER M 15 C INT SCI HISTORI		1982
☐	1	MITTERAUER M ADLER		1956
☑	1	MITTERAUER M AHNEN HEILIGE		1993
☑	1	MITTERAUER M AHNEN HEILIGE NAMEN		1993
☑	1	MITTERAUER M AHNEN HEILIGE NAMENB		1993
☑	1	MITTERAUER M AHNEN HEILIGE NAMENG		
☑	8	MITTERAUER M AHNEN HEILIGE NAMENG		1993
☑	1	MITTERAUER M AHNEN HEILIGE NAMENS		1998
☑	1	MITTERAUER M AHNEN HEILIGEN NAMEN		1993
☐	1	MITTERAUER M ALTE MENSCH GESCH		1982

Hier finden Sie nun die Kurzanzeige eines Werks, in dem das Buch von Mitterauer zitiert wird:

☐ 3.   Haubrichs W
The invention of the 'Enkel' (grand-children).
Germanic and German kinship and generational
terminology
LILI-ZEITSCHRIFT FUR LITERATURWISSENSCHAFT
UND LINGUISTIK 30 (120): 41-80 DEC 2000
Times Cited: 0

Anhand des Screenshots der Vollanzeige des Artikels von Haubrichs können Sie sehen, dass die Vollanzeige nicht nur ein Abstract enthält, sondern auch die Zahl der in diesem Artikel zitierten Werke – nämlich 132 Titel:

Title: The invention of the 'Enkel' (grand-children). Germanic and German kinship and generational terminology

Author(s): Haubrichs W

Source: LILI-ZEITSCHRIFT FUR LITERATURWISSENSCHAFT UND LINGUISTIK 30 (120): 41-80 DEC 2000

Document Type: Review

Language: German

Cited References: 132   **Times Cited:** 0   FIND RELATED RECORDS ⓘ

Abstract: The first objective of this study is to reconstruct, against the background of Proto-Indo-European, the system of terms designating the consanguineal relatives(father, grandfather, father's brother, son, daughter, etc.), the affines (parents-in-law, daughter-in-law, bride, husband, etc.) and the generations (ancestors, descendants, children, young men and women, etc.) in the Germanic languages of the Early Middle Ages. Compared with the unilateral, patrilinear structure of the Proto-Indo-European kinship and generation terminology, the innovations of Germanic times indicate a more extensive and more complex organization of the kinship group, beside a strengthening of the cognatic connections on the side of the mother's relatives, and beside a social diversification of generation terms. The system has become ambilateral, elaborating also general terms of kinship and generation, reflecting the polyfunctionality of the kinship groups. Under the influence of French cultural development, German and other western languages elaborate, in the Late Middle Ages and mainly in Early Modern Age, a bilateral system of kinship terms(grand-parents, uncles, aunts, cousins, etc.) which are no longer differentiated for both sides, father's side or mother's side of kinship. So the relatives of father and of mother have become equivalent members of the family and of the generation groups.

Addresses: Haubrichs W (reprint author), Univ Saarlandes, Saarbrucken, D-6600 Germany
Univ Saarlandes, Saarbrucken, D-6600 Germany

Publisher: VANDENHOECK & RUPRECHT, THEATERSTRASSE 13,, D-37073 GOTTINGEN, GERMANY

Subject Category: LANGUAGE & LINGUISTICS THEORY; LITERATURE

IDS Number: 384DR

ISSN: 0049-8653

Der nächste Screenshot zeigt einen Ausschnitt aus den von Haubrichs zitierten Werken. Sie ersehen daraus, dass er auch ein weiteres Buch von Mitterauer zitiert, das den Titel Historisch-anthropologische Familienforschung trägt:

☑	JARNUT J	GESCH LANGOBARDEN	1982		
☑	JOHANNESSON A	ISLÄNDISCHE ETYMOLOG	1956		
☑	JONES WJ	GERMAN KINSHIP TERMS	1990		
☑	JUSSEN B	LM	1997	8	1596
☑	KAUFFMANN F	Z DTSCH PHILOLOGIE	1910	42	129
☑	KLEINAU E	GESCH MADCHEN FRAUEN	1996		
☑	KLUGE F	ETYMOLOGISCHES WORTE	1995		
☑	KOBLER G	LM	1992	6	918
☑	KROESCHELL K	GZ RECHTSGESCH GERMA	1960	77	1
☑	KUHN H	RGA	1973	1	83
☑	KUHN H	Z RECHTSGESCH GERMAN	1947	65	1
☑	KUZNEVOC AM	LINGUISTICS	1974	125	5
☑	LEHMANN WP	GOTHIC ETYMOLOGICAL	1986		
☑	LEJAN R	FAMILIE POUVOIR MOND	1995		
☑	LEVI G	GESCH JUGEND	1996		
☑	LLOYD AL	ETYMOLOGISCHES WORTB	1998		
☑	LOHNER C	WELT KINDER 15 JAHRH	1989		
☑	LOUNSBURY FG	EXPLORATIONS CULTURA	1964		351
☑	LUHR R	EXPRESSIVITAT LAUTGE	1988		
☑	LYNCH JH	CHRISTIANIZING KINSH	1998		
☑	LYNCH JH	GODPARENTS KINSHIP E	1986		
☑	MEINEKE E	RGA	1995	9	575
☑	MEZGER F	FS T FRINGS	1956		12
☑	MEZGER F	Z VERGLEICHENDE SPRA	1958	76	296
☑	MITTERAUER M	AHNEN HEILIGE	1993		
☑	MITTERAUER M	HIST-ANTHR FAMILIENF	1990		
☑	MUCH R	GERMANIA TACITUS	1967		
☑	MUCH R	Z DTSCH ALTERTUM	1923	69	46
☑	MULLER EE	GROSSVATER ENKEL SCH	1979		
☑	MULLER EE	KOLNER Z SOZIOLOGIE	1966	18	337

Ü *Suchen Sie Literatur, in der Michel Foucaults Buch Archäologie des Wissens (deutschsprachige Ausgabe) zitiert wird!*

Beachten Sie bitte, dass Sie vom Vornamen nur den ersten Buchstaben nehmen dürfen und dass der Arts and Humanities Citation Index keine Umlaute akzeptiert (Sie müssen also „a" statt „ä" schreiben)!

Die Lösung finden Sie im Anhang auf Seite 316.

Literatur und Links

Arbeitsgemeinschaft außeruniversitärer historischer Forschungseinrichtungen in der Bundesrepublik Deutschland: http://www.ahf-muenchen.de/. *Neben vielen anderen Aktivitäten gibt diese Einrichtung die Historische Bibliographie heraus. Auf der Homepage finden Sie darüber hinaus Informationen zu Tagungen, Forschungsberichte und Stellenausschreibungen.*

Günther Hödl, Herbert Paulhart, Franz Klemm, Information und Dokumentation auf dem Gebiet der Geschichte in Österreich. (=Österreichische historische Bibliographie. Beiheft, 2.) Salzburg [o.J. (1985)]. *Dieser Beitrag behandelt kurz die Geschichte der Österreichischen Historischen Bibliographie und beschäftigt sich v.a. mit dem Computereinsatz zur Erstellung dieser Datenbank.*

Anmerkungen und Notizen

15. digitalisierte band- und zettelkataloge

Online-Abbilder traditioneller Kataloge

Wenn Sie geschichtswissenschaftlich arbeiten wollen, reicht es zumeist nicht aus, nur Bücher zu verwenden, die in den letzten 10, 20 Jahren erschienen sind; Sie müssen auch ältere Literatur lesen, um Fragestellungen kennen zu lernen, die frühere Generationen von Historiker/inne/n beschäftigt haben, und sich über Erkenntnisse zu informieren, auf denen die heutige Literatur aufbaut. Weiters liegen wichtige Quellentexte wie Memoiren, Akteneditionen, Briefwechsel, philosophische Werke usw. nur in älteren Ausgaben vor.

Insbesondere in großen Bibliotheken sind diese älteren Bücher jedoch (noch) nicht in elektronischen Bibliothekskatalogen erfasst. Stattdessen wurden in den letzten Jahren behelfsmäßig Online-Abbilder der früher verwendeten Bibliothekskataloge angefertigt.

Bayerische Staatsbibliothek: der Quartkatalog

Der OPAC der Bayerischen Staatsbibliothek umfasst derzeit nur die zwischen 1501 und 1840 sowie die ab 1953 erschienenen Druckwerke; Bücher, die zwischen 1841 und 1952 veröffentlicht wurden, sind darin nicht enthalten. Um nach diesen zu recherchieren, müssen Sie den so genannten „Quartkatalog" konsultieren.

Bei diesem Quartkatalog handelt es sich um einen Zettelkatalog; die handschriftlich verfertigten Katalogzettel wurden als Bilder eingescannt und stehen seit Anfang 2004 zur Recherche im Internet zur Verfügung. An der Einarbeitung dieses Bestands in den OPAC wird gearbeitet; bis es so weit ist, müssen Sie aber das etwas umständlich zu benützende Online-Abbild des Quartkatalogs verwenden.

Der „Quartkatalog" ist ein Nominalkatalog, in dem die Bücher nach den Namen ihrer Autor/inn/en alphabetisch verzeichnet sind; die Sachkataloge für den entsprechenden Zeitraum stehen derzeit nicht online verfügbar.

Link: http://www.bsb-muenchen.de/opac/qk.htm

Bevor Sie mit dem Quartkatalog arbeiten, sollten Sie unbedingt den Hilfetext dazu durchlesen; dieser ist unter folgender Adresse abrufbar:

http://www.bsb-muenchen.de/opac/qkhilfe.htm

Beachten Sie auch, dass die Einträge in diesem Katalog in Kurrentschrift abgefasst sind. Sollten Sie diese Schrift nicht lesen können, können Sie diese lernen, indem Sie das Kapitel „Erste Schritte im Kurrent-Lesen" lesen.

Ü *Suchen Sie im Quartkatalog nach der Signatur von folgendem Buch:*
Stephan, Heinrich von: Geschichte der preußischen Post von ihrem Ursprunge bis auf die Gegenwart. Berlin 1859.
Link zum Katalog: http://www.bsb-muenchen.de/opac/qk.htm
Die Lösung finden Sie im Anhang auf Seite 317.

Österreichische Nationalbibliothek

An der Österreichischen Nationalbibliothek wurde 1991 mit der Online-Katalogisierung der Bestände begonnen. Bücher, die vor 1991 erschienen sind, wurden in folgenden Katalogen verzeichnet:

- Nominalkatalog 1501–1929
- Schlagwortkatalog 1501–1929
- Nominalkatalog 1930–1991
- Schlagwortkatalog 1930–1991

Alle diese Kataloge waren so genannte Zettelkataloge, in denen jedes Buch auf einer eigenen Karteikarte erfasst wurde. Im Nominalkatalog wurden diese Karteikarten nach dem Namen des Autors/der Autorin oder aber, wenn es sich um ein anonym erschienenes Buch oder um eine Zeitschrift handelte, nach dem Titel des Werks alphabetisch angeordnet. Um auch eine inhaltliche Suche zu ermöglichen, wurde zusätzlich ein Schlagwortkatalog angelegt, der die Karteikarten nach den für die Bücher vergebenen Schlagwörtern alphabetisch anordnete.

1997 wurden diese Kataloge nach einem eigens an der Österreichischen National- bibliothek entwickelten Verfahren (KatZoom) eingescannt und im Internet zugänglich gemacht. Diese Angaben lagen zunächst nur als Bild-(Image-)daten vor, es war also nicht wie im Aleph-Katalog möglich, nach beliebigen Stichwörtern in den bibliographischen Angaben durch Eingabe eines Suchbegriffs zu suchen. Stattdessen musste wie in herkömmlichen Band- oder Zettelkatalogen „geblättert" werden, wobei als Suchkriterium entweder der Autor/inn/enname (im Nominalkatalog) oder das für das Buch vergebene Schlagwort (im Schlagwortkatalog) verwendet werden konnte.

Im Jahr 2000 folgte der nächste Schritt: Die eingescannten Bilddaten des Nominalkatalogs 1501–1929 sowie des dazugehörigen Schlagwortkatalogs wurden in Textdaten umgewandelt und in einen elektronischen Katalog überspielt.

Link zum Katalog der ÖNB 1501–1929: http://aleph.onb.ac.at/ALEPH/-/start/onbak

Ü *Suchen Sie in dem Katalog nach einem Buch von Carl Grünberg, in dem im Titel der Begriff „Bauernbefreiung" vorkommt. In welchem Jahr ist dieses Buch erschienen?*

Die Lösung finden Sie im Anhang auf Seite 317.

Der Nominalkatalog 1930–1991 ist seit Sommer 2003 in Form eines elektronischen Katalogs zugänglich; im Herbst 2005 wurden die entsprechenden Daten des Schlagwortkatalogs in diesen integriert.

Link zum Katalog der ÖNB 1930–1991: http://aleph.onb.ac.at/ALEPH/-/start/onbpi

Sehen Sie hier einen Eintrag in diesem Katalog:

AutorIn	Davis, Natalie Zemon
Titel	[Teils. Deutsch.] Humanismus, Narrenherrschaft und Riten der Gewalt. Gesellschaft u. Kultur im frühneuzeitl. Frankreich. Aus dem Amerikan. v. Nele Löw Beer. Mit einem Nachw. v. Norbert Schindler [Mit Abb.] (Dt. Erstausg.) - (Frankfurt/M.): Fischer-Tachenbuch-Verl. (1987). 348 S. 8°
Fussnote	Amerikan. Ausg. u. d. T.: Society and culture in early modern France.
Fussnote	([Fischer-Taschenbücher] 4369.)
Zettel/IMAGE	http://katzoom.onb.ac.at/cgi-katzoom/piview.pl?adrs=PZ00259161SZ00123696SZ00205572SZ00444862SZ00445423 Zettel
1.Signatur	814169-B. 4369 NEU Mag
1.SW-Kette	Bauer / Sozialgeschichte / Frankreich / Aufsatzsammlung /
2.SW-Kette	Bürger / Sozialgeschichte / Frankreich / Aufsatzsammlung /
3.SW-Kette	Frankreich / Bauer / Sozialgeschichte / Aufsatzsammlung /
4.SW-Kette	Frankreich / Bürger / Sozialgeschichte / Aufsatzsammlung /

Nur mehr von bibliothekshistorischem Interesse sind die Online-Abbilder der Zettelkataloge; als Beispiel für ein solches finden Sie hier einen Link zum Schlagwortkatalog 1930–1991: http://katzoom.onb.ac.at/cgi-bin/katzoom/katzoom.pl?katalog=3

Sehen Sie hier dasselbe Buch als Eintrag in der Zettelversion des Schlagwortkatalogs:

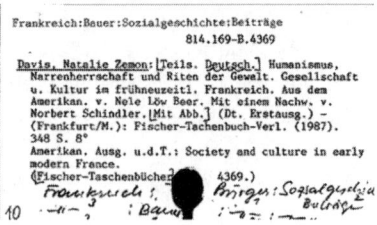

Universitätsbibliothek Wien

An der Universitätsbibliothek Wien wurde 1989 mit der Online-Katalogisierung der Bestände begonnen. Bücher, die vor 1989 erschienen sind, finden Sie in folgenden Katalogen:

- Nominalkatalog 1500–1931
- Nominalkatalog 1932–1988
- Schlagwortkatalog 1500–1931
- Schlagwortkatalog 1932–1971
- Schlagwortkatalog 1972–1989
- Zentralkatalog der Institute 1972–1991

Diese Kataloge wurden 1998/1999 nach dem KatZoom-Verfahren eingescannt und im Internet zugänglich gemacht. Im Gegensatz zur Österreichischen Nationalbibliothek ist die Umwandlung dieser Image-Daten noch nicht so weit vorangeschritten; es ist geplant, diese demnächst abzuschließen, damit die Buchbestände der UB Wien komplett im Aleph-Katalog verfügbar sind.

Der Nominalkatalog 1500–1931 der UB Wien liegt in Form eines so genannten Bandkatalogs vor. Dabei handelt es sich um Bücher, in denen die bibliographischen Angaben der darin aufgenommenen Werke nach den Namen der Autor/inn/en alphabetisch eingetragen sind. Dieser Bandkatalog wurde in den Jahren 1901–1905 angefertigt und 1972 mikroverfilmt. 1999 wurde der Katalog eingescannt und im Internet zugänglich gemacht.

Er verzeichnet die zwischen 1500 und 1931 erschienenen Bücher und Zeitschriften; bei seiner Anlage wurden die Einträge in alphabetischer Reihenfolge, geordnet nach dem Namen des Autors/der Autorin bzw. des Zeitschriftentitels, auf jede zweite Seite geschrieben. Die dazwischen liegenden Seiten wurden für die Nachträge verwendet, die in chronologischer Reihenfolge eingetragen wurden, je nachdem, wann die Bücher von der Bibliothek erworben wurden. Dies bedeutet, dass Sie bei der Suche nach einem Buch immer zumindest auf zwei Seiten nachsehen müssen: Auf der in der Regel in einheitlicher Schrift geschriebenen Seite mit den alphabetischen Einträgen und auf der in zumeist nicht so gut leserlicher Schrift geschriebenen Seite mit den Nachträgen.

Der Großteil der Einträge in diesem Katalog ist in Kurrentschrift abgefasst. Sollten Sie diese Schrift nicht lesen können, können Sie diese lernen, indem Sie das Kapitel „Erste Schritte im Kurrent-Lesen" lesen.

Sehen Sie hier ein Beispiel für einen Eintrag im Bandkatalog:

Transkription:
Droysen, Johann Gustav Geschichte des Hellenismus. Hamburg 1836-43 I 57.866
Geschichte des Hellenismus. 2. Aufl. Gotha. 3 Bde. 1877-8 I 57.853
Grundriß der Historik. Leipzig. 1868 I 128.662
3. Aufl. Leipzig. 1882 I 124.335

In der rechten Spalte finden Sie die Signatur, die Sie für die Bestellung des Werks brauchen, z. B. I 128.662. Um das gewünschte Buch zu bestellen, müssen Sie diese Signatur im Aleph-Katalog der UB Wien eingeben (in der Form: I-128662) und dann den Bestellvorgang durchführen; sollte die Signatur nicht im Aleph-Katalog auffindbar sein, müssen Sie sich beim Informationsschalter einen Bestellzettel besorgen und diesen dort ausgefüllt abgeben.

Die Navigation in diesem Katalog funktioniert folgendermaßen: Zuerst klicken Sie im oberen Bereich den Anfangsbuchstaben ihres Suchbegriffs an, dann wählen Sie links den Buchstabenbereich, in dem sich Ihr Suchbegriff befindet. Hierauf werden im Hauptbereich der Seite streifenförmige Ausschnitte der eingescannten Seiten des Bandkatalogs angezeigt, auf denen sie in Handschrift eingetragen die Anfangswörter (zumeist die Namen von Autor/inn/en) der Titeleinträge finden. Klicken Sie nun jeweils in dem Bereich, in dem Sie Ihren Suchbegriff vermuten, so oft auf „Zoom in!", bis vier unmittelbar nebeneinander liegende Seitenausschnitte angezeigt werden. Um die vollständige Seite angezeigt zu bekommen, müssen Sie auf das oberhalb der eingescannten Seite angezeigte Symbol für die „Vollanzeige" klicken, es öffnet sich darauf die Seite des Bandkatalogs in einem neuen Fenster. Ganz rechts neben dem Titeleintrag finden Sie die für die Bestellung nötige Signatur.

Beachten Sie bitte auch die zum Zeitpunkt der Anlegung des Katalogs gebräuchliche Rechtschreibung (z. B. Carl statt Karl, Mittheilungen statt Mitteilungen); mehr Beispiele für die Regeln, die bei der Verfertigung dieses Katalogs angewandt wurden, finden Sie auf der dortigen Homepage unter dem Link zur „Katalogregel".

Link zum Nominalkatalog 1500–1931: http://www.univie.ac.at/ubwdb/cgi-bin/katzmf.cgi?katalog=1&faktor=3

Ü *Suchen Sie im Nominalkatalog bis 1931 der UB Wien nach Erscheinungsort, Erscheinungsdatum und Signatur des folgenden Werks:*

Franz Ritter von Sickingen Schweickhardt, Darstellung des Erzherzogthums Österreich unter der Enns

Link: http://www.univie.ac.at/ubwdb/cgi-bin/katzmf.cgi?katalog=1&faktor=3

Die Lösung finden Sie im Anhang auf Seite 317.

Ü *Übung Zeitschriftensuche*

Suchen Sie im Nominalkatalog bis 1931 der UB Wien nach der 1808 erschienenen Zeitschrift „Prometheus".

Link: http://www.univie.ac.at/ubwdb/cgi-bin/katzmf.cgi?katalog=1&faktor=3

Die Lösung finden Sie im Anhang auf Seite 317.

Beim Schlagwortkatalog 1500–1931 handelte es sich ursprünglich um einen Zettelkatalog. 1998 wurden die Karteikarten eingescannt und stehen seither im Internet als Bilddaten zur Verfügung.

Beispiel für eine Karteikarte:

Die Navigation in diesem Katalog funktioniert verhältnismäßig einfach: Klicken Sie zunächst im linken Bereich auf den Anfangsbuchstaben Ihres Suchbegriffs; hierauf werden im Hauptbereich des Bildschirmfensters Ausschnitte von Karteikarten angezeigt, auf denen Sie mit Schreibmaschine geschriebene Schlagwortbegriffe finden. Wählen Sie nun den Bereich zwischen den Ausschnitten der eingescannten Karteikarten, in dem sich Ihr Suchbegriff befindet und klicken Sie so lange auf „ZOOM in!", bis Sie bei der Vollanzeige der gesuchten Karteikarten angelangt sind.

Beachten Sie bitte die von der heutigen Orthographie abweichende Rechtschreibung; I und J gelten z. B. als ein Buchstabe, „Tschechoslowakei" finden Sie unter „Cechoslowakei" usw.

Link zum Schlagwortkatalog 1500–1931: http://www.univie.ac.at/ubwdb/cgi-bin/katzoom.cgi?katalog=1

Im Jahr 1932 wurden neue Katalogisierungsregeln an der UB Wien eingeführt, die so genannten Preußischen Instruktionen; gleichzeitig wurde der Nominalkatalog auf Karteikarten angelegt sowie ein neuer Schlagwortkatalog begonnen. Der Nominalkatalog, der die Bücher alphabetisch geordnet nach den Namen der Autorinnen und Autoren verzeichnet, wurde bis 1989 fortgeführt. Der 1932 begonnene Schlagwortkatalog wurde 1971 abgeschlossen; danach wurde mit der Anlegung eines weiteren Schlagwortkatalogs angefangen, der 1989 beendet wurde.

Wenn Sie an der UB Wien eine inhaltliche Suche durchführen wollen, müssen Sie insgesamt vier Schlagwortkataloge konsultieren:

1. Schlagwortkatalog 1500–1931
2. Schlagwortkatalog 1932–1971
3. Schlagwortkatalog 1972–1989
4. Onlinekatalog ab 1989

Link zu den Katalogen an der UB Wien: http://ub.univie.ac.at/ol_kat.htm

Zusätzlich zu den bereits genannten Katalogen der Hauptbibliothek wurde 1972 der Zentralkatalog der Institute eingerichtet, ein Nominalkatalog, der die ab diesem Zeitpunkt an den Institutsbibliotheken angeschafften Bücher verzeichnet. Sollte ein von Ihnen gesuchtes Buch nicht in den Katalogen der Hauptbibliothek aufscheinen, haben Sie also die Möglichkeit, hier nachzusehen, ob das Werk nicht an einer Institutsbibliothek vorhanden ist.

Link zum Zentralkatalog der Institute der UB Wien: http://www.univie.ac.at/ubwdb/cgi-bin/katzoom.cgi?katalog=6

 Übung Schlagwortsuche

Suchen Sie im Schlagwortkatalog 1932–1971 der UB Wien nach Literatur zur Geschichte der USA!

Link: http://www.univie.ac.at/ubwdb/cgi-bin/katzoom.cgi?katalog=2

Ein Tipp: Falls Sie nur unter dem Eintrag „USA" gesucht haben, werden Sie mit dem Ergebnis unzufrieden sein: Nur zwei Bücher sind auf diese Weise zu finden, von John Dos Passos sowie Fritz von Unruh. Bei beiden handelt es sich um belletristische Werke, nicht um wissenschaftliche Literatur.

Halten Sie es wirklich für möglich, dass der Katalog keine Bücher zur Geschichte der USA enthält? Überlegen Sie, unter welchen weiteren Schlagwörtern Bücher verzeichnet sein könnten und suchen Sie danach im Katalog.

Die Lösung finden Sie im Anhang auf Seite 318.

Universitätsbibliothek Basel

Die UB Basel hat eine Reihe von Spezialkatalogen in Form von eingescannten Zettelkatalogen im Netz, zum Beispiel den Dissertationskatalog (bis 1940). Obwohl im Verbundkatalog IDS Basel Bern alle Bestände der UB Basel seit dem Erscheinungsjahr 1459 (!) erfasst sind, ist der Autoren- und Titelkatalog bis 1939 zusätzlich als eingesannter Zettelkatalog online abrufbar, da er zum Teil ausführlichere Angaben enthält als der Verbundkatalog. Sie können die verschiedenen Spezialkataloge der UB Basel unter folgender Adresse konsultieren: http://www.ub.unibas.ch/info5.htm

Bitte beachten Sie, dass Sie je nach Einstellung Ihres Browsers aufgefordert werden, ein Zertifikat zu akzeptieren, damit ein benötigtes Zusatzprogramm geladen werden kann. Sie können dies ohne Bedenken zulassen.

Zentralbibliothek Zürich

Die Zentralbibliothek Zürich hat ihren Alphabetischen Zentralkatalog (AZK) für die Jahre 1465 bis 1989 als eingescannten Zettelkatalog ins Netz gestellt: http://zbzazk.eurospider.com/digital_library/index_zettelkatalog.html.

Literatur und Links

Hans Bohatta, Der neue Nominalkatalog der Wiener Universitäts-Bibliothek, in: Mitteilungen des Österreichischen Vereins für Bibliothekswesen 9 (1905), 110–113. *Eine Beschreibung des Bandkatalogs der Universitätsbibliothek Wien.*

Hans Bohatta, Der Schlagwortkatalog der k.k. Universitätsbibliothek in Wien, in: Zentralblatt für Bibliothekswesen 30 (1913), 331–350. *Informationen zur Anlage und Gestaltung des ersten auf Karteikarten basierenden Katalogs der UB Wien.*

Wilhelm Dikovich u. Gerhard Wilhelm, KAT-ZOOM. Der neue Image-Katalog der ÖNB im Internet, in: Mitteilungen der Vereinigung Österreichischer Bibliothekarinnen & Bibliothekare 50 (1997), 50–57. *Online: http://www.uibk.ac.at/sci-org/voeb/vm50–3 4.html;mark=59,11,19#kat (2.4.2003)*

Othmar Doublier, Der neue alphabetische Bandkatalog der k.k. Universitäts-Bibliothek in Wien, in: Mitteilungen des Österreichischen Vereins für Bibliothekswesen 6 (1902), 111–114.

Hans Petschar, Ernst Strouhal u. Heimo Zobernig, Der Zettelkatalog. Ein historisches System geistiger Ordnung, Wien u. New York 1999. *Gibt abgesehen von einem Überblick über die Geschichte des Zettelkatalogs einen Einblick insbesondere in die Geschichte der Kataloge der Österreichischen Nationalbibliothek.*

Walter Pongratz, Geschichte der Universitätsbibliothek Wien, Wien u. a. 1977. *Ein Standardwerk, verfasst von einem ehemaligen Direktor der UB Wien.*

Seminar für Neuere Geschichte: Methoden und Probleme der Projektarbeit, Hg., Ort(e) des Lesens? Die Universitätsbibliothek Wien. Nachlese zur Ausstellung 20.1.2001–24.2.2001, Wien 2001, 36–43. *Ein Überblick über die Kataloge an der UB Wien.*

Walter Zabel, Vom Katalogzettel über „Kat-Zoom" zur Online-Datenbank. Zur Digitalisierung und Retrokonversion von Zettelkatalogen an der Österreichischen Nationalbibliothek, in: Biblos 49 (2000), 393–395. *Dieser Aufsatz beschreibt die Vorgangsweise bei der Digitalisierung der Zettelkataloge der Österreichischen Nationalbibliothek.*

Anmerkungen und Notizen

Das Medium der Ordnung

Nach dem für die Verzeichnung der Bücher eingesetzten Medium können unterschieden werden:

- Bandkataloge
  Verwendetes Medium: Buch
- Zettelkataloge
  Verwendetes Medium: Karteikarte
- Mikrokataloge
  Verwendetes Medium: Mikrofilm
- Online-Kataloge
  Verwendetes Medium: Computer

Gedruckte Bibliographien und Bandkataloge: die Ordnung der Bücher als Buch

Jahrhundertelang wurden Bücher in der Form eines Buchs verzeichnet; das früheste Beispiel einer solchen gedruckten Bibliographie ist die *Bibliotheca Universalis* von Konrad Gessner, die 1545–1555 erschien und die die Werke von 3000 Autor/inn/en auflistet.

Auch für Bibliothekskataloge galt das Medium des Buches bis ins 20. Jahrhundert hinein als Idealform; sie wurden zumeist handschriftlich angefertigt, wobei darauf geachtet werden musste, dass zwischen den einzelnen Titeln genügend Platz für Neuzugänge freigelassen wurde.

Die Reinschrift von Bandkatalogen war ein aufwändiges, mehrere Jahre dauerndes Unterfangen; so wurden zum Beispiel an der Universitätsbibliothek Wien unter anderem 1796–1810 (Alphabetischer Katalog), 1814–1823 (Systematischer Katalog) sowie 1847–1850 (Alphabetischer Katalog) Bandkataloge neu angefertigt. Der letzte Bandkatalog – ein Nominalkatalog – wurde 1900 bis 1905 angelegt.

Beispiele für Bandkataloge:

Ein großartig gescheitertes Projekt eines solchen Bandkatalogs ist der Preußische bzw. Deutsche Gesamtkatalog, dessen Geschichte als geradezu paradigmatisch für das

Ende der Bandkataloge gelten kann: Er wurde 1884 durch den Historiker Heinrich von Treitschke initiiert, der als Ersatz für die in Deutschland fehlende Nationalbibliothek ein Verzeichnis der in deutschen Bibliotheken aufgestellten Bücher forderte. Zunächst wurde damit begonnen, dieses Verzeichnis in alphabetischer Ordnung anzulegen, wofür eigene Katalogisierungsregeln, die Berliner bzw. (ab 1899) Preußischen Instruktionen geschaffen wurden. Der erste Band erschien 1931 und umfasste die Buchstaben A-Adveniat; 1939 erschien Band 14, man war bis dahin nur bis zu den Buchstaben Beethordnung gekommen; während des Zweiten Weltkrieges war die Arbeit an dem Katalog eingestellt, und erst im Jahr 1979 erschien Band 15 (Beeston–Belych), womit das Projekt eingestellt wurde. Diese langwierige Geschichte zeigt, dass das Buch letzten Endes kein geeignetes Medium ist, um Bücher zu ordnen und zu verzeichnen.

Es gibt allerdings auch erfolgreiche Projekte von umfangreichen Bandkatalogen: eines der bekanntesten ist der National Union Catalog Pre–1956 Imprints. Dieser Katalog verzeichnet in nicht weniger als 754 Bänden die vor 1956 erschienenen Bücher der Library of Congress sowie anderer US-amerikanischer sowie kanadischer Bibliotheken; dieser Katalog wurde bis 1994 durch Supplementbände ergänzt.

Zettelkataloge: Eine kleine Geschichte der Karteikarte

Lose Zettel haben im Gegensatz zu den fest gebundenen Seiten eines Buches einen wesentlichen Vorteil: Neu angelegte Zettel können in sie leicht einsortiert werden. Sie wurden daher bereits sehr früh von Gelehrten als Hilfsmittel für ihre wissenschaftliche Arbeit verwendet; Auszüge aus anderen Büchern, so genannte Exzerpte wurden auf Blättern notiert. Zur Aufbewahrung dieser Zettel wurden zuweilen sehr aufwändige Möbel, so genannte Zettelkästen angefertigt. Auch Konrad Gessner verwendete für die Erstellung seiner *Bibliotheca Universalis* lose Zettel, und an der Universitätsbibliothek Wien wurden in den 1770er Jahren Zettel verwendet, um die Titelangaben von Büchern darauf niederzuschreiben. Diese Zettel sollten jedoch nur als Zwischenspeicher dienen, als Hilfsmittel für die Anlage eines Bandkatalogs.

Ein umfangreiches Katalogisierungsprojekt mittels Zetteln wurde in Frankreich während der Revolution begonnen: Um die große Menge konfiszierter Bücher zu verzeichnen, wurden die Titelangaben auf die Rückseiten von Spielkarten geschrieben, die für diesen Zweck in schmale Streifen zerschnitten wurden. Insgesamt wurden auf diese Weise mehr als eine Million Karten angelegt, jedoch wurde dieses Projekt nie vollendet.

Erst gegen Ende des 19. Jahrhunderts begann sich der Zettelkatalog an den Bibliotheken durchzusetzen. Von den USA ausgehend verbreiteten sich damals Karteikästen mit aufrecht stehenden, aus Karton angefertigten Zetteln nach Europa. So wurde der 1913 fertig gestellte Schlagwortkatalog an der Universitätsbibliothek Wien als Zettelkatalog angelegt; er war der erste Publikumskatalog an der UB Wien, der ausschließlich auf Karteikärtchen existierte. Der Nominalkatalog wurde erst 1932 auf Karteikärtchen umgestellt; damals wurde auch das „Internationale Bibliotheksformat" von 7,5 x 12,5 cm als Kartenformat eingeführt. Zettelkataloge blieben an den Bibliotheken bis Ende des 20. Jahrhunderts in Verwendung.

Ende der 1990er Jahre begannen manche Bibliotheken wie zum Beispiel die Österreichische Nationalbibliothek und die Universitätsbibliothek Wien damit, ihre Zettelkataloge einzuscannen und die elektronischen Abbilder der Karteikarten im Internet zugänglich zu machen. Diese Kataloge werden auch als *CIPACs*, das heißt „*Card-Image Public Access Catalogues*" bezeichnet.

Die riesigen Zettelkästen, die einst ganze Bibliothekshallen vollstellten, verloren damit ihre Funktion als Gebrauchsgegenstände; im Fall der Österreichischen Nationalbibliothek wurden die funktionslos gewordenen Gestelle zum Kunstwerk erklärt und im Museum für Angewandte Kunst ausgestellt.

Ein weltweites Verzeichnis von solchen eingescannten Zettelkatalogen bietet die „International CIPAC List"; Sie finden diese unter: http://www.ub.tuwien.ac.at/cipacs/c-i.html.

Mikrokataloge: Transportierbarkeit dank Verkleinerung

Die Mikrofilmtechnik wurde bereits im 19. Jahrhundert eingesetzt, größere Verbreitung erlangte sie aber erst seit den 1920er Jahren. Mit ihrer Hilfe konnten Bibliotheken Miniaturabbilder ihrer Kataloge anfertigen, die dank ihres geringen Umfangs leicht transportierbar waren. Somit war es möglich, bereits lange vor der Digitalisierung den Zugriff auf die Kataloge auch außerhalb der Bibliotheken zu gewährleisten. Der Nachteil dieser Technik ist, dass sie nur Momentaufnahmen liefert: Neuzugänge können auf einen einmal bestehenden Mikrokatalog nicht mehr eingetragen werden, sondern es muss entweder ein Supplementkatalog angefertigt werden oder aber der gesamte Katalog neu auf Mikrofilm erstellt werden.

In der Regel wurden für die Verfilmung der Bibliothekskataloge so genannte „Mikrofiches" verwendet, das sind Filmblätter in der Größe von 10,5 x 14,8 cm; um diese benützen zu können, sind eigene Lesegeräte notwendig.

Beispiele für Kataloge auf Mikrofilm wären:

- Büchernachweisstelle der österreichischen Bibliotheken: Nominalkatalog ausländischer Monografien 1930–1980
- Universitätsbibliothek Graz Autorenkatalog 1501–1983
- Universitätsbibliothek Innsbruck Nominalkatalog 1500–Juli 1988
- Universitätsbibliothek der Technischen Universität Wien bis 1931
- Universitätsbibliothek Wroclaw 1800–1990
- Alphabetischer Zentralkatalog der Zürcherischen Bibliotheken.

Ein heute noch nützlicher Mikrofilmkatalog ist der Katalog der Büchernachweisstelle 1930–1980. Dieser verzeichnet im Zeitraum von 1930–1980 erschienene ausländische Monografien, die an österreichischen Bibliotheken (Ausnahme: Bestände der Österreichischen Nationalbibliothek sind nicht aufgenommen) vorhanden sind; sollten Sie also nach einem solchen Werk suchen und mittels Suche in den üblichen Online-Katalogen nicht fündig werden, ist dieser Katalog noch eine Möglichkeit zu recherchieren, ob das Werk nicht doch an einer österreichischen Bibliothek vorhanden ist. Die nach 1980 erschienenen ausländischen Monografien finden Sie im Bestand des Österreichischen Verbundkatalogs verzeichnet.

Vollständige bibliographische Angabe:
Büchernachweisstelle der Österreichischen Bibliotheken, Nominalkatalog ausländischer Monografien 1930–1980 an österreichischen wissenschaftlichen Bibliotheken, Wien 1989.

 Falls Sie in Österreich studieren, recherchieren Sie, wo an einer Bibliothek Ihres Studienorts dieser Katalog vorhanden ist!

Elektronische Kataloge: radikalisierte Effizienz

Erste Überlegungen zum Computereinsatz an österreichischen Bibliotheken wurden bereits Anfang der 1970er Jahren angestellt. Eines der ersten Systeme war das an der UB Graz 1979 fertiggestellte GRIBS (= Grazer Integrierte Bibliothekssystem); dieses wurde ab Ende der 1980er Jahre u. a. von der UB Wien für die Entlehnverbuchung verwendet. Von besonders großer Bedeutung sollte das ab 1980 an der Sozialwissenschaftlichen Studienbibliothek der Arbeiterkammer Wien entwickelte BIBOS (= Bibliotheks-Organisationssystem) werden; dieses wurde ab Mitte der 1980er Jahre in vielen wissenschaftlichen Bibliotheken Österreichs eingeführt, womit die Ära der Zettelkataloge endete. Die letzte große Umstellung erfolgte Ende der 1990er Jahre: Damals wurde BIBOS von ALEPH (= Automated Library Expandable Program) abgelöst, ein seit den 1980er Jahren an der Hebrew University in Jerusalem programmiertes Bibliothekssystem, das den Vorteil hat, dass es alle Schritte der Buchbearbeitung, vom Ankauf des jeweiligen Buches über die Eingabe der bibliographischen Angaben bis hin zur Bestellung und Entlehnverbuchung integriert.

Im Gegensatz zum Buch stellen in elektronisch gespeicherten Katalogen Änderungen und Neueinträge keine Probleme mehr dar; Platzprobleme bereiten nun nicht mehr die eingegebenen „Daten", sondern die Speicher- und Lesegeräte vulgo „Computer". Im Unterschied zum Zettelkatalog kann nach jedem Wort des Titels gesucht werden; die Exaktheit der „Treffer" erschwert aber zugleich ein produktives Verblättern sowie Abschweifungen.

Ordnungen der Bücher

Bibliothekskataloge können die Bücher nach unterschiedlichen Kriterien verzeichnen; an den meisten Bibliotheken gab es vor Einführung der Online-Kataloge im Wesentlichen zwei Typen von Katalogen:

1. Der Nominalkatalog: Dieser verzeichnet die Bücher nach den Namen der Autorinnen und Autoren bzw. der herausgebenden Körperschaften.
2. Der Sachkatalog: Dieser erschließt die Bücher über ihren Inhalt; es können zwei Arten von Sachkatalogen unterschieden werden:
1. Der systematische Katalog
2. Der Schlagwortkatalog

Instruktionen: Vom vorgeschriebenen Gebrauch des Alphabets

Für die alphabetische Anordnung der Bücher in den Bibliothekskatalogen war die Schaffung eines eigenen, aufwändigen Regelwerks notwendig. Ein lange Zeit im deutschen Sprachraum gültiges Regelwerk waren die so genannten *Preußischen Instruktionen* (PI), die im Zuge der Erstellung des Deutschen Gesamtkatalogs 1899 (2. Auflage: 1908) aufgestellt wurden.

In Österreich wurden die Preußischen Instruktionen an mehreren wissenschaftlichen Bibliotheken Anfang der 1930er Jahre, gleichzeitig mit der Einführung von Zettelkatalogen, übernommen. Dies hatte auch politische Implikationen, denn die Übernahme der in Deutschland gültigen Katalogisierungsregeln wurde von manchen deutschnationalen Bibliothekaren als Vorwegnahme des „Anschlusses" Österreichs an Deutschland begrüßt. An vielen Bibliotheken blieben die Preußischen Instruktionen bis zur Einführung des Online-Katalogs in Verwendung; spätestens ab diesem Zeitpunkt wurden sie von einem anderen Regelwerk abgelöst, dem *Regelwerk für die alphabetische Katalogisierung*, üblicherweise mit seiner Abkürzung als „RAK" bezeichnet.

Die Preußischen Instruktionen und das Regelwerk für die alphabetische Katalogisierung unterscheiden sich insbesondere dadurch, wie sie Sachtitel anordnen.

In einem Katalog, der nach den Prinzipien der PI angelegt ist, gilt für Sachtitel die grammatikalische Wortfolge: Das für die alphabetische Einreihung maßgebliche Wort ist nicht das erste im Titel vorkommende Adjektiv, Verb oder Substantiv, sondern das erste grammatikalisch unabhängige Substantiv. Der Zeitschriftentitel „Historische Zeitschrift" ist somit nicht unter dem Buchstaben „H", sondern unter dem Buchstaben „Z" wie „Zeitschrift Historische" eingeordnet.

Weitere Beispiele, unter denen Titel in einem PI-Katalog zu suchen sind:

Titel	Reihung im alphabetischen Katalog
„Bayerns Weg zum Staat"	„Weg Bayerns Staat"
„Der Weg des Arbeiterführers Johann Koplenig"	„Weg Koplenig Arbeiterführers"
„Des Meeres und der Liebe Wellen"	„Wellen Meeres Liebe"
„Zeitschrift für historische Forschung"	„Zeitschrift Forschung historische"

Im Gegensatz dazu kommt bei RAK-Katalogen für alle Sachtitel die mechanische Wortfolge zur Anwendung.

Beispiele, unter denen Titel in einem RAK-Katalog zu suchen sind:

Titel	Reihung im alphabetischen Katalog
„Bayerns Weg zum Staat"	„Bayerns Weg Staat"
„Historische Zeitschrift"	„Historische Zeitschrift"

Titel	Reihung im alphabetischen Katalog
„Der Weg des Arbeiterführers Johann Koplenig"	„Weg Arbeiterführers Koplenig"
„Des Meeres und der Liebe Wellen"	„Meeres Liebe Wellen"
„Zeitschrift für historische Forschung"	„Zeitschrift historische Forschung"

Insbesondere bei der Benützung von digitalisierten Zettelkatalogen (CIPACS) ist es wichtig zu wissen, welche Katalogisierungsregeln verwendet wurden!

 Suchen Sie im Nominalkatalog 1932–1989 der UB Wien nach einem Buch mit dem Titel 250 Jahre Wiener Zeitung!
Link zum Katalog: http://www.univie.ac.at/ubwdb/cgi-bin/katzoom.cgi?katalog=4
Die Lösung finden Sie im Anhang auf Seite 318.

Schlagwort versus Systematik

Neben dem Nominal- oder Autor/inn/enkatalog gab es an den meisten Bibliotheken einen Sachkatalog: Dieser erschloss die Bücher nach inhaltlichen Kriterien. Im 19. Jahrhundert und teils bis ins 20. Jahrhundert hinein gab es heftige Debatten darüber, welche Form für den Sachkatalog die idealste wäre.

Die eine Seite plädierte für den systematischen Katalog: Bücher sollten innerhalb einer strengen Hierarchie des Wissens, einer Klassifikation oder Systematik zugeordnet werden; der Vorteil eines solchen Systems war seine Übersichtlichkeit, der Nachteil, dass es nur bedingt flexibel war, um Neuerungen einzubeziehen. Auch Ordnungssysteme unterliegen der Historizität; sie sind nicht von der Zeit zu trennen, in der sie entstanden sind.

Die andere Seite plädierte für den Schlagwortkatalog: Für jedes Buch sollten ein paar Begriffe gefunden werden, die seinen Inhalt charakterisierten; diese Begriffe sollten dann im Katalog alphabetisch angeordnet werden. Dieser Weg wurde an den meisten österreichischen wissenschaftlichen Bibliotheken gewählt; die Sachkataloge sind hier zumeist Schlagwortkataloge.

Das bekannteste Klassifikationssystem ist die vom amerikanischen Bibliothekar Melvyl Dewey 1876 geschaffene *Dezimalklassifikation* (DDC = „Dewey Decimal Classification"). Sie wurde später in Europa durch Paul Otlet und Henry LaFontaine verändert und erweitert. Die so genannte „Dezimalklassifikation" (DK) teilt das menschliche Wissen in 10 Hauptabteilungen, denen die Ziffern 0 bis 9 zugeordnet sind. Die Zahl 9 ist z. B. für die Bereiche „Heimatkunde, Geographie, Biographien, Geschichte" reserviert. Die Hauptabteilungen sind noch weiter untergliedert, je länger die Zahl, desto detaillierter die Beschreibung des Sachgebiets; der Geschichte Österreichs ist z. B. die Zahl „943.6" zugeordnet. Die DK ist vor allem in den Naturwissenschaften sowie im Bereich der Technik und Medizin gebräuchlich und dient als Ordnungsschema für systematische Bibliothekskataloge, die Aufstellung von Büchern sowie die Erstellung von Bibliographien.

Der argentinische Schriftsteller Jorge Luis Borges zitiert eine fiktive *chinesische Enzyklopädie;* gemäß dieser sind Tiere wie folgt zu klassifizieren:

> „a) Tiere, die dem Kaiser gehören, b) einbalsamierte Tiere, c) gezähmte, d) Milchschweine, e) Sirenen, f) Fabeltiere, g) herrenlose Hunde, h) in diese Gruppierung gehörige, i) die sich wie Tolle gebärden, k) die mit einem ganz feinen Pinsel aus Kamelhaar gezeichnet sind, l) und so weiter, m) die den Wasserkrug zerbrochen haben, n) die von weitem wie Fliegen aussehen"
> (Jorge Luis Borges, Die analytische Sprache John Wilkins', in: ders.: Das Eine und die Vielen. Essays zur Literatur, München 1966, 212, zitiert nach: Michel Foucault, Die Ordnung der Dinge, 12. Auflage, Frankfurt am Main 1994, 17.)

Fremde Ordnungssysteme können uns zum Staunen, zum Lachen bringen; sie verunsichern unsere eigenen Vorannahmen und stellen Selbstverständlichkeiten in Frage. Auch Ordnung hat eine Geschichte und kann als willkürlich, zufällig zustandege kommen erscheinen.

Die Beständigkeit des Wissens

Zu den Aufgaben von Bibliotheken zählt auch die Erhaltung der in ihnen aufbewahrten Druckschriften. Bis in das 19. Jahrhundert hinein wurde das dafür verwendete Papier vor allem aus Lumpen produziert; dieses ist relativ beständig. Seit dem 19. Jahrhundert wurde aber insbesondere für Zeitungen und billige Bücher Papier verwendet, das aus Holzschliff und chemischen Zusätzen hergestellt wurde. Dieses Papier ist säurehaltig und hält oft nur 50 bis 100 Jahre; danach beginnt es zu zerfallen, weswegen Bibliotheken aufwändige Verfahren anwenden müssen, um die davon betroffenen Bände zu retten.

Vor neue Aufgaben stellt die Bibliotheken die so genannte „Langzeitarchivierung" elektronischer Publikationen: Zum einen sind deren Speichermedien (Magnetbänder, Disketten, Festplatten, CD-Roms) im Vergleich zu Papier weniger lang haltbar, zum anderen unterliegen die Betriebssysteme und Computerprogramme zum Zugriff auf die zu konservierenden Dokumente einem schnellen Wandel.

Literatur und Links

Peter Burke, Papier und Marktgeschrei. Die Geburt der Wissensgesellschaft, Berlin 2001, 101–138. *Dieses Kapitel behandelt die Geschichte der Klassifizierung von Wissen.*

Dewey Decimal Classification http://www.oclc.org/dewey (30.5.2003). *Informationen vom amerikanischen Verlag der Dewey Decimal Classification.*

Harald Jele, Wissenschaftliches Arbeiten in Bibliotheken. Einführung für Studierende, München u. Wien 1999, 41–49, 102–109. *Klassifikationssysteme in Bibliotheken.*

Uwe Jochum, Kleine Bibliotheksgeschichte, Stuttgart 1993. *Auf S. 130–146 werden die Debatten um den Sachkatalog behandelt, worunter sich auf den S.141–146 sich auch eine kurze Geschichte des Preußischen/Deutschen Gesamtkatalogs befindet.*

Rupert Hacker, Bibliothekarisches Grundwissen, 7. Auflage, München 2000. *S. 170–242 behandeln umfassend die Katalogisierung, darunter S. 178f. zum Mikrofilm und S.181–195 zur alphabetischen Katalogisierung (PI, RAK); S. 266–273 zur Bestandserhaltung und Langzeitarchivierung.*

Heinz Hauffe, Bibliotheksautomation in Österreich – State of the Art, in: Bibliotheksmanagement – Kulturmanagement. 24. Österreichischer Bibliothekartag, Vorträge und Berichte, Innsbruck 1998, 113–126. *Dieser Aufsatz enthält einen historischen Abriss zur Computerverwendung im österreichischen Bibliothekswesen; der Text ist auch online verfügbar: http://www.uibk.ac.at/sci-org/voeb/texte/bibaut.html (14.5.2003).*

Peter Haber, Archive des Wissens, in: Basler Magazin, 5. Oktober 2002, 8f. http://www.hist.net/haber/texte/104247.pdf (19.10.2005). *Ein kurzer Überblick zur Geschichte der Katalogisierung und ihren Medien.*

Markus Krajewski, ZettelWirtschaft. Die Geburt der Kartei aus dem Geiste der Bibliothek, Berlin 2002. *Dieses äußerst gut lesbare Buch beleuchtet einige Aspekte der Geschichte der Karteikarte, S.16–20 im Speziellen zu Konrad Gessner und den Zettelkästen der Gelehrten*

Inge Neuböck, Josef Vass (Hrsg.), 10 Jahre BIBOS. Festschrift, Wien 1991. *Dieser Sammelband behandelt verschiedene Aspekte des bis Ende der 1990er Jahre an* österreichischen wissenschaftlichen Bibliotheken verwendeten EDV-System BIBOS.

Hans Petschar, Ernst Strouhal, Heimo Zobernig, Der Zettelkatalog. Ein historisches System geistiger Ordnung, Wien, New York 1999. *Ausgangspunkt dieses Buchs war die Demontage der Zettelkästen an der Österreichischen Nationalbibliothek, es liefert jedoch nicht nur einen Überblick zur Geschichte der Kataloge an der ÖNB, sondern auch zur Geschichte der Karteikarte im Bibliothekswesen.*

S[idney] John Teague, Microform, video and electronic media librarianship, London u. a. 1985, 4–12. *Zur Geschichte des Mikrofilms.*

Anmerkungen und Notizen

inhaltsverzeichnis

17. dokumentenlieferdienste, volltexte und weitere digitale ressourcen

Dokumentenlieferdienste: Literaturbeschaffung mittels Subito

Dokumentenlieferdienste bieten Ihnen die Möglichkeit, eingescannte Zeitschriftenaufsätze oder Teile von Büchern in elektronischer Form als E-Mail-Attachment zugestellt zu bekommen. Sie ersparen sich somit den Weg in die Bibliothek und können auch bequem auf Texte zugreifen, die in Bibliotheken Ihres Studienorts nicht greifbar sind.

Der bekannteste Dokumentenlieferdienst im deutschen Sprachraum ist Subito, ein vorwiegend von deutschen Bibliotheken getragenes Service. Eine Bestellung bei Subito ist kostenpflichtig, für Studierende und Universitätsmitarbeiter/innen kommt derzeit ein Aufsatz von bis zu 20 Seiten auf 4 Euro, jede weitere Seite kostet 10 Cent (Stand: Dezember 2005). Den Betrag können Sie nach Erhalt des Textes auf ein Konto überweisen, sie brauchen also keine Kreditkarte, um bei Subito zu bestellen.

Link zu Subito: http://www.subito-doc.de

Subito bietet zwei unterschiedliche Datenbanken an:

1. Zeitschriften: Diese Datenbank informiert Sie darüber, welche Zeitschriftenjahrgänge in den an Subito beteiligten Bibliotheken vorhanden sind; wenn Sie die genauen bibliographischen Angaben zu einem Zeitschriftenaufsatz haben, können Sie diesen hier bestellen.
2. Bücher: Hier können Sie in den Bücher-Beständen der an Subito beteiligten Bibliotheken recherchieren und Ausschnitte aus Büchern bestellen.

In der Regel werden Sie in Subito nach einer bestimmten Zeitschrift suchen, um einen darin erschienenen Artikel zu bestellen. Um dies zu tun, müssen Sie sich mitsamt Ihrer Postadresse registrieren; dies ist notwendig, damit Sie die Rechnung per Post zugestellt bekommen können.

Angenommen, Sie suchen nach folgendem Artikel:

Jürgen Link, Was ist und was bringt Diskurstaktik, in: kultuRRevolution. Zeitschrift für
angewandte Diskursanalyse 2, 1983, 60–66

Sie rufen die Zeitschriften-Suche von
Subito auf und geben folgende Wörter
aus dem Titel ein: „Kulturrevolution Zeitschrift Diskursanalyse". Die Enttäuschung
ist zunächst groß:

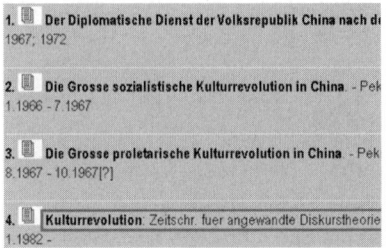

Vielleicht sollten Sie ja doch nur den ersten Begriff („Kulturrevolution") eingeben.
– Voilà! Die ersten drei Titel sind wohl
nicht die gesuchten, sie passen auch von
den Erscheinungsjahren nicht.

Nachdem Sie die Vollanzeige aufgerufen haben, müssen Sie das Erscheinungsjahr des
Zeitschriftenartikels – in unserem Fall 1983 – in das vorgesehene Feld eintippen und
anschließend auf den Button „Prüfen"
klicken:

Sie erhalten darauf als Teil der Vollanzeige
Angaben darüber, welche Ausgaben der
Zeitschriften die jeweilige Bibliothek in
Ihren Beständen hat. Fett hinterlegt sind
diejenigen Bibliotheken, die Zeitschriftenausgaben aus dem gesuchten Erscheinungsjahr besitzen:

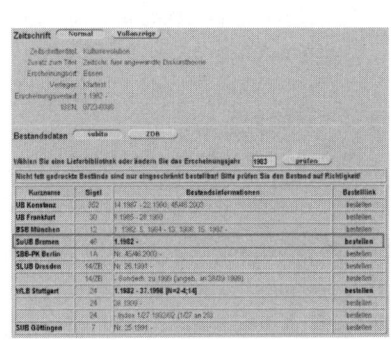

Was können Sie nun aus diesen Angaben schließen?

Die BSB München hat die Ausgabe 1 der Zeitschrift, die Ausgaben 5 bis 13 sowie die
ab der Ausgabe 15 erschienenen Nummern, nicht aber die gesuchte Nummer 2.

Die UB Konstanz, die Stadt- und Universitätsbibliothek Frankfurt und die SUB Göttingen haben die gesuchte Ausgabe ebenfalls nicht, da sie erst einige Zeit, nachdem die erste Nummer der Zeitschrift erschienen ist, begonnen haben, die Zeitschrift *Kulturrevolution* zu abonnieren.

Die Württembergische Landesbibliothek Stuttgart hat die Zeitschrift zwar von der ersten Nummer an, die Anmerkung in eckigen Klammern „[N = 2–4;14]" bedeutet aber, dass die Ausgaben 2 bis 4 sowie die Ausgabe 14 nicht vorhanden sind.

Für eine Bestellung kommt daher nur die Staats- und Universitätsbibliothek Bremen in Frage!

Nach einem Klick auf „bestellen" können Sie nun die Angaben zum Artikel eingeben:

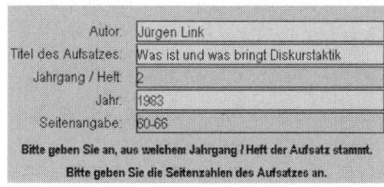

Nun können Sie mit der Bestellung fortfahren und darauf warten, bis Sie den Artikel als Attachment zugeschickt bekommen.

 In der Literatur finden Sie folgende bibliographische Angabe:

Ambrose Heal, The Numbering of Houses in London Streets, in: Notes and Queries for readers and writers, collectors and librarians, 183, 1942, S. 100–101.

Ihre Recherche im Katalog Ihrer Universitätsbibliothek bringt als Ergebnis, dass die gesuchte Ausgabe an Ihrem Standort nicht vorhanden ist.

Sie entscheiden sich daher, den Aufsatz über Subito zu bestellen: Suchen Sie in Subito nach dieser Zeitschrift und notieren Sie sich, an welchen Bibliotheken Sie den gewünschten Artikel bestellen können!

Die Lösung finden Sie im Anhang auf Seite 318.

E-Zeitschriften

Viele bereits bestehende wissenschaftliche Zeitschriften haben in den letzten Jahren damit begonnen, im Internet nicht nur Inhaltsverzeichnisse und Abstracts zur Verfügung zu stellen, sondern bieten darüber hinaus auch die Artikel selbst zum Download an.

Letzteres ist oft kostenpflichtig und nur im Rahmen eines Abonnements der gesamten Zeitschrift möglich. Zumeist werden diese Zeitschriften von Bibliotheken abonniert; wenn Sie die Bibliothek besuchen, können Sie dann ohne weitere Kosten einen gewünschten Artikel downloaden und eventuell per Mail an Ihre eigene E-Mail-Adresse verschicken oder aber – zumeist gegen eine Gebühr – ausdrucken.

Ein Service, mithilfe dessen Sie sich einen Überblick verschaffen können, welche Zeitschriften eine bestimmte Bibliothek abonniert hat, ist die Elektronische Zeitschriftenbibliothek. Sie finden dort ein umfangreiches Verzeichnis von vorwiegend englischen Fachzeitschriften, das nach Fächern geordnet ist; Sie können auch direkt nach einem Zeitschriftentitel suchen, nicht aber nach Zeitschriftenaufsätzen.

Link: http://rzblx1.uni-regensburg.de/ezeit/

Hier finden Sie einen (nachträglich bearbeiteten) Ausschnitt aus dem Verzeichnis der geschichtswissenschaftlichen Zeitschriften der Elektronischen Zeitschriftenbibliothek:

Von besonderer Bedeutung ist der rechts neben dem Zeitschriftentitel befindliche Farbcode, der den Farben einer Ampel nachempfunden ist:

Grün (Kreis links) bedeutet, dass die Artikel der Zeitschrift frei zugänglich sind.

Gelb (Kreis in der Mitte) bedeutet, dass an der Bibliothek, deren Name im oberen Titelfeld angeführt ist – in diesem Fall die UB Wien – die elektronische Version der Zeitschriftenartikel zugänglich ist.

Rot (Kreis rechts) bedeutet, dass zwar Inhaltsverzeichnisse und Abstracts abgerufen werden können, die im Titelfeld angeführte Bibliothek aber keinen Zugang zu den elektronischen Versionen der vollständigen Artikel anbietet.

Wichtig ist weiters das links vom Titel befindliche „I"; wenn Sie dieses anklicken, wird die Vollanzeige der Zeitschrift aufgerufen. Von dieser Vollanzeige ausgehend, können Sie eruieren, an welchen Bibliotheken Zugriff auf die elektronischen Versionen der Artikel angeboten wird.

Beachten Sie bitte, dass bei vielen Zeitschriften die elektronischen Versionen der Artikel erst seit Mitte/Ende der 1990er Jahre zur Verfügung stehen; es kann also durchaus notwendig sein, die Papier-Version an der Bibliothek zu bestellen, obwohl auch die Online-Ausgabe abonniert ist!

Die Elektronische Zeitschriftenbibliothek (EZB) können Sie verwenden, um

1. gezielt einen Artikel downzuloaden: Wenn Sie eine bibliographische Angabe eines kostenpflichtigen Artikels eruiert haben, der für Ihre Fragestellung interessant ist, können Sie mithilfe der Elektronischen Zeitschriftenbibliothek in Erfahrung bringen, ob die Zeitschrift an Ihrer Universitätsbibliothek abonniert ist und ob Sie dort die gewünschte Ausgabe downloaden können.
2. zu stöbern: Es liegt nahe, sich mithilfe der Elektronischen Zeitschriftenbibliothek einen Überblick über wissenschaftliche Zeitschriften verschiedener Fächer zu verschaffen und die Inhaltsangaben von Zeitschriftenausgaben durchzuschauen und bei Interesse umgehend einen interessant erscheinenden Artikel downzuloaden. Beachten Sie aber bitte, dass es für den Bereich der Geschichtswissenschaften noch ein weiteres, viel umfassenderes Verzeichnis von Fachzeitschriften gibt, nämlich den History Journals Guide <http://www.history-journals.de/>.

Die Modalitäten des Zugriffs auf die Inhaltsverzeichnisse und elektronischen Artikel variieren je nach Zeitschrift, weswegen Ihnen dies an dieser Stelle nicht näher erklärt wird. Wenn Sie sich ein bisschen Zeit nehmen und an einer Universitätsbibliothek das Angebot der EZB durchforsten, können Sie dies selbst üben.

 Eruieren Sie, an welchen österreichischen Bibliotheken Sie folgenden Artikel downloaden können:

Vera Blinn Reber, Poor, Ill, and Sometimes Abandoned: Tubercular Children in Buenos Aires, 1880–1920, in: Journal of Family History 27 (2002) 128–49.

Die Lösung finden Sie im Anhang auf Seite 319.

Retrospektive Digitalisierung von Büchern und Zeitschriften

Eine Vielzahl von ursprünglich gedruckt erschienenen Texten wird retrospektiv digitalisiert und im Internet zur Verfügung gestellt. Täglich werden es mehr: Sie finden Edward Gibbons *History Of The Decline And Fall Of The Roman Empire* genauso wie Werke des französischen Historikers Jules Michelet, eine 1916 veröffentlichte Abhandlung der österreichischen Historikerin Mathilde Uhlirz über das Schloss Plankenwarth, Georg Simmels Essay über *Die Großstädte und das Geistesleben,* die Zeitschrift für die Geschichte der Juden in Deutschland sowie eine aus dem Jahr 1922 stammende Dissertation über die französische Besatzungspolitik in Aachen während der Revolutionskriege.

Andere Texte werden auf CD-Rom angeboten, wie zum Beispiel klassische Werke zur Geschichte des Altertums, das Lexikon des Mittelalters, Hubert Jedins Handbuch zur Kirchengeschichte oder die Fischer Weltgeschichte.

Nach dem Grad der Digitalisierung können folgende technische Umsetzungen unterschieden werden:

1. Image-Dateien

In diesem Fall werden die nach dem Einscannen oder digitalen Abfotografieren des gedruckten Originals erzeugten Bilddateien zur Verfügung gestellt. Der Vorteil dieser Methode ist, dass der Satzspiegel bzw. das Layout des Originals, die Seitennummerierung, die Schrifttypen und Textauszeichnungen sowie die Einbindung von Bildern und Tabellen erhalten bleiben.

Ein Beispiel für eine solche Lösung wäre die Online-Version des vierten Bandes von Franz Krones *Handbuch der Geschichte Österreichs von der ältesten bis zur neuesten Zeit* <http://www.literature.at / webinterface/library / ALO-BOOK_V01?objid=10156>. Wenn Sie dieses durchblättern, werden Sie schnell einen Nachteil dieser Lösung erkennen: Die Orientierung im Buch ist äußerst mühsam, da Sie das genaue Inhaltsverzeichnis des Bands („Stoffregister") erst gegen Schluss <http://www.literature.at/webinterface/library/ALO-BOOK_V01?objid=10156&page=692&zoom=3&ocr=> finden und das Auffinden eines dort angegebenen Teilkapitels dadurch erschwert wird, dass die Seitenzahl der Druckvorlage nicht der einzugebenden Zahl des „Seitenbildes" entspricht.

2. Volltextdateien

Bei Volltextdateien wird jeder Buchstabe des Originals in ein elektronisches Zeichen umgewandelt. Dies kann manuell – durch simples Abtippen – oder aber maschinell mittels OCR (Optical Character Recognition) geschehen. Der Vorteil dieser Variante ist nahe liegend: Der gesamte Text kann automatisch nach Ihren Suchbegriffen durchsucht werden und Sie können relevante Textpassagen unmittelbar in ein Textverarbeitungsprogramm übernehmen. Der Nachteil ist, dass bei der Umwandlung Informationen verloren gehen.

Als Beispiel können Sie im Internet Jules Michelets *Introduction à l'histoire universelle* <http://gallica.bnf.fr/scripts/ConsultationTout.exe?O=N089073&E=0> ansehen, ein ursprünglich selbstständig erschienenes Werk, das in den Band 35 seiner Gesamtausgabe aufgenommen wurde. Die Zahlen am rechten Rand des Volltext-Dokuments entsprechen den Seitenzahlen der Druckvorlage.

3. Mischformen

Am idealsten – aber auch aufwändiger – sind Lösungen, die die Vorteile von Image-Dateien mit jenen von Volltexten vereinen.

So gibt es z. B. Online-Versionen von Zeitschriften, deren Artikel zusätzlich in einer Datenbank erfasst sind. Sie können dann nach einer Abfrage der Datenbank oder nach Blättern im Inhaltsverzeichnis direkt auf die Images zugreifen. Ein Beispiel dafür ist die digitalisierte Fassung der Zeitschrift für Bayerische Landesgeschichte <http://mdz.bib-bvb.de/digbib/bayern/zblg/@Generic__CollectionView;cs=default;ts=default>: Sie können z. B. die Artikel des Jahrgangs 1929 durchsehen und dabei einen Aufsatz über die Geschichte der Nachrichtenbeförderung in Bayern während des Mittelalters finden.

Noch komfortabler wird die Recherche, wenn zusätzlich der gesamte Volltext zur Verfügung gestellt wird. Bei der Ihnen nun schon bekannten Zeitschrift für Bayerische Landesgeschichte ist dies ab dem Jahrgang 1962 der Fall. Der Suchknopf befindet sich etwas versteckt im unteren Bildschirmbereich.

Sie wollen wissen, ob in einer so seriösen Zeitschrift der Humorist Karl Valentin erwähnt wird? – Immerhin, wenn Sie die Ergebnisse der Abfrage durchsehen, werden Sie ihn in einem Artikel von Karl Bosl aus dem Jahr 1967 zweimal genannt finden.

Anbieter

1. Bibliotheken

In der Regel sind es Bibliotheken, die digitalisierte Bücher und Zeitschriften zur Verfügung stellen; Beispiele dafür sind:

Austrian Literature Online: Ein Gemeinschaftsprojekt österreichischer Bibliotheken, wo
Sie wichtige Nachschlagewerke zur österreichischen Geschichte wie Wurzbachs Biographisches Lexikon des Kaiserthums Österreich, weiters literarische Texte (z. B. Grill-
parzers Sämtliche Werke) sowie Dokumente zur österreichischen Frauenbewegung
finden. Die Dokumente werden als Image-Dateien angeboten, ein immer größer
werdender Teil ist zusätzlich als Volltext verfügbar.
Link: http://www.literature.at/

Bayerische Staatsbibliothek: Digitale Bibliothek: Hier finden Sie u. a. Nachschlagewerke
wie die Allgemeinde Deutsche Biographie, Lexika wie Zedler und Adelung, die Zeitschrift für Bayerische Landesgeschichte sowie verschiedene Quellensammlungen.
Link: http://mdz.bib-bvb.de/digbib/

Gallica: Umfangreiches Angebot der Bibliothèque Nationale, Paris. Hier gibt es u. a.
französische Nachschlagewerke, Klassiker der Philosophie, Geschichtsschreibung
und Sozialwissenschaften, vereinzelt auch deutschsprachige und englische Zeitschriften. Teils Image-Dateien, teils Volltexte.
Link: http://gallica.bnf.fr/

Digizeitschriften: Von einem Verein getragenes Gemeinschaftsprojekt deutscher Bibliotheken zusammen mit dem Buchhandel, das die Digitalisierung von deutschen wissenschaftlichen Zeitschriften betreibt.
Link: http://www.digizeitschriften.de/

2. Freiwilligen-Projekte
Ein Klassiker unter den Digitalisierungsprojekten ist das auf Arbeit von Freiwilligen be-
ruhende Projekt Gutenberg:

Project Gutenberg: Der Schwerpunkt dieses bereits in den 1970er Jahren gestarteten
Projekts liegt auf englischsprachiger Belletristik, sie finden aber auch sozial- und ge-
schichtswissenschaftliche Werke u. a. von Thomas Carlyle, Edward Gibbon, Thomas
Robert Malthus und Thorstein Veblen. Die Werke werden als Volltexte zur Verfü-
gung gestellt.
Link: http://www.gutenberg.net/

Projekt Gutenberg-DE: Im deutschsprachigen Pendant finden Sie neben vielen literarischen Werken auch philosophische Texte (z. B. von Hegel, Kant, Marx und Nietzsche) sowie Theodor Mommsens Römische Geschichte.
Link: http://gutenberg.spiegel.de/

3. Verlage und Buchhändler

Auch kommerziell orientierte Verlage und Buchhändler bieten digitalisierte Texte an:

Digitale Bibliothek: Auf die CD-Rom-Publikation von geisteswissenschaftlichen Grundlagentexten spezialisierter Verlag, der viele geschichtswissenschaftliche Nachschlagewerke, belletristische und philosophische Werke anbietet. Es handelt sich dabei um Volltexte, wobei Sie jederzeit die Seitennummerierung des gedruckten Originals eruieren können.
Link: http://www.digitale-bibliothek.de/

Gale: Dieser Verlag bietet u. a. die Eighteenth Century Collections Online an, eine Sammlung von 150.000 Büchern, die im British Empire 1701–1799 erschienen sind. Die Texte sind sowohl als Volltext als auch als Image-Dateien verfügbar, den sehr teuren Zugang können sich aber nur wenige Bibliotheken leisten.
Link: http://www.gale.com/EighteenthCentury

Amazon: Das Online-Buchhandelsunternehmen Amazon stellt seinen Benützer/inne/n die Funktion Search Inside zur Verfügung. Damit können Sie im Volltext von mehr als 100.000 erfassten deutschsprachigen Büchern nach Suchbegriffen recherchieren. Angezeigt werden nur wenige Seiten vor und nach dem Treffer, es ist also nicht möglich, das komplette Buch zu konsultieren. Die amerikanische Version von Amazon bietet dasselbe Feature für englischsprachige Bücher an.
Link: http://www.amazon.de/ bzw. http://www.amazon.com/

4. Suchmaschinen – Google-Buchsuche

Die Suchmaschine Google hat in einem umfangreichen Projekt namens Google Buchsuche begonnen, Bücher zu digitalisieren. Sie kooperiert dabei zum einen mit Verlagen, zum anderen mit Bibliotheken. Schon jetzt stehen eine große Anzahl von zumeist englischsprachigen Büchern, darunter auch viele von geschichtswissenschaftlichem Interesse, zur Verfügung. Da das Copyright dieser Bücher meistens noch bei den Verlagen liegt, sind sie in der Regel nicht vollständig zugänglich, das heißt, Sie bekommen nur einige Seiten vor und nach dem Auftauchen des jeweils eingegebenen Suchbegriffs angezeigt. Oft wird es also nötig sein, zusätzlich zur digitalisierten Version des Buches die gedruckte Version in der Bibliothek aufzusuchen; für die wissenschaftliche Recherche stellt Google-Buchsuche in jedem Fall ein unentbehrliches Hilfsmittel dar!

Link: http://books.google.com/

Ein Tipp: Falls Sie eine bestimmte Buchseite angezeigt bekommen wollen, brauchen Sie nur nach der Seitenzahl zu suchen und sollten als Ergebnis auch die gewünschte Seite bekommen. Das Abspeichern der angezeigten Buchseiten ist im Übrigen nur mit einem Trick möglich; unter der folgenden Adresse finden Sie eine Anleitung dafür: http://wiki. netbib.de/coma/GooglePrintSpeichern.

Für das *Zitieren* von retrospektiv digitalisierten Texten gibt es bislang genauso wenig einheitliche Regelungen wie generell für das Zitieren aus dem Internet.

Bedenken Sie aber bitte eines: Insbesondere bei der Erstellung von Volltexten kommt es häufig zu Fehlern, ganz gleich, ob diese händisch oder maschinell vorgenommen wird. Dies gilt für Angebote von Bibliotheken ebenso wie für Angebote von Freiwilligen.

Beispiel für Fehler bei Umwandlung durch OCR (von Austrian Literature Online):

Neue Folge der Sammlung „Sozialer Fortschritt"
ßefie für UoI&SBirfscfiaft, Sozialpolitik, –
===== Frauenfrage, Rechtspflege und Rulfurinieressen.

Hier finden Sie das entsprechende Image:

Neue Folge der Sammlung „Sozialer Fortschritt"
Befte für Volkswirtschaft, Sozialpolitik, =====
===== Frauenfrage, Rechtspflege und Kulturinteressen.

Wenn Sie sicher gehen wollen, sollten Sie also zumindest die Image-Version konsultieren, gegebenenfalls das gedruckte Original!

Ü *Suchen Sie in der bei Austrian Literature Online <http://www.literature.at/> angebotenen Online-Version von Wurzbachs* Biographisches Lexikon des Kaiserthums Österreich *nach dem Eintrag zum Botaniker Joseph August Schultes.*

Suchen Sie dort die Antwort auf folgende Fragen: Wie hieß die Zeitschrift, die Schultes 1802 gründete? Wie schildert der Biograph seine Persönlichkeit?

Sie finden die Lösung im Anhang auf Seite 319.

Google as Google can – Suchmaschinen

Internet-Recherche ist heute oft gleichbedeutend mit der Verwendung der Suchmaschine Google. Es ist eines der wichtigsten Ziele dieses Moduls, dass Sie darüber hinausgehende Recherchemöglichkeiten erkennen und verwenden.

Doch bedeutet dies nicht, dass Sie bei der Literaturrecherche auf Google verzichten sollen, im Gegenteil: Auch „googlen" ist notwendiger Bestandteil wissenschaftlicher Arbeit.

Was die Literaturrecherche im Speziellen betrifft, so empfiehlt es sich, ganz gezielt nach Textpassagen zu suchen, die im Titel von für Ihr Thema wichtigen Büchern oder Artikeln vorkommen.

Angenommen, Sie beschäftigen sich mit frühneuzeitlicher Ökonomie und wissen aus einer Vorlesung, dass folgender Text Auslöser vieler Kontroversen wurde:

Otto Brunner, Das „ganze Haus" und die alteuropäische „Ökonomik", in: Ders., Neue Wege der Verfassungs- und Sozialgeschichte, 2. Auflage, Göttingen 1968, 103–127

Sie können nun diesen Artikel (der mehrmals an verschiedenen Orten gedruckt wurde) als Grundlage für Ihre Recherche verwenden; z. B. durch die Eingabe folgenden Textes in das Google-Suchfenster (inklusive Anführungszeichen): *Brunner „Ganze Haus"*; Sie können die Suche auch noch weiter einengen: *brunner „ganze Haus" und die alteuropäische „Ökonomik"*.

Unter den Ergebnissen finden Sie:

* von Wissenschafter/inne/n erstellte Forschungsbibliographien
* wissenschaftliche Abhandlungen
* Materialien für die universitäre Lehre
* Hausarbeiten von Schüler/inne/n und Student/inn/en

Google Scholar ist ein Angebot der Suchmaschine Google, das den Anspruch hat, die Suche nur auf wissenschaftliche Quellen einzuschränken. Sie finden damit insbesondere Literaturzitate und Online-Artikel aus nicht frei zugänglichen Quellen.

Wenn Sie eine Recherche durchführen, sollten Sie eventuell auch dieses Angebot konsultieren; von besonderer Wichtigkeit ist es zumindest derzeit allerdings nicht.

Link: http://scholar.google.com/

Google findet viel, aber nicht alles. Gerade bei Spezialthemen, die nur wenig Treffer bringen, lohnt es sich, auch andere Suchmaschinen zu verwenden oder aber gleich eine *Meta-Suchmaschine* wie z. B. MetaCrawler <http://www.metacrawler.com/> oder Vivisimo <http://vivisimo.com/>, die parallel mehrere Suchmaschinen abfragen.

Alternativ dazu können Sie *Suchagenten* verwenden: Dies sind eigene Programme, mit deren Hilfe Sie ebenfalls mehrere Suchmaschinen konsultieren können. Ein Beispiel dafür ist Copernic Agent <http://www.copernic.com/>, dessen Download in der Basis-Version frei ist.

Und schließlich sind noch die fachspezifischen Meta-Suchmaschinen zu nennen; ein Beispiel dafür finden Sie im Rahmen des geschichtswissenschaftlichen Portals Clio-Online <http://www.clio-online.de/>.

Ü *Recherchieren Sie zu Ihrem Thema eine Stunde lang mittels Google und dann ebenfalls eine Stunde lang in fachspezifischen Datenbanken und Angeboten (Historical Abstracts, Österreichische Historische Bibliographie, Historische Bibliographie Online, Zeitschriftenfreihandmagazin).*

Fertigen Sie ein ca. einseitiges Protokoll dieser Suche an, in dem Sie die mit den beiden Suchmethoden ermittelten Ergebnisse vergleichen und unter anderem folgende Fragen behandeln:

Wie ertragreich war die Suche?

Wie schätzen Sie die Ergebnisse ein?

Literatur und Links

UB Innsbruck – Abteilung für Digitalisierung und elektronische Archivierung: http://www2.uibk.ac.at/ub/dea/. *Hier erfahren Sie neues über das Digitalisierungsprojekt „Austrian Literature Online".*

Netbib Weblog: http://log.netbib.de/. *Vorwiegend von Bibliothekar/inn/en erstelltes Weblog, in dem Sie Aktuelles zu Datenbanken, Volltexten, Bibliotheksangeboten usw. erfahren.*

OAIster: http://oaister.umdl.umich.edu/o/oaister/. *Ein Angebot der University of Michigan, mit dem Sie u. a. nach digitalisierten Volltexten suchen können.*

Portal digitalisierte Drucke: http://www.digitalisiertedrucke.de/info/. *In naher Zukunft soll dieses Portal Zugriff auf v. a. deutschsprachige Volltexte liefern.*

Suchfibel: http://www.suchfibel.de/. *Von Stefan Karzauninkat erstelltes Angebot, in dem Sie einen Überblick über Suchmaschinen erhalten und auch Neuigkeiten auf diesem Gebiet erfahren.*

Search Engine Watch: http://searchenginewatch.com/. *Englischsprachiges Angebot zum Thema Suchmaschinen mit eigener, kostenpflichtiger Member Area.*

Ulrich Babiak, Effektive Suche im Internet, 4. Auflage, Köln 2001, 101–118. *Hier wird die Funktionsweise von Suchmaschinen beschrieben.*

Michael Glöggler, Suchmaschinen im Internet. Funktionsweisen, Ranking-Methoden, Top-Positionen, Berlin u. a. 2003, 25–113. *Beschreibt sehr ausführlich die Funktionsweise von Suchmaschinen.*

Anmerkungen und Notizen

18. Checkliste zur Literaturrecherche

Dieses Kapitel besteht aus drei Checklisten, die Sie bei Ihrer Literaturrecherche unterstützen sollen. Sie erhalten damit ein Verzeichnis jener Datenbanken/Kataloge, in denen Sie bei einer thematischen Suche unbedingt recherchieren sollte sowie zwei schrittweise Anleitungen, mithilfe derer Sie bei einer Suche nach einem Buch bzw. einem Zeitschriftenartikel in fast allen Fällen erfolgreich sein werden. Wenn Sie sich das Eintippen der hier abgedruckten Internet-Adressen ersparen wollen, können Sie die Online-Version dieses Kapitels konsultieren. Sie finden diese unter folgender Adresse: http::/www.geschichte-online.at/utb/18.html.

Welche Datenbanken muss ich verwenden?

Jede bibliographische Recherche zu einem geschichtswissenschaftlichen Thema sollte zumindest folgende Datenbanken/Ressourcen konsultieren:

- den Verbundkatalog Ihrer Region (z. B. Bibliotheksverbund Bayern, Österreichischer Verbundkatalog, Informationsverbund Deutschschweiz).
- den Katalog Ihrer National- bzw. (Schweiz:) Landesbibliothek.
- Falls die älteren Bestände Ihrer Nationalbibliothek sowie Universitätsbibliothek (noch) nicht in den jeweiligen OPAC aufgenommen wurden, sollten Sie auch die entsprechenden Online-Abbilder der Band- bzw. Zettelkataloge konsultieren
- Historische Bibliographie Online: http://www.historische-bibliographie.de/
- Zeitschriftenfreihandmagazin: http://www.phil.uni-erlangen.de/~p1ges/zfhm/zfhm.html
- Istituto F. Datini: Riviste: http://www.istitutodatini.it/biblio/riviste/eng/presenta.htm
- Historical Abstracts Online: http://serials.abc-clio.com/active/start?_appname=serials&initialdb=HA
- Internationale Bibliographie der Zeitschriftenliteratur (IBZ): http://gso.gbv.de/LNG=DU/DB=2.4/

Weiters empfiehlt sich eine allgemeine Internet-Recherche mittels einer (Meta-)Suchmaschine:

- Google: http://www.google.com/ evt. Copernic: http://www.copernic.com/
- Google Buchsuche: http://books.google.com/

Ein Tipp: Notieren Sie sich immer, wann Sie mit welchen Suchbegriffen in welcher Datenbank recherchiert haben!

Zusätzliche Möglichkeiten (Auswahl):

- Clio Online (historische Metasuchmaschine): http://www.clio-online.de/
- Chronikon (historische Metasuchmaschine): http://www.chronicon.de/
- Karlsruher Virtueller Katalog (KVK): http://kvk.uni-karlsruhe.de/
- Verzeichnis lieferbarer Bücher (VLB): http://www.buchhandel.de/
- Zentrales Verzeichnis Antiquarischer Bücher: http://www.zvab.com/
- Eurobuch (Metasuche für antiquarische Bücher): http://www.eurobuch.com/
- Amazon: http://www.amazon.de/
- Arts & Humanities Citation Index: http://isiknowledge.com/wos
- Ingenta: http://www.ingenta.com/
- Periodicals Contents Index Full Text: http://pcift.chadwyck.co.uk/
- Humanities Full Text: http://vnweb.hwwilsonweb.com/hww/jumpstart.jhtml? prod= HUMFT
- wiso III Sozialwissenschaftliche Literatur und Projekte: http://www.wiso-net.de/indiv_startseiten/ZW3.ein
- Index deutschsprachiger Zeitschriften 1750–1815 (IDZ): http://gso.gbv.de/LNG=DU/DB=2.13/
- Jahresberichte für Deutsche Geschichte: http://www.bbaw.de/bbaw/Forschung/Forschungsprojekte/jdg/de/Startseite
- Österreichische Historische Bibliographie: http://www.uni-klu.ac.at/oehb/oehb_query/
- Bibliographie der Schweizergeschichte: http://topaz.snl.ch/cgi-bin/gw/chameleon? skin=biblio
- America: History and Life Online: http://serials.abc-clio.com/active/start?_appname= serials&initialdb=AHL
- ViVa: Datenbank zu Women's History: http://www2.iisg.nl/viva/
- International Medieval Bibliography: http://www.leeds.ac.uk/ims/imb/

Hier finden Sie Verzeichnisse weiterer Datenbanken:

- UB Bielefeld: Datenbanken, Multimedia, Internet-Quellen nach Fachportalen geordnet: http://www.ub.uni-bielefeld.de/portals/index.htm
- Hochschulbibliothekszentrum Nordrhein-Westfalen: Bibliographischer Werkzeugkasten: http://toolbox.hbz-nrw.de/
- UB Regensburg: Datenbank-Infosystem: http://www.bibliothek.uni-regensburg.de/dbinfo/?bib_id=ub_r
- ÖNB: Externe Datenbanken: http://www.onb.ac.at/kataloge/db-ext_fr.htm
- UB Wien: Datenbankservice: http://ub.univie.ac.at/digibib/dbserver.html
- UB Basel: Virtuelle Bibliothek: http://www.ub.unibas.ch/vlib/

Wie finde ich ein Buch?

Folgende Schritte können Sie unternehmen, um ein Ihnen bekanntes Buch ausfindig zu machen:

1. Den Verbundkatalog Ihrer Region (z. B. Bibliotheksverbund Bayern, Österreichischer Verbundkatalog, Informationsverbund Deutschschweiz).
   Kein Treffer für eine Bibliothek an Ihrem Studienort? Dann probieren Sie Folgendes:
2. Kataloge Ihrer Universitätsbibliothek, evt. auch der Landes-/Kantonalbibliothek, falls nötig auch die älteren Zettel- oder Bandkataloge dieser Bibliotheken.
3. Falls es sich um ein älteres Buch handelt, das eventuell noch nicht in die elektronischen Kataloge aufgenommen ist, könnte es auch in den alten Katalogen Ihrer National-(Schweiz: Landes-)bibliothek verzeichnet sein.
   Da es auch noch weitere, zumeist kleinere Bibliotheken gibt, deren Kataloge nicht mittels der Verbundkataloge abfragbar sind, sollten Sie je nach Zugänglichkeit auch in diesen Beständen recherchieren:
4. Weitere Kataloge von Bibliotheken/Forschungseinrichtungen ihres Studienorts.
   Noch immer nichts? Falls Sie in Österreich recherchieren und das Buch zwischen 1930 und 1980 außerhalb Österreichs erschienen ist, findet es sich vielleicht im folgenden Mikrofiche-Katalog angeführt:
5. Mikrofiche: Büchernachweisstelle der Österreichischen Bibliotheken, Nominalkatalog ausländischer Monografien 1930–1980 an österreichischen wissenschaftlichen Bibliotheken, Wien 1989.

Kein Ergebnis? Dann lässt sich das Buch also nicht mittels der gängigen Rechercheinstrumente in einer Bibliothek Ihres Studienorts auftreiben; Sie können aber immer noch in weiteren, zum Teil ausländischen Bibliothekskatalogen recherchieren und gegebenenfalls das Buch mittels Fernleihe bestellen:

6. KVK: Karlsruher Virtueller Katalog: http://kvk.uni-karlsruhe.de/

Zusätzlich zum bzw. anstelle des KVK können Sie auch das Dokumentenlieferservice Subito konsultieren:

7. Subito: http://www.subito-doc.de/

Sie finden das Buch immer noch nicht? Vielleicht werden Sie ja mit Datenbanken des Buchhandels fündig und wollen das Buch dann kaufen:

8. Buchhandelsdatenbanken (Auswahl): Verzeichnis lieferbarer Bücher http://www.buchhandel.de/, Zentrales Verzeichnis antiquarischer Bücher http://www.zvab.com/, Eurobuch http://www.eurobuch.com/, Amazon http://www.amazon.de/

Eventuell können Sie auch beim Verlag anfragen, ob dieser Ihnen ein Restexemplar des gesuchten Buches zur Verfügung stellen kann.

Wenn auch dieser Schritt erfolglos bleibt, können Sie versuchen, mithilfe einer (Meta-)Suchmaschine mehr über das Buch herauszufinden; vielleicht ist es nie im Buchhandel erschienen, sondern z. B. von einer Forschungseinrichtung in einer geringen Auflage herausgegeben worden. Vielleicht ist es sogar als Volltext verfügbar:

9. Google; http://www.google.com/ evt. Copernic: http://www.copernic.com/

Falls dies alles nichts hilft, so ist die Wahrscheinlichkeit sehr hoch, dass die bibliographischen Angaben falsch sind; es könnte z. B. sein, dass es sich in Wirklichkeit um einen unselbstständig erschienenen Text handelt. Vielleicht haben Sie im Zuge der getätigten Rechercheschritte – v. a. mithilfe von Google – schon die korrekten Angaben herausfinden können. Weiters haben Sie immer noch folgende Möglichkeiten:

10. Kontaktieren Sie, soferne möglich, die Person, von der Sie den Literaturhinweis haben, also z. B. den Autor/die Autorin des Texts, in dem das Buch zitiert wird. Eventuell empfiehlt sich auch eine Anfrage in einer fachspezifischen Diskussionsliste. Falls das Buch für Sie sehr wichtig ist und der Autor/die Autorin noch lebt, können Sie sich in begründeten Ausnahmefällen auch an den Autor/die Autorin selbst wenden; vielleicht hat er/sie noch ein überzähliges Exemplar, das er/sie Ihnen zukommen lassen kann.

Wie finde ich einen Zeitschriftenartikel?

Falls Sie die bibliographischen Angaben zu einem Zeitschriftenartikel kennen, können Sie folgende Schritte unternehmen, um den entsprechenden Zeitschriftenjahrgang an einer Bibliothek ausfindig zu machen bzw. um auf den Artikel direkt zuzugreifen:

1. Zeitschriften finden Sie in der Regel in den üblichen Bibliothekskatalogen verzeichnet; zusätzlich gibt es aber noch eigene Datenbanken, die ausschließlich Angaben zu Zeitschriften beinhalten. Recherchieren Sie daher je nach Land, in dem Sie studieren, in einer der folgenden Zeitschriftendatenbanken:
   Deutsche Zeitschriftendatenbank: http://zdb-opac.de/
   Österreichischer Verbundkatalog – Teilkatalog Zeitschriften und Serien: http://opac.bibvb.ac.at/acczs
   Schweizer Zeitschriftenportal SZP: http://www.swiss-serials.ch/
   Alternativ dazu können Sie in der Datenbank des Dokumentenlieferdiensts Subito recherchieren und sich gleich einen Scan des Artikels (kostenpflichtig) bestellen:
2. Subito: http://www.subito-doc.de/
   Falls Sie hier nicht fündig werden, empfiehlt sich insbesondere bei älteren Zeitschriften:
3. Durchsicht der älteren Kataloge der Universitätsbibliotheken bzw. Landes-/Kantonalbibliotheken.
   Es ist auch durchaus möglich, dass der Artikel in einer Zeitschrift erschienen ist, auf deren Online-Ausgabe Sie in einer Bibliothek Ihres Studienorts zugreifen können:
4. Angebot an subskribierten Online-Zeitschriften, Elektronische Zeitschriftenbibliothek: http://rzblx1.uni-regensburg.de/ezeit/
   Weiters können Volltextdatenbanken den gesuchten Artikel beinhalten:
5. Volltextdatenbanken: World History Full Text, Humanities Full Text http://vnweb.hwwilsonweb.com/hww/jumpstart.jhtml?prod=HUMFT, Periodicals Contents Index Full Text http://pcift.chadwyck.co.uk/, Jstor http://www.jstor.org/, Muse http://muse.jhu.edu/
6. Noch immer nicht erfolgreich? Recherchieren Sie in den unter 1. genannten Datenbanken der anderen Länder; Sie können dann den Artikel mittels Fernleihe bestellen.
   Lässt sich die gesuchte Zeitschrift auch nicht in diesen Datenbanken nachweisen und handelt es sich um eine weder in Deutschland, Österreich oder der Schweiz

erschienene Zeitschrift, empfiehlt sich noch eine Suche in den Katalogen der jeweiligen Nationalbibliothek des Landes, in der die Zeitschrift erschienen ist; mittels Fernleihe können Sie dann den Artikel bestellen:

7. Recherche in Katalogen ausländischer Nationalbibliotheken bzw. Zeitschriftendatenbanken.

Falls Sie auch damit zu keinem Ergebnis kommen, versuchen Sie doch mithilfe von (Meta-)Suchmaschinen mehr über die Zeitschrift herauszufinden; vielleicht findet sich der Text ja ohnehin frei zugänglich im Internet veröffentlicht:

8. Google; http://www.google.com/ evt. Copernic: http://www.copernic.com/

Falls dies alles nicht geholfen hat, können Sie bei der Suche nach alten Zeitschriften noch folgendes, derzeit nur offline verfügbares Verzeichnis durchsehen, das Standorte in Ländern der ehemaligen Habsburgermonarchie nachweist:

9. Ferdinand Grassauer, Hg., Generalkatalog der laufenden periodischen Druckschriften an den österreichischen Universitäts- und Studienbibliotheken, Wien 1898.

Auch hier keine Zeitschrift? Dann gibt es immer noch folgende Möglichkeiten:

10. Kontaktieren Sie, sofern möglich, die Person, von der Sie den Literaturhinweis haben, also z. B. den Autor/die Autorin des Textes, in dem der Artikel zitiert wird. Eventuell empfiehlt sich auch eine Anfrage in einer fachspezifischen Diskussionsliste. Falls der Artikel für Ihr Forschungsvorhaben sehr wichtig ist, können Sie in Ausnahmefällen auch den Autor/die Autorin des Artikels – sofern er/sie noch lebt – kontaktieren und um einen Sonderdruck bitten. Versprechen Sie ihm/ihr dann aber auch, Ihre eigenen Forschungsergebnisse bzw. Publikationen zur Verfügung zu stellen!

Anmerkungen und Notizen

Informationsrecherche

Information ist ein viel benützter, meist aber nicht sehr klar definierter Begriff. Unter *Information* im Bereich der Geschichtswissenschaft versteht man sämtliche Erkenntnisgrundlagen von historischen Phänomenen. Es handelt sich dabei im Bereich der Geschichtswissenschaft sowohl um klassische Quellen, museale Objekte, digitale Daten und andere Forschungsgrundlagen als auch um Literatur, technische und methodische Werkzeuge und sonstige Mittel der Erkenntnisgewinnung im historiographischen Prozess.

Jeder wissenschaftliche Erkenntnisprozess basiert auf der Aneignung von Information auf höherem Niveau als am Ausgangspunkt des Studiums eines Sachverhaltes. Zur Auseinandersetzung mit Ihren Erkenntnissen benötigen Sie ein wissenschaftliches Feld, in dem Sie sich positionieren und auf das Sie Bezug nehmen können. Dabei ist das wissenschaftliche Feld selbst ebenso Träger von Information wie das Forschungsobjekt. Wissenschaftliche Debatten finden sowohl in Foren wie Workshops, Tagungen und Kongressen als auch in schriftlicher (Zeitschriften und ev. Sammelbände) und virtueller Form in Mailinglisten, Newsgroups u. Ä. statt (siehe dazu Kapitel „Netzwerke"). Jegliche Information, die in diesen wissenschaftlichen Prozessen erzeugt wird, können Sie später selbst wieder als Quelle Ihrer Erkenntnis heranziehen. Dennoch können Sie die Begriffe Quelle und Information nicht gänzlich synonym verwenden, da diesen beiden Begriffen im Zuge der wissenschaftlichen Arbeit unterschiedliche Funktionen zugewiesen werden. *Information* ist auch im Bereich der Historie ein weiterer Begriff als *Quelle:* Information kann auch Referenzrahmen für die historische Wissenschaft sein, eine Quelle immer nur Forschungsgrundlage.

Arten von Information

Alle menschlichen Handlungen, aber auch natürliche Abläufe erzeugen Information. Ein großer Teil dieser Information ist schnell flüchtig und darüber hinaus entzieht sich ein großer Teil dieser Information dem historischen Erkenntnisinteresse. Im Wesentlichen konzentriert sich das Interesse der Geschichtswissenschaft auf das menschliche Handeln, vereinzelt sind aber auch die natürlichen Bedingungen (Klima, Naturkatastrophen, Seuchen u. Ä.) Gegenstand historischer Untersuchungen. Aber auch aus dem Bereich des menschlichen Handelns wird ein großer Teil als nicht geschichtswürdig betrachtet, wenngleich sich der Kanon der historischen Forschungsgegenstände mit der Alltagsgeschichte und den neuen kulturgeschichtlichen Ansätzen beträchtlich erweitert hat.

Zuerst muss eine allgemeine Einteilung der verschiedenen Arten von Information vorgenommen werden, die in der Geschichtswissenschaft angewendet wird. Als erstes seien hier die Quellen genannt, die eigentlichen Forschungsobjekte der Geschichtswissenschaft. Wie bereits oben dargelegt, umfasst der Kanon der historischen Quellen sämtliche Informationen, die durch menschliches Handeln generiert werden, und erstreckt sich darüber hinaus auch noch auf Informationen aus natürlichen und naturräumlichen Veränderungen. Die zweite Art von Information, die für die historische Wissenschaft von Bedeutung ist, ist die Literatur. Anders als eine Quelle ist die Literatur nicht nur Grundlage für die Forschung, sondern auch Referenzrahmen, auf den man sich als Historiker/in beziehen muss. Die dritte zentrale Art von Information bildet das theoretische, technische und methodische Instrumentarium. Es bietet uns Information darüber, wie wir aus unseren Quellen mithilfe von Literatur und systematischer Analyse zu neuen Erkenntnissen kommen können.

Kritik

Eine weitere wesentliche Frage im Zusammenhang mit der Genese von Information ist für Historiker/innen wie auch für andere Geistes-, Kultur- und SozialwissenschafterInnen der Kontext der Entstehung von Information und die Art der Information. Egal, ob es sich um Quellenkritik (siehe Kapitel „Klassische Quellen"), Literaturkritik (Rezension) oder die kritische Auseinandersetzung mit Methoden und Techniken der wissenschaftlichen Analyse (wissenschaftliche Forschungszweige, Denkschulen und Konjunkturen) handelt, die Entstehungszusammenhänge von Information (zeitlicher, regionaler, sozialer, kultureller und politischer Kontext) sind dabei von entscheidender Bedeutung. Nur wenn wir wissen, wann, wo, warum und wer eine Handlung durchgeführt hat, können wir das Ergebnis (sei das nun eine Quelle oder Literatur oder ein methodisches Hilfsmittel) richtig einschätzen.

So erscheinen uns beispielsweise die Toleranzpatente Kaiser Josefs II. heute nicht mehr fortschrittlich – damals waren sie für die gesellschaftliche Weiterentwicklung der Habsburgermonarchie aber ein großer Schritt nach vorne. Gleichzeitig waren aber andere Länder auch zu dieser Zeit bereits viel weiter entwickelt.

Textkritik

Da ein Großteil der Information, die uns Historiker/innen zur Verfügung steht, nach wie vor in schriftlicher Form (Schriftquellen und Fachliteratur) vorliegt, und die schriftliche Arbeit nach wie vor die wichtigste Art der Darstellung der Ergebnisse ist, muss hier auch die Textkritik eine wesentliche Rolle spielen. Ähnlich wie bei der Rezension und bei der Quellenkritik (siehe Kapitel „Über wissenschaftliche Texte schreiben" und Kapitel „Klassische Quellen") muss man versuchen (sofern es möglich ist), die Entstehungszusammenhänge von textlicher Information einer kritischen Würdigung zu unterziehen. Die Kenntnis über Zeit, Ort und Grund der Entstehung eines Textes und das Wissen über seine/n Autor/in ist eine äußerst nützliche Information, um ihn richtig einzuschätzen zu können. Gleichzeitig muss aber auch die innere Konsistenz des Textes systematisch analysiert werden. Insbesondere sollten folgende Kriterien begutachtet werden: Die Art des Textes (Wissenschaftlicher Text, publizistischer Text, juristischer Text, Belletristik, privater Text, …), was repräsentiert ein Text (historische oder zeitgenössische Perspektive, Dominanz von Vergangenheits-Ich vs. Gegenwarts-Ich), den Kontext des Textes (institutioneller Kontext, zeitlicher Kontext, räumlicher Kontext, sozialer Kontext, politischer Kontext, kultureller Kontext, Sprache), die Qualität des Textes (Sorgfalt bzw. Sorglosigkeit bei der Genese des Textes, konsistenter Aufbau oder innere Widersprüche), der Umfang des Textes (Ist die Länge des Textes dem Inhalt angemessen, bzw. ist die Länge der einzelnen Teile ausgewogen?), und die Vertrauenswürdigkeit des Textes (persönliche Interessen des Autors/der Autorin, wissenschaftliche, politische, institutionelle und soziale Position des Autors/der Autorin). Schließlich soll auch noch die Gesamtkomposition eines Textes sorgfältig analysiert werden: Ist der Aufbau des Textes logisch und nachvollziehbar, sind die Aussagen verständlich, ist die Argumentation schlüssig und zielführend? Ist der zentrale Inhalt (die „Botschaft") des Textes klar erkennbar, mit dem angemessenen Gewicht versehen und verständlich?

Ü *Auf der Internetseite http://www.geschichte-online.at/utb/19_1.html können Sie die wissenschaftliche Textkritik üben.*

Informatik

Im Informationszeitalter wird der Begriff „Information" immer mehr auf digitale Daten konzentriert. Dieser Verengung kann hier nicht gefolgt werden, wenngleich auch in der Geschichtswissenschaft versucht wird, immer mehr Information digital anzubieten (z. B. GO). Im Wesentlichen bietet die Digitalisierung bloß eine Vereinfachung von

Verfügbarkeit und Benützung von Information, aber (abgesehen von Software) keine grundlegend neue Art von Erkenntnisgrundlagen.

Wo findet man Information?

Bei Institutionen, die Information anbieten, denken wir Historiker/innen in erster Linie an Archive, Bibliotheken, Buchhandel, museale Einrichtungen, Bildungsinstitutionen und an das vielfältige Angebot im Internet. Das sind auch die Institutionen, an die man sich wendet, wenn man bewusst Information sucht. Darüber hinaus bietet aber unser gesamtes lokales und soziales Umfeld Information, die vielfach auch für uns Historiker/innen nutzbar gemacht werden kann. Das Feld reicht hier von kleinen alltäglichen Informationen bis zu naturräumlichen Gegebenheiten, die Informationsgehalt für wissenschaftliche Auswertungen bieten. Quellen und Literatur kann man sich relativ einfach in den entsprechenden Institutionen (Literatur und Quellen) bzw. in der Umwelt (Quellen) aneignen – diese Information kann also quasi konsumiert werden. Die Aneignung von technisch-methodischer Information bedarf allerdings einer viel stärker interaktiven Auseinandersetzung, die meist in Bildungsinstitutionen (Schulen, Universitäten, Fachkursen) in intensiver Auseinandersetzung mit qualifizierten LehrerInnen stattfindet.

Wie bereits bei den Arten der Information dargelegt, gibt es Information, die aktiv angeboten wird, und Information, die zufällig oder zumindest passiv auffindbar ist. Auch der Prozess der Aneignung von Information kann ein bewusster und ein unbewusster sein! Wir können Literatur, Quellen, methodische und technische Information aufgrund einer wissenschaftlichen Fragestellung/Thesenbildung (siehe Kapitel Themenfindung, Fragestellung, Thesenbildung) systematisch entwickeln oder uns auch von der „Intuition" leiten lassen. Der große Nachteil bei intuitionsgeleiteter Arbeit ist das Fehlen jeglicher Möglichkeit der systematischen Reflexion über die Arbeit. Auch intuitive Informationsaneignung baut oft auf (unreflektierte) Fragen und Thesen auf; da diese aber nicht explizit gemacht wird (vielfach auch gar nicht ins Bewusstsein dringt) kann sie auch nicht in Frage gestellt werden. Diese vielfach praktizierte Arbeitsweise schützt zwar vordergründig vor Kritik, verhindert aber gleichzeitig auch eine systematische, wissenschaftliche Beweisführung und ist daher für den wissenschaftlichen Erkenntnisprozess ungeeignet.

Die Offenlegung der Informationsflüsse hingegen bietet die Möglichkeit, aufbauend auf der Kritik der Fachkolleg/inn/en die Informationsauswahl zu optimieren. Im besten

Fall kommt es nach der Informationsaneignung zu einer Rückkoppelung zum Informationsanbieter, um eventuell die Qualität der angebotenen Information zu ergänzen und zu optimieren.

Literatur und Links zu Information allgemein

Elisabeth Dietrich u. Wolfgang Meixner, Quellenstudien in der Historischen Forschung, in: Theo Hug, Hg., Wie kommt Wissenschaft zum Wissen? Bd. 1: Einführung in das wissenschaftliche Arbeiten, Baltmannsweiler 2001, 127–143. *Kritische Quellenkunde unter Berücksichtigung neuerer Quellentypen.*

Heinz Hauffe, Informationswissenschaftliche Perspektiven zur Qualität von Wissensbeständen, Informationen und Quellen, in: Theo Hug, Hg., Wie kommt Wissenschaft zum Wissen? Bd. 1: Einführung in das wissenschaftliche Arbeiten, Baltmannsweiler 2001, 119–126. *Allgemeine Auseinandersetzung mit Information in wissenschaftlichem Kontext.*

Volker Sellin, Quellen, Quellenkritik, Quelleneditionen, in: Volker Sellin, Einführung in die Geschichtswissenschaft, Göttingen 1995, 44–53. *Einführung in die klassische Quellenkunde.*

Anmerkungen und Notizen

In diesem Kapitel lernen Sie die „klassischen Quellen" der Geschichtswissenschaft kennen. Darunter versteht man alle konventionellen historischen Informationsgrundlagen, die nicht virtuellen Charakter haben. Es handelt sich dabei sowohl um archivalische Quellen als auch um museale und archäologische Objekte, Denkmäler und andere alte Gegenstände unterschiedlichster Art, wobei diese sowohl in textlicher, bildlicher, dinglicher Form, als Tonträger, als Film oder als Video vorliegen können.

B *Als Einstieg in dieses Kapitel können Sie unter http://www.geschichte-online.at/ utb/20_1.html eine Präsentation aufrufen.*

Die Quelle

Im folgenden Kapitel finden Sie allgemeine Definitionen, Beschreibungen und Zugänge zu klassischen Quellen. Dabei handelt es sich um eine Abgrenzung des Begriffes Quelle von Information im Allgemeinen und um eine Unterscheidung der Arten von Quellen auf sehr allgemeiner Ebene.

In jedem Forschungsprozess benötigen Sie ein Objekt zur Analyse Ihrer Fragestellung bzw. Ihrer Hypothesen. Historiker/innen und Geschichtestudierende bezeichnen ihre Forschungsgegenstände meist als Quellen, wobei in erster Linie an schriftliche Überreste gedacht wird. Darüber hinaus kann aber jegliche Information, die im zeitlichen Ablauf entstanden ist, selbst wieder als Quelle herangezogen werden. Dennoch können Sie die Begriffe *Quelle* und *Information* nicht gänzlich synonym verwenden, da diesen beiden Begriffe im Zuge der wissenschaftlichen Arbeit unterschiedliche Funktionen zugewiesen werden. Quelle ist ein engerer Begriff als Information, da sie nur als Forschungsobjekt nutzbar gemacht wird, nicht aber als Referenzrahmen oder als Mittel der Forschung.

Als Quelle bezeichnet man in der Folge jegliche Information, die als Grundlage für die Erforschung der Vergangenheit dienbar gemacht wird. Diese finden Sie sowohl in Archiven als auch an allen anderen Orten, wo Texte, Objekte, Bilder, Filme oder akustische Überreste vorhanden sind, die Antworten auf historische Fragestellungen (vgl. Kapitel Themenfindung, Fragestellung, Thesenbildung.) bieten.

Daher werden mit jedem Paradigmenwechsel (= Übergang von einer dominanten Forschungslinie zu einer anderen) in der Geschichtswissenschaft neue Quellen erschlossen.

Beispiele aus der jüngeren Geschichte sind dafür die Bestände der Archive von Fernsehanstalten oder die Oral History, die ihre Quellen erst im Zuge der Forschungsarbeit erzeugt. Grundsätzlich ist aber nicht die Quelle der Ausgangspunkt der Geschichtswissenschaft, sondern die Fragestellung, von der wiederum die Auswahl der Quelle(n) abhängt.

Wodurch können Sie klassische von virtuellen Quellen und anderer Information unterscheiden?

Im Unterschied zu digitaler Information (Datenbanken, Websites) und Informationsnetzwerken (Mailinglisten, Newsgroups, konventionelle Netzwerke), die durch einen virtuellen Aggregatzustand gekennzeichnet sind, können Sie klassische Quellen meist noch als physisch manifestierte Überreste wahrnehmen. In erster Linie handelt es sich dabei um archivalische Quellen, aber auch um museale und archäologische Objekte, Denkmäler, alte Gegenstände und Ähnliches.

Es ist dabei von untergeordneter Bedeutung, ob die Quelle als Überrest historischer Prozesse bereits vorhanden ist, oder ob sie erst im Zuge des Forschungsprozesses produziert wird (Interview, Fragebogen, o. ä.)

Die Auswahl von Quellen hängt von der Fragestellung ab, die untersucht werden soll. Dabei müssen Sie sehr sorgfältig überlegen, ob Sie mit einer Quelle wirklich die offenen Fragen beantworten können, oder besser eine andere Quelle heranziehen. Um brauchbare Quellen zu finden, müssen Sie eine systematische Suche durchführen und alle in Frage kommenden Quellen einsehen. Erst auf Basis eines umfassenden Überblicks können Sie die Entscheidung für eine bestimmte (Anzahl von) Quelle(n) treffen.

Quellensuche

Nach der Ausarbeitung der wissenschaftlichen Fragestellung und der daraus resultierenden Auswahl der Forschungsmethode (siehe weiter unten!) können Sie die Suche nach der (den) entsprechenden Quelle(n) in Angriff nehmen. Diese Suche beginnt nach wie vor meist traditionell mithilfe von Handbüchern und Verzeichnissen von Quellen, die entweder regional, auf ein Archiv bezogen oder thematisch strukturiert sind. Dabei erwecken große Quellenkunden vielfach schwer einlösbare Erwartungen (mit Titeln wie Quellenkunde zur Geschichte von …), da mit jedem Paradigmenwechsel auch völlig neue Quellenbestände ins Blickfeld genommen werden. Dennoch bieten sie Ihnen wie auch die vielen verfügbaren Quellenverzeichnisse (Inventarlisten von Archiven, u. ä.) nützliche Hilfestellungen bei der Arbeit. Mit ihrer Hilfe können Sie bereits große Quellenbestände in Erfahrung bringen und in der Folge entscheiden, ob eine weitere Suche notwendig ist.

Die maschinelle Quellensuche bietet Ihnen zahlreiche Vorteile, da damit die strengen regionalen, epochalen oder institutionellen Grenzen von Handbüchern wegfallen.

Sie können die Suche in Online-Verzeichnissen von Archiven oder anderen historischen Institutionen vornehmen, mit einer allgemeinen Suchmaschine oder Meta-Suchmaschine arbeiten, und damit nach Webseiten suchen, die von Ihnen eingegebene Stichworte aufweisen. Bei der allgemeinen Suche können Sie meist schon am Begrüßungsbildschirm beliebige Begriffe eingeben. Als Antwort erhalten Sie eine Liste von Internetadressen, in denen die eingegebenen Suchbegriffe vorkommen. Achten Sie aber darauf, dass die Auswahl der Stichworte präzise genug ist, um die Anzahl der „Treffer" zu beschränken. Bei der *Erweiterten Suche* können Sie den Suchvorgang weiter einschränken. Wenn Ihre Ergebnisliste zu lange ist, sollten Sie die Suche mit genaueren bzw. mehr Suchbegriffen erneut starten.

Ü *Nachdem Sie die vorangegangenen Absätze genau studiert haben, können Sie nunmehr eine Suche nach Quellen im WWW vornehmen.*

Starten Sie dazu eine beliebige Internet-Suchmaschine (z. B. www.google.com) und geben Sie im Suchfeld eine beliebige Anzahl von Suchbegriffen für Quellen zur Volkszählung von Wien aus dem Jahr 1857 ein und starten Sie anschließend die Suche. Überlegen Sie dabei genau, welche Begriffe Sie dazu verwenden, um die Anzahl der Ergebnisse klein zu halten.

Die Beschreibung der Lösung für diese Übung finden Sie im Anhang auf Seite 320.

Art der Quellen

In den folgenden Kapiteln finden Sie Beschreibungen der verschiedenen Arten von klassischen Quellen. Dabei wird zwischen prozessproduzierten und forschungsproduzierten Quellen unterschieden und auf die einzelnen Beispiele dieser Quellen eingegangen.

Prozessproduzierte Quellen

Bei diesem Typus handelt es sich um die meistbenützten Quellen der Geschichtswissenschaft. Prozessproduzierte Quellen sind alle Überreste aus der Vergangenheit, die uns als Forschungsobjekt dienen und die nicht durch die Geschichtswissenschaft selbst produziert worden sind.

In der klassischen Quellenkunde werden meist die unterschiedlichen Einsatzgebiete der jeweiligen Quellen geklärt. Folgt man neueren Forschungsparadigmen, dann geschieht diese Klarstellung schon früher: Bereits im Zuge der Entwicklung einer wissenschaftlichen Problemstellung müssen Sie klären, welche Quellen Antworten auf die jeweiligen Fragen geben können (siehe auch Kapitel „Themenfindung, Fragestellung, Thesenbildung").

Schriftliche Quellen
Die wichtigsten Quellen sind wohl nach wie vor schriftliche Quellen wie z. B. Dokumente, Urkunden, Protokolle, Bekanntmachungen, Verträge, Testamente, Patenzettel, listenförmige Verzeichnisse (in Listenform finden Sie u. a. Inventare, Rechnungen, Urbare, Steuer- und Abgabenaufzeichnungen, Häuserverzeichnisse, Grundbücher, Mitgliederlisten, Religionszählungen, Volkszählungen), Geschichtsschreibung (Chroniken, Annalen, Memoiren, Biographien), Briefe, Tagebücher, Predigten, Reiseberichte, praktische Anleitungen (z. B. Kochbücher u. a.), Belletristik, Zeitungen, Zeitschriften, politische Schriften, Flugblätter, wissenschaftliche und populärwissenschaftliche Schriften u.v.a.m.

 Es folgen einige Abbildungen von schriftlichen Quellen:

Dokument: „Kundschaft" der Wiener Posamentiererzunft
Quelle: Wiener Stadt- und Landesarchiv

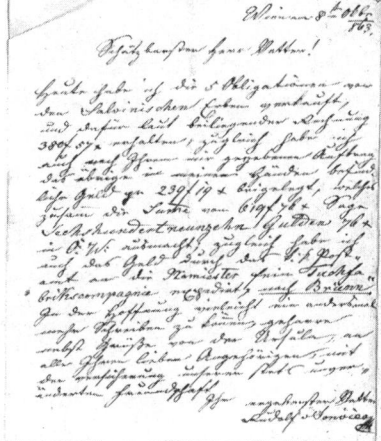

Testament von Ludwig van Beethoven
Quelle: Wiener Stadt- und Landesarchiv

Brief von Rudolf v. Sonvico (Wien) an seinen Vetter in Mesocco (Graubünden/CH)
Quelle: Archivio A Marca in Mesocco (Graubünden/CH)

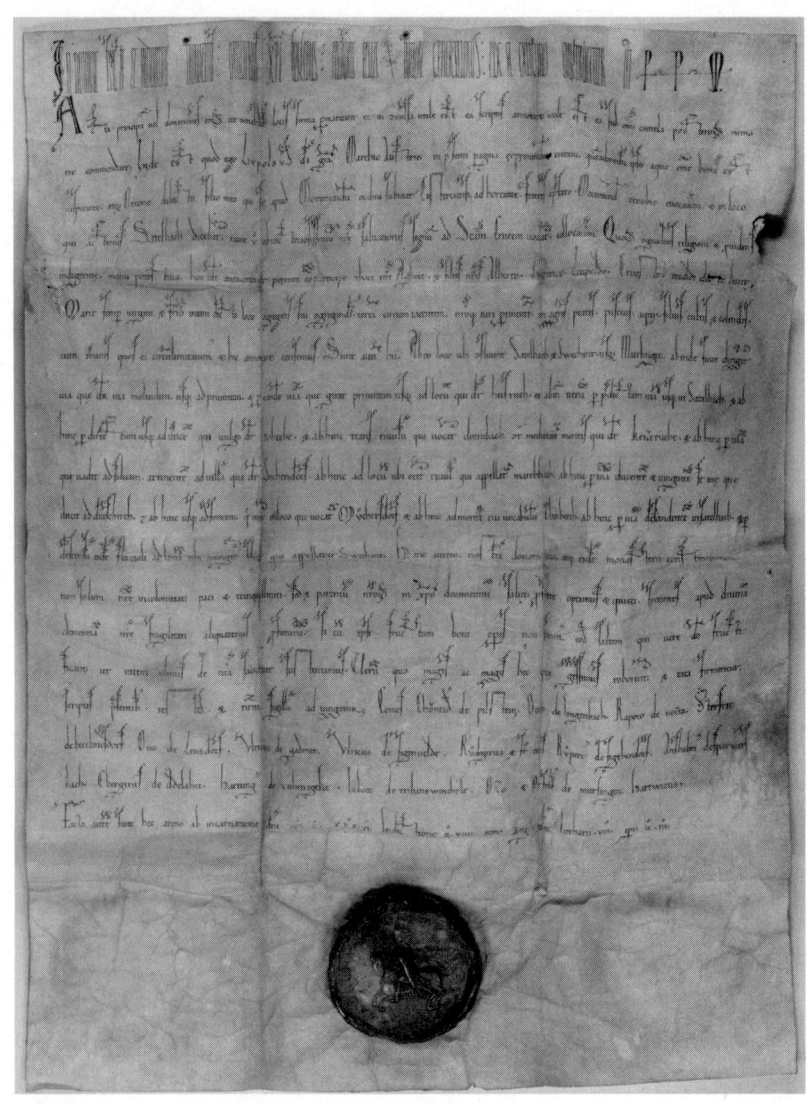

Stiftungsurkunde des Stiftes Heiligenkreuz in Niederösterreich
Quelle: Urkunden des Zisterzienserstiftes Heiligenkreuz, I/001 (www.monasterium.net, Heiligenkreuz, Stiftungsurkunde).

Tagebuch: Otto Leichter, Brieftagebuch für Käthe Leichter, Paris, 5. September 1938
Quelle: Sonderarchiv Moskau (NS-Beuteakten), Bestand 1410, Findbuch 1

Bild-, Ton- und Filmquellen

Unter den bildlichen Quellen finden Sie Gemälde, Wappen, Landkarten, Gedenktafeln, Skulpturen und Fotos.

Akustische Quellen sind noch von relativ jungem Alter. Dazu zählen Radiosendungen (Bsp.: Ausschnitt aus einer Reportage über die Bücherverbrennung 1933: http://home. wtal.de/ollmann/RUNDFUNKSITUATION/Ton4.mp3), Reden (Bsp.: Rede bei der Unterzeichnung des Österreichischen Staatsvertrages, 15. 5. 1955: http://www.mediathek. ac.at/zeitgeschichtschronik/1955_figl_staatsvertrag.htm) und Musikaufnahmen.

Noch jünger sind filmische Quellen. Darunter sind Spielfilme, Wochenschauen (Bsp.: Sammlung von Wochenschauen des Demokratiezentrums Wien: http://www.demokratiezentrum.org/display_media.php?StationID=56&Type=videos), Dokumentarfilme, Fernsehsendungen (Fernsehnachrichten, Dokumentationen, …), private Filme und Videos zu nennen.

B *Es folgen Abbildungen von bildlichen Quellen:*

Gedenktafel am Haus Leopoldskrongasse Nr. 8 in Wien
Quelle: Foto aus Privatbesitz

Fotografie vom Brand des Justizpalastes in Wien (15. Juli 1927)
Quelle: Bildarchiv der österreichischen Gesellschaft für Zeitgeschichte, Foto OEGZ-S390-9

Dingliche Quellen

Dingliche Quellen begegnen uns zwar sehr oft (auch im Alltagsleben), sind aber nur selten im Zentrum historischer Analysen. Sie zählen zu den ältesten Quellen, blieben aber dennoch bis in die jüngste Vergangenheit von Bedeutung. Gerade im Zuge der kulturgeschichtlichen Wende kam es in jüngster Zeit wieder zu einer Renaissance der dinglichen Quellen. Zu dieser Art von Quellen zählen Gebäude, archäologische Ausgrabungen, Denkmäler, Gräber, Geräte, Werkzeuge, Kleidung, Konsumartikel, Münzen, Geldscheine, u. Ä.

B *Es folgen einige Abbildungen von dinglichen Quellen:*

Grabstein am Wiener Zentralfriedhof
Quelle: Foto aus Privatbesitz

Geldschein aus der ehemaligen DDR
Quelle: Foto aus Privatbesitz

Forschungsproduzierte Quellen

Forschungsproduzierte Quellen sind Informationen, die aufgrund einer ganz bestimmten Fragestellung erst im Zuge einer wissenschaftlichen Untersuchung erzeugt werden. Viele dieser Quellen wurden erst mit der sozialwissenschaftlichen Erneuerung in die Geschichtswissenschaft eingeführt. Bei der wissenschaftlich kontrollierten Generierung von Quellen müssen Sie besonders auf die genaue Dokumentation der Rahmenbedingungen achten. Für die systematische Analyse dieser Quellen brauchen Sie Informationen über Ort, Zeit, Kontext und beteiligte Personen. Beachten Sie bitte auch besonders, dass diese Ergebnisse keine authentischen historischen Zeugnisse darstellen, sondern die aktuelle Sichtweise der Befragten wiedergeben.

Zeitzeugeninterviews
Zeitzeugeninterviews sind ebenfalls in die Reihe der neueren Quellen einzuordnen. Die wissenschaftlich kontrollierte Interviewführung im Bereich der Geschichtswissenschaft („Oral History") wurde erst in den 1960er und 1970er Jahren entwickelt. Dabei gibt es, entsprechend den unterschiedlichen Zielen auch sehr unterschiedliche Techniken der Interviewführung (möglichst offen bis sehr strukturiert).

Fragebogenerhebungen
Fragebogenerhebungen sind nicht unmittelbar von technischer Innovation abhängig, wurden aber auch von der Computertechnologie sehr beflügelt (siehe Kapitel „Datenbanken und Datenarchive"). Technisch werden diese Untersuchungen auf zweierlei Weise durchgeführt: Erstens auf die Weise, dass die Untersuchungspersonen selbst den Fragebogen ausfüllen, oder aber als mündliche Befragung, die erst im Nachhinein von den Forscher/innen in einen Fragebogen oder eine Datenbank eingegeben werden.

B Unter der Internetadresse http://www.geschichte-online.at/utb/20_2.html finden Sie einen Fragebogen aus einem Zeitzeugenprojekt.

Quelleneditionen

Quelleneditionen sind ein Sonderfall von (meist schriftlichen) Quellen. Quellen werden meist nur dann in edierter Form einem größeren Publikum zur Verfügung gestellt, wenn

Historiker/innen oder Archivar/innen und Verleger der Überzeugung sind, dass die jeweiligen Texte von breiterem Interesse sind. Oft gibt es auch konkrete Vorstellungen von den Einsatzmöglichkeiten der Quellen. Davon hängt dann auch die konkrete Umsetzung der Edition ab (Wo werden Kommentare angebracht? Welche Art von Kommentaren werden angebracht?). Daneben gibt es auch noch grundlegendere Unterschiede zwischen den verschiedenen Editierweisen: Manche Editionen sind kaum bearbeitet (keine Korrekturen und keine Kommentare im Text, um die Vorlage möglichst originalgetreu wiederzugeben), andere sind stärker bearbeitet, um die Verständlichkeit der Quelle zu erhöhen. Jede dieser Formen birgt Vor- und Nachteile, die (abgesehen davon, dass sie Gegenstand wissenschaftlicher Auseinandersetzungen sind) bei der Analyse berücksichtigt werden müssen. Im Zweifelsfall (und nicht nur dann) empfiehlt sich bei der Analyse die Einsichtnahme in die Originalquelle!

B *Unter der Internetadresse http://www.geschichte-online.at/utb/20_3.html finden Sie die Abbildung einer Quellenedition: Das Toleranzpatent für Niederösterreich (Quelle: A. F. Pribram, Hg., Urkunden und Akten zur Geschichte der Juden in Wien. Erste Abteilung, Allgemeiner Teil 1526–1847(1849), Erster Band, Wien 1918, 494).*

Quellen und Methoden

Die Auseinandersetzung mit Quellen ist sehr eng mit der Frage nach den entsprechenden Forschungsmethoden verknüpft. Bereits im Zuge von Fragestellung und Thesenbildung wird das Spektrum des analytischen Instrumentariums stark eingeschränkt. So können Sie zum Beispiel quantitativ-repräsentative Fragen nach dem Zusammenhang von Alter der Menschen und Haushaltsformen kaum mittels qualitativer Textanalyse beantworten. Die Auswahl der Quellen reduziert die methodischen Wege weiter. Wenn Sie beispielsweise in einer Personenliste keine Altersangabe (bzw. kein Geburtsdatum) finden, können Sie auch keine statistische Korrelation von Alter und Haushaltsgröße berechnen. Dennoch bleibt auch nach der Auswahl der Quellen oft noch eine Reihe von unterschiedlichen methodischen Wegen offen. Insbesondere im Bereich der Textanalyse werden viele verschiedene Wege der praktischen Untersuchung begangen (Hermeneutik, komparative Textanalyse, Diskursanalyse, maschinelle Textanalyse u. a.).

Bei vielen eher quellenorientierten Forschungen steht die Methodenauswahl mehr im Hintergrund und wird erst in einem fortgeschritteneren Stadium der Untersuchung vorgenommen, bzw. wird dabei die Fragestellung, die Quellenauswahl und die Forschungsmethode nur peripher thematisiert. In neueren Forschungen findet eine intensivere Auseinandersetzung mit dem systematischen Forschungsablauf statt, wodurch auch ein höherer Grad an Objektivität (im Sinne von intersubjektiver Überprüfbarkeit) erreicht wird.

Zu methodischen Fragen siehe auch Kapitel „Geschichtswissenschaftliches Arbeiten?" und den Abschnitt über „Operationalisierung" im Kapitel „Themenfindung, Fragestellung, Thesenbildung".

B *Auf der Internetseite http://www.geschichte-online.at/utb/20_4.html können Sie die Zuordnung von Quellen üben.*

Ort der Quellen

In den folgenden Kapiteln finden Sie Beschreibungen der verschiedenen Orte, an denen Sie klassische Quellen finden können.

Nach wie vor sind die Archive die zentralen Orte, wo Sie Quellen suchen können, aber auch in Museen, an historischen Orten bzw. an ganz unspezifischen Orten und im virtuellen Raum können Quellen gefunden werden. Wo Sie Ihre Quellen suchen, hängt in erster Linie von der Art der Quellen ab, die Sie für ihre Untersuchung benötigen, was wiederum von Ihrer Fragestellung abgeleitet ist.

Archive

Ein Archiv ist eine Einrichtung zur Sammlung, Ordnung, Aufbewahrung, Verwaltung und Nutzung von meist schriftlichen und auch anderen Überresten aus dem Bereich der Verwaltung oder auch anderen öffentlichen oder privaten Institutionen, Betrieben oder Organisationen.

Die wichtigsten Betreiber von Archiven sind öffentliche und halb öffentliche Institutionen. Daneben werden Archive aber auch von großen Unternehmen, Organisationen und Privatpersonen unterhalten. Von den Betreibern hängen auch die Sammelgebiete der einzelnen Archive ab. Große staatliche Archive legen aber oftmals auch über den eigenen Aktenfluss hinaus Sammlungen an, bzw. werden im Zuge von Schenkungen oder gezielten Ankäufen Quellenmaterialien aus einem größeren Umfeld in die eigenen Bestände integriert.

Unter den Archiven der öffentlichen Hand findet man gesamtstaatliche Archive, Landesarchive, Gemeindearchive, Kammerarchive, Schul- und Universitätsarchive. Zu den Archiven von Institutionen und Vereinigungen zählen Archive von Religionsgemeinschaften (auf der Ebene von Ländern, Klöstern und Pfarren und nach Konfessionen getrennt), Vereinsarchive, Parteiarchive, Gewerkschafts- und Arbeitgebervereinigungsarchive, Innungsarchive u. Ä. Im Bereich der privaten Archive finden Sie Firmenarchive, Archive von privaten Personen bzw. Familien u. ä.

Nach wie vor sind die staatlichen Archive von größter Bedeutung für die Geschichtswissenschaft, da sie die quantitativ größten Bestände verwalten. Teilweise sind diese Archive über die gezielte Sammeltätigkeit hinaus auch zu Geschichtsforschungsinstitutionen herangewachsen, die eigene Publikationsreihen und Zeitschriften herausgeben.

B *Die wichtigsten österreichischen Archive sind:*
Österreichisches Staatsarchiv: http://www.oesta.gv.at/
Landesarchive: http://www.oesta.gv.at/deudiv/arch_oe.htm
Dokumentationsarchiv des Österreichischen Widerstands: http://www.doew.at/
Kirchenarchive: http://www.bka.gv.at/DesktopDefault.aspx?TabID=3446
Kammerarchive: http://www.bka.gv.at/DesktopDefault.aspx?TabID=3448

B *Die wichtigsten Archive im deutschen Sprachraum sind:*
Bundesarchiv der Bundesrepublik Deutschland: http://www.bundesarchiv.de/
Staatliche Archive in Deutschland: http://www.bundesarchiv.de/service/links/archive/00854/index.html
Schweizerisches Bundesarchiv: http://www.bar.admin.ch/org/
Schweizer Archive: http://www.swissinfo.org/sde/swissinfo.html?cat=20&subcat=382&siteSect=821
Südtiroler Landesarchiv: http://www.provinz.bz.it/sla/

Museen

Auch in Museen finden Sie ein sehr vielfältiges Angebot an unterschiedlichen Quellen. Abgesehen von den dinglichen und bildlichen Quellen, die als Ausstellungsobjekte präsentiert werden, unterhalten viele Museen auch eigene Archive oder zumindest Archivabteilungen. Dort können Sie dann auch alle anderen Arten von Quellen vorfinden. Die Museumsarchive sind meist mit den jeweiligen Sammlungen verbunden und sollten daher auch im Zusammenhang mit diesen benützt werden.

Neben diesen Archivalien sind aber die ausgestellten Exponate oftmals selbst sehr aussagekräftige Quellenmaterialien. Meist werden zu den Exponaten auch Kataloge oder andere Beschreibungen angeboten und geben Einblick in den Kontext (Zeit, Ort, ErzeugerIn, BesitzerIn) der Exponate. Dabei sollten Sie aber darauf achten, an welches Publikum sich der Museumserhalter in erster Linie wendet, da dadurch sowohl die Präsentation im Museum als auch die Darstellung im Katalog beeinflusst wird.

B *Die wichtigsten österreichischen Museen finden Sie hier:*
Österreichische Bundesmuseen: http://www.nhm-wien.ac.at/bundesmuseen
Österreichische Landesmuseen: http://www.landesmuseen.at/
Technisches Museum Wien: http://www.tmw.ac.at/
Heeresgeschichtliches Museum: http://www.bmlv.gv.at/hgm/
Österreichisches Museum für Volkskunde: http://www.volkskundemuseum.at/
Österreichisches Jüdisches Museum: http://ojm.at/
Jüdisches Museum der Stadt Wien: http://www.jmw.at/
Museum Arbeitswelt Steyr: http://www.museum-steyr.at/

B *Die wichtigsten Museen im deutschen Sprachraum finden Sie hier:*
Deutsches Historisches Museum Berlin: http://www.dhm.de/
Deutsches Museum München: http://www.deutsches-museum.de/
Haus der Geschichte der Bundesrepublik Deutschland: http://www.hdg.de/
WebMuseen: http://www.museen.de/
Museen in der Schweiz: http://www.museums.ch/
Südtiroler Museum für Landesgeschichte: http://www.schlosstirol.it/content.php?lang= 0

B *Wichtige internationale Museen sind:*
Anne Frank Haus Amsterdam: http://www.annefrank.org
United Staates Holocaust Memorial Museum Washington: http://www.ushmm.org/
Yad Vashem Jerusalem: http://www.yadvashem.org/

Historische Orte/archäologische Stätten/ortsgebundene Objekte
Zuerst sind Sie hier mit der Frage konfrontiert, wie „historische Orte" definiert werden? Diese Frage ist nicht einfach zu beantworten, da grundsätzlich jeder Ort zu einem historischen Ort (erklärt) werden kann. Der Umstand, weshalb ein Ort als „historisch" angesehen wird, hängt ausschließlich von Ihrer Fragestellung ab, wodurch jeder beliebige Ort zu einem historischen Ort und damit zu einer Quelle werden kann. Gleichwohl gibt es viele Orte, die z. B. mittels Anschlagtafel (teilweise staatlich sanktioniert) zu historischen Orten deklariert wurden. Auf Gedenk- und Anschlagtafeln erhält man meist Informationen über die Umstände, warum der jeweilige Ort als „historisch" betrachtet wird, was für die Geschichtswissenschaft wiederum einen eigenen Quellenwert darstellt. Wichtig ist, wer der/die Besitzer/in des Ortes ist, da das wiederum von großer Bedeutung für die Information ist, die man an einem „historischen Ort" gewinnen kann.

In erster Linie denkt man bei historischen Orten an Gedenkstätten, Friedhöfe, alte Gebäude, Gewerbe- und Industriearchitektur, Denkmäler und Gedenktafeln u. Ä. Bei archäologischen Ausgrabungen werden in erster Linie Gebäudereste, Wege und andere Überreste aus der Antike und dem Mittelalter freigelegt. In geringerer Zahl gibt es auch Ausgrabungen aus früherer und späterer Zeit.

B Es folgen Abbildungen von historischen Orten:

Denkmal gegen Krieg und Faschismus in Wien
Quelle: Foto aus Privatbesitz

Ausgrabung (tw. rekonstruiert) des Palastes von Knossos auf Kreta (GR)
Quelle: Foto aus Privatbesitz

Unspezifische Orte

Neben all den explizit definierten Orten wie Archiven, Sammlungen und Gedenkstätten
können Sie auch an beliebigen Orten Quellen vorfinden. Ausgehend von der Definition,
dass Quellen Gegenstände sind, durch die man Information über die Vergangenheit
erhält (Lerneinheit *„Was sind klassische Quellen?"*), finden Sie diese überall. In dieser offenen Kategorie sind zum Beispiel Orte wie der „private Raum" zu nennen, wo
Objekte des täglichen Gebrauchs mit historischer Aussagekraft zu finden sind, aber
auch der „öffentliche Raum", in dem Sie auf viele historisch relevante Relikte treffen.
Beispiele für die vielen Quellen, die sich an den unterschiedlichsten privaten und öffentlichen Orten finden, sind: Briefe, Tagebücher, alte Gegenstände, Konsumartikel,
Geld, Briefmarken, Kalender, Plakate, Straßenschilder und viele andere, insbesondere
dingliche Quellen.

Es folgen Abbildungen von Quellenmaterialien, die Sie an unspezifischen Orten finden können:

Briefmarke aus der Frühzeit der Republik Österreich
Quelle: Foto aus Privatbesitz

Kalender aus dem Jahr 1939
Quelle: Foto aus Privatbesitz

Virtuelle Orte

Bei dieser Quellenkategorie handelt es sich im Wesentlichen um eine Spezialform der Quellenedition (siehe oben), bei der Quellen digital abgebildet und online zur Verfügung gestellt werden. Es gibt immer wieder Überlegungen, besonders viel benützte Archivbestände online zur Verfügung zu stellen und auch erste Ansätze dazu. Die massenweise Digitalisierung scheitert aber derzeit noch an den mangelnden Personalressourcen der Archive, an rechtlichen und organisatorischen Problemen. In einer international geführten Auseinandersetzung werden aber bereits Standards für das Angebot von Online-Archiven diskutiert und erprobt.

An den ersten Projekten zur Online-Präsentation von Quellen sind sowohl Archive als auch Forschungsinstitutionen, vielfach auch in Kooperation miteinander oder mit kommerziellen Firmen aus dem Bereich der EDV, beteiligt.

B *Hier finden Sie einige Websites, in denen Quellen als virtuelle Abbildung physischer Quellen zugänglich gemacht werden:*

Digitales Archiv von Duderstadt: http://www.archive.geschichte.mpg.de/duderstadt/
Diese Sammlung der älteren Bestände des Stadtarchivs Duderstadt (ein Kooperationsprojekt mit dem Max-Planck-Institut für Geschichte in Göttingen) ist unbeschränkt online verfügbar.
Dokumentationsarchiv des Österreichischen Widerstands – Erkennungsdienstliche Kartei der Gestapo Wien: http://www.doew.at/php/gestapo/
Die Auswahl von über 2.000 Fotos von NS-Opfern aus der digitalisierten Fassung der erkennungsdienstlichen Kartei der Gestapo des DÖW ist unbeschränkt online verfügbar.
Institut für Realienkunde des Mittelalters und der frühen Neuzeit (Krems) – Digitales Bildarchiv: http://www.imareal.oeaw.ac.at/realonline/
Das Bildarchiv des Instituts für mittelalterliche Realienkunde (eine Kooperation mit der Historisch-kulturwissenschaftlichen Informationsverarbeitung der Uni Köln) ist unbeschränkt zugänglich.

Ü *Auf der Internetseite http://www.geschichte-online.at/utb/20_5.html können Sie Sammelgebiete von Archiven bestimmen.*

Benützung der Quellen

In diesem Kapitel wird die praktische Arbeit mit Quellen von der Recherche und Aushebung der Quellen (beispielsweise im Archiv) über die Kritik bis zur Erhebung der Information beschrieben.

Auffindung und Erhebung von Quellen

Auf der Suche nach einer klassischen Quelle starten Sie am besten mit einem Handbuch zur jeweiligen Quellenkunde. Dort finden Sie eventuell auch bereits Verweise auf Archive und andere Orte, an denen diese Art von Quellen aufbewahrt wird. Wenn Sie anschließend ein Archiv aufsuchen, müssen Sie sich meist noch vor der Aushebung und Einsichtnahme von Archivalien persönlich ausweisen und/oder einen Eintrag in der Benützerevidenz (Benützerbogen o. Ä.) vornehmen. Zuerst sollten Sie sich nach Bestandsverzeichnissen (Archivinventaren) erkundigen. Dort ist verzeichnet, wo die benötigten Quellen zu finden sind. Wenn Sie aufgrund der schriftlichen Information nicht sicher sind, ob Sie Ihre Fragen mit den vor Ort aufliegenden Quellen beantworten können, sollten Sie die zuständige Auskunftsperson kontaktieren. Diese wird Ihnen auch bei der Bestellung und Aushebung der Quelle behilflich sein.

Üblicherweise müssen Sie einen Anforderungsschein mit der genauen Archivsignatur (je nach Archiv werden diese nach sehr unterschiedlichen Regeln geführt) ausfüllen und abgeben. In vielen Archiven wir Ihnen dann die Quelle sofort zur Einsichtnahme ausgehändigt, in manchen Archiven mit ausgelagerten Beständen müssen Sie länger (bis zu mehreren Tagen) auf die Aushebung warten. In solchen Fällen ist vielfach auch eine telefonische Bestellung möglich.

Wenn Sie dann die Quelle zur Verfügung haben, sollten Sie sich zuerst einen Überblick über ihre Quantität und Qualität verschaffen und anschließend die Art und Weise der Erhebung konzipieren. Wenn Sie zum Schluss kommen, dass die Quelle für Ihre Fragen die richtigen Antworten bietet, können Sie diese als Foto oder Kopie (falls zulässig), als originalgetreue Transkription oder in Form einer Datenbank erheben. Die Entscheidung für die jeweilige Art und Weise der Erhebung hängt wiederum sowohl von der Fragestellung als auch von der Beschaffenheit der Quelle ab.

Quellenkritik

Bei der Quellenkritik müssen Sie die Frage beantworten, ob eine Quelle wirklich die nötige Information in ausreichendem Umfang, in ausreichender Qualität bietet, ob sie vertrauenswürdig ist und welche Bedeutung Sie der jeweiligen Quelle beimessen können. Dafür benötigen Sie Informationen zum Kontext der Entstehung und der Überlieferung der Quelle. Gleichzeitig ist aber der Entstehungskontext auch ein notwendiger Rahmen für die spätere Interpretation der Quelle.

Erst danach stellt sich die Frage nach der Korrektheit der Daten in einer Quelle. Zur Klärung der Frage nach der Plausibilität der Information aus einer Quelle können Sie sie auf interne Widersprüche in Texten oder Zahlen befragen oder mit anderen Quellen vergleichen. Aber auch wenn Sie feststellen, dass die angegebenen Daten nicht korrekt sind, braucht die Quelle nicht gleich verworfen zu werden, da es meist von sehr großem Wert ist, zu wissen, wer eine Quelle aus welchem Grund gefälscht hat. Aber auch bei korrekten Daten in den Quellen ist es von größter Bedeutung herauszufinden, wer ein Interesse an der Entstehung bzw. Erhaltung der Quelle hatte.

Jenseits der empirisch überprüfbaren Daten ist es aber notwendig, aufgrund von allen Zusatzinformationen (Kontext) zu überprüfen, ob die Quelle vertrauenswürdig ist (Spielen persönliche Interessen im Zuge der Genese der Quelle eine Rolle? Gibt es offensichtliche Übertreibungen u. a.?).

B Praxis der Quellenkritik am Beispiel einer Volkszählungsliste:

Wenn Sie eine Volkszählungsliste einer kritischen Würdigung unterziehen, müssen Sie zuerst in Erfahrung bringen, wer die Zählung veranlasst und wer sie durchgeführt hat. Im Fall der Konskriptionsliste von 1857 (auf http://www.geschichte-online.at/utb/20_6.html finden Sie eine Abbildung der Quelle) wurde die Erhebung durch die Regierung der Habsburgermonarchie angeordnet und von den kommunalen Behörden durchgeführt. Mit dieser Konskription wurde eine Zählungsserie begonnen, die mit einigen Modifikationen bis heute besteht. Dabei wurde/wird zu einem festgelegten Stichtag die gesamte Bevölkerung des Landes registriert. Allein aus der Beschaffenheit der Quelle können Sie das militärische Motiv für die Erhebung erkennen.

Die detaillierte Aufschlüsselung der (in den nächsten Jahren) wehrfähigen männlichen Jahrgänge ist ein klares Indiz für die militärischen Interessen an der Konskription.

III. Nach dem Alter

| | | | männlich | | | | | | | | | | | | | weiblich | | | | | |
von der Geburt bis zum 6. Jahre	über 6 bis 12 Jahre	über 12 bis 14 Jahre	14 jährige	15	16	17	18	19	20	21	über 21 bis 24 Jahre	über 24 bis 26 Jahre	über 26 bis 40 Jahre	über 40 bis 60 Jahre	über 60 Jahre	von der Geburt bis zum 6. Jahre	über 6 bis 12 Jahre	über 12 bis 14 Jahre	über 14 bis 24 Jahre	über 24 bis 40 Jahre	über 40 bis 60 Jahre	über 60 Jahre
29	30	31	32	33	43	35	36	37	38	39	40	41	42	43	44	45	46	47	48	49	50	51
												1										

II. Nach dem Berufe, Erwerbe oder der Unterhaltsquelle

Jahr, Monat und Tag der Geburt	Geistliche	Beamte	Militär	Literaten, Künstler	Rechtsanwälte, Notare	Sanitäts-Personen	Grundbesitzer	Haus- und Rentenbesitzer	Fabrikanten und Gewerbsleute	Handelsleute	Schiffer und Fischer	Hilfsarbeiter der Landwirthschaft	Hilfsarbeiter für Gewerbe	Hilfsarbeiter beim Handel	Andere Diener	Taglöhner	Mannspersonen über 14 J.	Frauen und Kinder
	11	12	13	14	15	16	17	18	19	20	21	22	23	24	25	26	27	28
Conskription 2 Vorstadt Wien 820			23/4	559	gestorben										1			

Dieser Umstand könnte möglicherweise zur Folge gehabt haben, dass davon betroffene Personen, die sich dem Militärdienst entziehen wollten (bzw. deren Eltern), versucht waren, die Angaben zu verfälschen. Darüber hinaus können wir in den Einzelfällen nicht nachprüfen, ob die Erhebungsorgane den Angaben der Haushaltsvorstände Glauben schenkten oder ob sie alle Einzelheiten überprüften. Für Untersuchungen einzelner Personen, Familien oder Haushalte ist die möglicherweise daraus resultierende Unschärfe zu bedenken, bei quantitativen Untersuchungen hat das keine so große Bedeutung, da die Abweichungen meist innerhalb der statistischen Schwankungsbreite liegen. Bei der Suche interner Widersprüche können Sie in dieser Quelle beispielsweise das Geschlecht mithilfe der Vornamen überprüfen, oder die Gesamtzahl der Personen im Haushalt nachzählen. Die Berufsangaben in Spalte 11 bis 28 können Sie mit der Berufsbezeichnung neben dem Namen (falls vorhanden) vergleichen.

Weiters können Sie teilweise mithilfe des Geburtsdatums überprüfen, ob die Angaben zum Familienstand plausibel sind.

Internetkritik

Nachdem das WWW auch im Bereich der Geschichtswissenschaft immer mehr zu einem zentralen und unverzichtbaren Informationsmedium geworden ist, wird auch die Kritik daran immer wichtiger. Jenseits der klassischen Quellenkritik ist es aufgrund der besonderen Beschaffenheit dieses Mediums angebracht, einen spezifischen Kriterienkatalog zur Beurteilung des Internets zu entwerfen:

Wer verbirgt sich hinter einer Website?

Sie müssen Information über AutorInnen und/oder BetreiberInnen der Website einholen. Wird die Website von einer (wissenschaftlichen oder nicht wissenschaftlichen) Institution betrieben oder von einer Privatperson? Diese Unterscheidung sollte aber nicht zur Folge haben, dass Websites von Privatpersonen von vornherein als Informationsquelle abgelehnt werden sollten, sondern die Klärung der Urheberschaft dient vielmehr als Hilfestellung zur wissenschaftlichen Bewertung. Teilweise werden auch auf privaten Websites anspruchsvolle wissenschaftliche Studien publiziert und außerdem bieten private Websites oft auch durchaus interessante Quellen an. Umgekehrt können Sie auch nicht von vornherein sicher sein, dass alles, was auf Websites von Universitäten veröffentlicht wird, wirklich wissenschaftlich bedeutsam ist.

Um das Umfeld der Veröffentlichung herauszufinden, können Sie versuchen, die Adresse der Website schrittweise zu kürzen. Falls Sie damit zu keinem brauchbaren Ergebnis kommen, können Sie den Namen oder die Internetadresse von AutorIn bzw.

Betreiber der Website mit einer Suchmaschine abfragen, um herauszufinden, welche anderen Websites auf diese Seite verweisen.

Da das Internet ein sehr schnelllebiges Medium ist, sollten Sie auch die Aktualität der Website überprüfen. Oftmals wird auf der Website das letzte Update angegeben, aber auch wenn das nicht der Fall ist, sollten Sie abklären, ob die Information auf der Seite aktuell ist bzw. ob es bereits viele „tote" Links gibt.

Jenseits dieser Beurteilungskriterien sind hier natürlich auch alle Kriterien der klassischen Quellenkritik anzuwenden bzw. sind die hier genannten Kriterien nur als Hilfestellung und Ergänzung für die klassische Quellenkritik gedacht.

Suchmaschinenkritik

Das Suchen von internetgestützter Information mithilfe einer Suchmaschine (Google: http://www.google.de/, Altavista: http://de.altavista.com/, Yahoo: http://de.yahoo.com/ u. a.) ist zu einer ganz selbstverständlichen Tätigkeit, auch im Wissenschaftsbetrieb, geworden. Da das WWW in den letzten Jahren zu einer sehr umfangreichen Informationsquelle zu fast allen denkbaren Themen geworden ist und auch wissenschaftliche Institute ihre Forschungsergebnisse in wachsendem Ausmaß online publizieren, kann kein anderes wissenschaftliches Medium in puncto Aktualität mit dem Internet mithalten. So hat das WWW teilweise die Funktion einer Universalenzyklopädie mit der größten Anzahl von Stichworten übernommen.

Gleichzeitig ist das Internet aber heute in erster Linie ein kommerzielles Medium, in dem vor allem nicht wissenschaftliche (und damit für uns nur selten brauchbare) Angebote präsentiert werden. Sie finden aber auch unzählige Seiten mit Fälschungen, populärwissenschaftlichen Publikationen oder auch qualitativ schlechte Präsentationen, bei denen man den Eindruck gewinnen könnte, dass sie nur deshalb im Netz stehen, weil sich dafür kein anderes Publikationsmedium gefunden hat.

Wenn Sie nun das Internet nach einem bestimmten Suchbegriff absuchen lassen, werden Sie von der Suchmaschine unter Umständen vorwiegend Internetadressen von nicht wissenschaftlichen Anbietern erhalten. Dieses Problem wird noch dadurch vergrößert, dass kommerzielle Firmen in letzter Zeit ihre Websites immer gezielter auf die Suchroutinen der verschiedenen Suchmaschinen ausrichten. Dadurch geraten wissenschaftliche Websites in den Trefferlisten immer weiter nach hinten.

Oftmals erhalten Sie von der Suchmaschine aber auch Antworten aus anderen Fachbereichen, die Ihnen eventuell auch nicht weiterhelfen.

Daher sollten Sie am Beginn jeder Suche im Internet genau überlegen, ob Sie Ihr

Ziel nicht besser über ein vertrauenswürdiges Portal (z. B.: Internet für HistorikerInnen: http://www.univie.ac.at/Geschichte-Meta/internet/internet.html, Zeitgeschichte Informations System Innsbruck: http://zis.uibk.ac.at/, Virtual Library History: http://vlib.iue.it/history/index.html) eher erreichen, und nur dann eine Suchmaschine einsetzen, wenn Sie sicher sind, dass dieser Weg zielführender ist. Dabei sollten Sie dann auch Ihre Suchbegriffe besonders sorgfältig auswählen, damit Sie Ihr Ergebnis optimal eingrenzen (zur Minimierung der Anzahl der Treffer), gleichzeitig aber gewährleisten, dass Sie möglichst wenig sinnvolle Ergebnisse ausschließen.

Online-Quellennutzung

Obwohl die Digitalisierung von Quellen erst am Beginn der Entwicklung steht, gibt es bereits eine ganze Reihe sehr unterschiedlicher Quellen, die für eine Online-Analyse zur Verfügung stehen (siehe Kapitel „Virtuelle Orte"): Schriftliche Quellen können als Faksimile oder wortgetreue Transkription, Bildquellen als Fotos, Tonquellen in digitalem Audioformat, Filme als digitale Videos betrachtet werden. Als erstes müssen Sie bei der Online-Analyse auf den möglichen Informationsverlust durch die Digitalisierung achten. Es ist daher bei den zentralen Quellen einer Untersuchung meist unerlässlich, das Original zumindest exemplarisch zu sichten. Wenn Sie nun aber feststellen können, dass die für Sie nötigen Informationen umfassend und unverfälscht online abrufbar sind, steht der Analyse der virtuellen Quelle nichts mehr im Wege.

Zum Teil bieten digitalisierte Quellen auch Vorteile gegenüber den Originalen: Es ist mit einem speziellen technischen Verfahren möglich, vollständig verblasste Schrift nach der Digitalisierung elektronisch wieder sichtbar zu machen (aufgrund der Farbreste in tieferen Schichten des Papiers).

 Auf der Internetseite http://www.geschichte-online.at/utb/20_7.html können Sie Online-Quellenstudium üben.

Praxis der Quellenerhebung im Archiv

Im folgenden Kapitel finden Sie die Beschreibung einer praktischen Quellenerhebung in einem österreichischen Archiv. Dabei wird anhand einer Problemstellung aus der

Historischen Familienforschung die praktische Quellensuche im Archiv und die darauf folgende Erhebung der Quelle beschrieben.

Im Zuge einer Untersuchung über Unterschiede der Haushaltsformationen von Immigrant/innen und einheimischer Bevölkerung im 19. Jahrhundert wird nach Haushaltslisten von Wien gesucht. Aufgrund der Lektüre von Publikationen aus dem Bereich der Historischen Familienforschung wissen Sie, dass im Wiener Stadt- und Landesarchiv die Urmaterialien einer Reihe von Volkszählungen aus dem 19. und 20. Jahrhundert liegen. In diesen Listen sind die Bewohner von Wien, nach Häusern und Wohnungen geordnet, mit den wesentlichsten persönlichen Daten (Geburtsort und -datum, Beruf, Familienstand, ...) verzeichnet.

Nun begeben Sie sich in das Archiv, um sich dort von dem/der zuständigen Archivar/in beraten zu lassen. Als erstes werden Sie dort ersucht, sich über die Benützung des Archivs zu informieren und einen Benutzerbogen auszufüllen. Ausgestattet mit dem bisherigen Wissen, fragen Sie nach Volkszählungslisten der Wiener Leopoldstadt aus der 2. Hälfte des 19. Jahrhunderts. Darauf erhalten Sie vom zuständigen Referenten/ von der zuständigen Referentin die Auskunft, dass die Urmaterialien der Wiener Volkszählungen nach 1857 beim Brand des Justizpalastes 1927 verloren gegangen sind. Für die Zeit danach sind nur Zählungen der heutigen Wiener Randbezirke verfügbar, die zum Zeitpunkt der Zählung noch nicht eingemeindet waren. Zur Einschau lassen Sie die Erhebungsbögen durch den/die Archivar/in ausheben. Da diese Zählung nicht nach Straßen und Plätzen organisiert war, sondern nach Konskriptionsnummern, die über die ganze Leopoldstadt durchlaufend waren, müssen Sie als erstes ein Häuserverzeichnis studieren (dieses liegt im Benutzerraum auf), um herauszufinden, dass beispielsweise der Karmeliterplatz aus den Hausnummern 253–256, 312–314, 326–328 und 612 bestand. Nachdem Sie die Erfassungsbögen dieser Häuser beim diensthabenden Referenten bestellt haben, wird die Quelle am nächsten Morgen ausgehoben und liegt ab 10 Uhr im Benutzerraum bereit.

Bei der ersten Einsichtnahme in die Quelle erkennen Sie aufgrund der detaillierten Aufschlüsselung der in den darauf folgenden Jahren wehrfähigen männlichen Jahrgänge, dass diese Erhebung in erster Linie aus militärischem Interesse durchgeführt wurde. Nach genauem Studium der Quelle entschließen Sie sich zu einer Eingabe der Quelle in eine Datenbank (vgl. Kapitel „Datenbanken und Datenarchive"). Dazu ist die Erstellung eines quellennahen Datenmodells nötig, das in einem brauchbaren elektronischen Datenbanksystem realisiert wird. Nun können Sie ausgerüstet mit einem portablen Computer zur Erhebung der Daten schreiten. Nach den ersten Probeeingaben sollte die Datenbank nochmals überarbeitet werden, um eine optimale Funktionalität zu erreichen und daraufhin die Eingabe fortzusetzen.

Literatur und Links zu klassischen Quellen

Winfried Baumgart, Hg., Quellenkunde zur deutschen Geschichte der Neuzeit von 1500 bis zur Gegenwart, 6 Bde., Darmstadt 1987–2003. *Große deutsche Quellenkunde im Taschenbuchformat.*

Fabio Crivellari (Universität Konstanz, FB Geschichte), Quellenkritik, http://www.uni-konstanz.de/FuF/Philo/Geschichte/Tutorium/Themenkomplexe/Quellen/Quellenkritik/quellenkritik.html (15.11.2003). *Sehr kompakte Beschreibung von Quellenkritik.*

Friedrich Christoph Dahlmann, Georg Waitz, Hermann Heinpel, Hg., Quellenkunde der deutschen Geschichte, Stuttgart 1969–1999, Abschnitt 9–25. *Sehr umfangreiche klassische deutsche Quellenkunde.*

Elisabeth Dietrich u. Wolfgang Meixner, Quellenstudien in der Historischen Forschung, in: Theo Hug, Hg., Wie kommt Wissenschaft zum Wissen? Bd. 1: Einführung in das wissenschaftliche Arbeiten, Baltmannsweiler 2001, 127–143. *Kritische Quellenkunde unter Berücksichtigung neuerer Quellentypen.*

Josef Ehmer, Volkszählungslisten als Quelle der Sozialgeschichte, Wiener Geschichtsblätter 35 (1980), 106–123. *Auseinandersetzung mit den Auswertungsmöglichkeiten von Volkszählungen aus quantifizierender Perspektive.*

Heinz Hauffe, Informationswissenschaftliche Perspektiven zur Qualität von Wissensbeständen, Informationen und Quellen, in: Theo Hug, Hg., Wie kommt Wissenschaft zum Wissen? Bd. 1: Einführung in das wissenschaftliche Arbeiten, Baltmannsweiler 2001, 119–126. *Allgemeine Auseinandersetzung mit Information in wissenschaftlichem Kontext.*

Peter Horvath, Geschichte Online: Neue Möglichkeiten für die historische Fachinformation, in: Historical Social Research, Supplement 8, 1997. *Das Buch ist angesichts der raschen Entwicklung der elektronischen Medien bereits sehr alt, bietet aber noch immer eine sehr gute Einführung in den durch die Fachinformatik veränderten Umgang mit Quellen.*

Josef Pauser, Martin Scheutz, Thomas Winkelbauer, Hg., Quellenkunde der Habsburgermonarchie (16.–18. Jahrhundert). Ein exemplarisches Handbuch (Mitteilungen des Instituts für Österreichische Geschichtsforschung Ergänzungsband 44), Wien 2004, 1134.

Sehr detaillierte Quellenkunde mit Beschreibungen von sehr vielen Arten von Quellen.

Henry J. Steffens, Mary Jane Dickerson u. Wolfgang Schmale, Kurze wissenschaftliche Arbeiten schreiben, in: Wolfgang Schmale, Hg., Schreib-Guide Geschichte. Schritt für Schritt wissenschaftliches Schreiben lernen, Wien, Köln u. Weimar 1999, 96–113. *Über die Benützung von Quellen in kleineren Arbeiten.*

Henry J. Steffens, Mary Jane Dickerson u. Wolfgang Schmale, Die Seminararbeit, in: Wolfgang Schmale, Hg., Schreib-Guide Geschichte. Schritt für Schritt wissenschaftliches Schreiben lernen, Wien, Köln u. Weimar 1999, 118–125. *Knappe Beschreibung von einigen Quellenarten.*

Universität Konstanz, FB Geschichte, http://www.uni-konstanz.de/FuF/Philo/Geschichte/Tutorium/Themenkomplexe/Quellen/Quellenarten/quellenarten.html (15. 11. 2003). *Sehr reichhaltige Sammlung von Beschreibungen verschiedener Quellentypen.*

Volker Sellin, Quellen, Quellenkritik, Quelleneditionen, in: Volker Sellin, Einführung in die Geschichtswissenschaft, Göttingen 1995, 44–53. *Einführung in die klassische Quellenkunde.*

Erich Zöllner, Hg., Die Quellen der Geschichte Österreichs, Wien 1982, 232 S. *Klassische Quellenkunde nach Epochen gegliedert.*

Anmerkungen und Notizen

21. datenbanken und datenarchive

Datenbanken sind Sammlungen von strukturierter Information, die nach einem festgelegten Regelsystem elektronisch gespeichert werden und mittels speziellen Abfragesystemen (meist im Datenbanksystem integriert) abgerufen werden können. Die wichtigsten Datenbanken für die Geschichtswissenschaft sind bibliographische Datenbanken (siehe Kapitel Literaturrecherche) und Informationsdatenbanken. In den letzten Jahrzehnten sind einige größere Sammlungen von Datenbanken (meist Personendaten) entstanden, die Datenarchive genannt werden.

> **B** *Als Einstieg in dieses Kapitel können Sie unter http://www.geschichte-online.at/ utb/21_1.html eine Präsentation aufrufen.*

Datenbanken allgemein

Im Informationszeitalter nehmen Datenbanken eine zentrale Position im System der Informationsverwaltung und -vermittlung ein. Auch im Bereich der Geschichte hat diese Entwicklung zu großen Veränderungen in der Wissenschaftsorganisation geführt. Datenbanken zur individuellen Organisation von Daten haben nicht nur die Karteikarten weitgehend abgelöst, sondern dienen insbesondere auch größeren wissenschaftlichen Institutionen (Universitäten, Forschungsinstituten, Archiven u. a.) zur Aufnahme, Organisation und Distribution von größeren Datenmengen.

Information und Daten
Information und *Daten* sind zwei sehr eng verwandte Begriffe. Mit *Information* werden vermittelte Formen von Kenntnissen und Wissen bezeichnet, mit *Daten* festgehaltene (meist elektronisch abgespeicherte) Formen von Kenntnissen und Wissen. Vielfach werden *Daten* als maschinenlesbare und -bearbeitbare Repräsentation von *Information* betrachtet.

In speziellen Kontexten (in der EDV-Branche und auch in besonders EDV-lastigen wissenschaftlichen Kontexten) werden die beiden Begriffe teilweise sogar synonym verwendet. Hier soll der Begriff Daten aber weiterhin auf exakt festgelegte und beschreibbare (sehr oft messbare) Information begrenzt werden.

Was ist eine Datenbank?

Eine Datenbank ist eine Sammlung von Information in strukturierter Form, die nach exakt definierten Regeln auf elektronischen Datenträgern gespeichert wird. Sie ermöglicht die systematische Organisation, Transformation, Optimierung und Speicherung von Daten. Die in den Datenbanken abgelegte Information wird mittels einer Abfragesprache (meist in Form einer integrierten grafischen Benutzeroberfläche) abgerufen und zur weiteren Verwendung nutzbar gemacht.

In sehr vielen kommerziellen Datenbankprogrammen sind das Eingabesystem (Daten-Editor), die eigentliche Datenbank und das Ausgabesystem in einer integrierten grafischen Benutzeroberfläche vereint (z. B. Lotus Approach, MS Access, Paradox).

Datenarchive

Oft werden mehrere Datenbanken zu größeren Sammlungen zusammengefasst und gemeinsam bearbeitet und verwaltet. Diese meist öffentlich und teilweise auch per Internet zugänglichen Institutionen nennen wir Datenarchive. Datenarchive werden entweder als Teil (Abteilung o. Ä.) von allgemeinen Archiven geführt oder von anderen staatlichen bzw. wissenschaftlichen Institutionen betrieben.

B *Die Universität von Minnesota beherbergt eines der größten Datenarchive, das umfangreiche Personendatenbanken in der Integrated Public Use Microdata Series (IPUMS) verwaltet: http://www.ipums.umn.edu/*

Historische Datenbanken

Was sind die Besonderheiten von historischen Informationsdatenbanken und wie unterscheiden sie sich von elektronisch gespeicherten Quellensammlungen?

Historische Datenbanken speichern Information meist in hoch aggregierter Form und nicht (nur) als reine Abbildung der Quelle (egal, ob diese textlich, bildlich oder akustisch ist). Information wird entsprechend einem klar strukturierten Datenbankmodell in transkribierter Form und nach genauen Regeln in eine elektronische Datenbank eingegeben. Es existieren auch Mischformen, in denen sowohl Abbildungen der Originalquelle als auch strukturierte Transkriptionen in einer Datenbank vereint werden (z. B. Audio-., Video- und Bilddatenbanken).

Sehr oft werden den Datenbanken zur Optimierung der Auswertung noch zusätzliche Instrumentarien beigefügt. Im Zuge von Codierung und Kategorienbildung werden elektronische Codebücher angelegt; Memofelder bieten die Option, Zusatzinformation in textlicher Form beizufügen und damit nutzbar zu machen.

In den letzten Jahrzehnten wurde eine große Zahl von personenbezogenen Datenbanken (konfessionelle Seelenzählungen, staatliche Volkszählungen, Mitgliederlisten, Steuerlisten u.v.a.m.) aufgebaut. Daneben gibt es aber auch ökonomische Datenbanken, Mediendatenbanken, Datenbanken von Kulturgütern (z. B. Bilddatenbanken) und viele andere Formen.

B *Im Zuge der Dateneingabe werden meist auch verschiedene Formen der Codierung vorgenommen. Die wesentlichen Daten sind in der Quelle (unter der Internetadresse http://www.geschichte-online.at/utb/21_2.html finden Sie die Quelle zur nachfolgenden Dateneingabe abgebildet) in Textform eingegeben, es gibt aber auch einige Felder mit kategorisierter Information. In der Datenbank wird dann sehr viel Information in codierter Form eingegeben:*

Ohne Codebuch sind derartige (Zahlen-) Codes unklar oder überhaupt unverständlich:

Codebuch

Stellung im Haushalt		Geschlecht	
h	"Haushaltsvorstand"	m	"männlich"
u	"SubHaushaltsvorstand"	w	"weiblich"
e	"EhepartnerIn"		
s	"Sohn"		
t	"Tochter"	Familienstand	
n	"Neffe/Nichte"		
w	"Schwager/Schwägerin"	l	"ledig"
x	"Stiefsohn"	v	"verheiratet"
y	"Stieftochter"	w	"verwitwet"

Entwicklung von Datenbanken

Zu welchem Zweck und für wen werden Daten gesammelt?

Es gibt im Wesentlichen zwei Entstehungszusammenhänge von historischen Datenbanken: Einerseits werden sie in Forschungsprojekten angelegt, die nach Abschluss der

Arbeiten der wissenschaftlichen Öffentlichkeit zur Verfügung gestellt werden. Anderseits werden sie auch von gesellschaftlichen Institutionen (z. B. staatlichen Ämtern, Kirchen, politischen Organisationen u. a.) angelegt und laufend durch aktuelle Informationen ergänzt, um diese für die jeweils eigene Tätigkeit (z. B. Planung) nutzbar zu machen.

Suche nach historischen Datenbanken
Nach der Ausarbeitung einer wissenschaftlichen Fragestellung und der daraus resultierenden Auswahl der Forschungsmethode kann die Suche nach der (den) entsprechenden Datenbank(en) in Angriff genommen werden. Sie können dabei nach wie vor mithilfe von Handbüchern und Fachzeitschriften vorgehen. Auch nationale und internationale Netzwerke wie Vereine, Tagungen und informelle Netze eignen sich als Foren zum Informationsaustausch über verfügbare historische Datenbanken. Heute wird aber das Internet in zunehmendem Ausmaß zur Suche nach bestimmten Datenbanken herangezogen. Im Netz haben Sie dabei die Möglichkeit, einschlägige Sammlungen von Internetadressen (Internet-Portale) wie „Virtual Library Geschichte – Historical Computing/Quantifizierung" (http://www.geschichte.uni-halle.de/hcq) oder „Historical Microdata around the World" (http://www.rhd.uit.no/nhdc/micro.html) zu nutzen.

Sie können aber auch mittels Suchmaschinen nach Webseiten mit entsprechenden Datenbanken recherchieren. Achten Sie dabei darauf, dass die Auswahl Ihrer Suchbegriffe präzise genug ist, um die Anzahl der „Treffer" zu beschränken. Bei erweiterten Suchmöglichkeiten können Sie den Suchvorgang einschränken. Wenn Ihre Ergebnisliste zu lange ist, sollten Sie die Suche mit genaueren bzw. mehr Suchbegriffen erneut starten.

B *Durch die Eingabe von mehreren Begriffen können Sie bei der Suche (beispielsweise nach Personendatenbanken) Ihr Ziel sehr präzise ansteuern:*

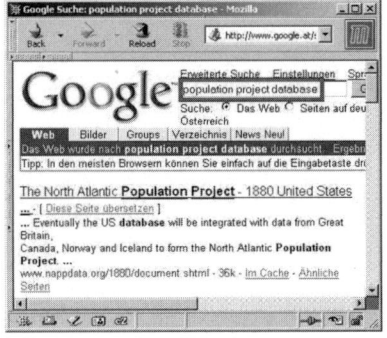

Ü *Nachdem Sie die vorangegangenen Absätze genau studiert haben, können Sie nunmehr eine Suche nach Datenbanken im WWW vornehmen. Starten Sie dazu eine beliebige Internet-Suchmaschine (z. B. www.google.com)*

und geben Sie im Suchfeld eine beliebige Anzahl von Suchbegriffen für Datenbanken mit Personendaten aus dem Bereich der Familiengeschichte ein und starten Sie anschlie-ßend die Suche. Überlegen Sie dabei genau, welche Begriffe Sie dazu verwenden, um die Anzahl der Ergebnisse klein zu halten.

Die Beschreibung der Lösung für diese Übung finden Sie im Anhang auf Seite 321.

Art von Datenbanken

Historisch relevante Datenbanken werden für sehr unterschiedliche Zwecke im Bereich von Forschung und Verwaltung erhoben und dementsprechend unterschiedlich ist auch der Kreis der Benutzer/innen. Im folgenden Kapitel werden die verschiedenen Arten von historischen Datenbanken wie Personendatenbanken oder Mediendatenbanken vorgestellt.

Viele Datenbanken, die von öffentlichen Institutionen erhoben werden, dienen in erster Linie dem internen Gebrauch und sind in der Folge meist nicht öffentlich bekannt oder nutzbar. Ähnlich verhält es sich mit vielen Datenbanken, die im Rahmen von Forschungsprojekten erhoben werden. Oft findet sich nach Abschluss einer Forschungsarbeit keine Institution, die die Datenbank betreuen und anbieten könnte. Nicht selten müssen Datenbanken aber auch aus Datenschutzgründen (für bestimmte Zeit) gesperrt werden. Viele Datenbanken werden aber von vornherein mit der Absicht erhoben, veröffentlicht oder zumindest nach Abschluss der Forschungsarbeit öffentlich angeboten zu werden.

Manche wissenschaftliche Datenbanken werden uneingeschränkt zur Verfügung gestellt oder können sogar aus dem Internet heruntergeladen werden (wie die Wiener Datenbank zur Europäischen Familiengeschichte: http://wirtges.univie.ac.at/famdat/). Einige Betreiber von Datenbanken verlangen dafür eine persönliche Registrierung der NutzerInnen (z. B. die *Integrated Public Use Microdata Series*: http://www.ipums.umn.edu/). Wenn Sie sich versichert haben, dass es sich um einen seriösen Anbieter handelt, ist nichts gegen eine Registrierung einzuwenden, da diese meist als Legitimation gegenüber den Finanziers der jeweiligen Institution notwendig ist. Viele Datenbanken sind aber nur gegen Bezahlung zugänglich, insbesondere wenn keine staatliche Finanzierung gegeben ist (Beispiel: http://www.anchestry.com).

Personenbezogene Datenbanken

Die für die Forschung bedeutendsten Datenbanken aus dem Bereich der Geschichtswissenschaft beinhalten Personendaten. Dabei handelt es sich mehrheitlich um Informationen, die aus staatlichen Aufzeichnungen oder aus Beständen von anderen gesellschaftlichen Institutionen stammen. Personendaten sind dadurch gekennzeichnet, dass sich die jeweiligen Daten auf Einzelindividuen beziehen.

Typische Beispiele für Personendaten sind demographische Erhebungen (z. B.: religiöse Seelenzählungen, staatliche Volkszählungen), Steueraufzeichnungen, Mitgliederlisten u. a.

B Personenbezogene Datenbanken mit Internetadressen
- Uneingeschränkt nutzbare Quellen:
  Wiener Datenbank zur Europäischen Familiengeschichte: http://wirtges.univie.ac.at/famdat/
- Freie Nutzung nach Registrierung:
  Integrated Public Use Microdata Series (IPUMS): http://www.ipums.umn.edu/
  North Atlantic Population Project (NAPP): http://www.nappdata.org/
  UK Data Archive (UKDA): http://www.data-archive.ac.uk/
- Kostenpflichtige Datenbanken:
  Danish Demographic Database (DDD) auf CD-ROM: http://ddd.dda.dk/
  Namentliche Erfassung der österreichischen Holocaustopfer auf CD-ROM (DÖW): http://www.doew.at (Online-Recherche kostenlos: http://www.doew.at/cgi-bin/shoah/shoah.pl)

Mediendatenbanken

Mediendatenbanken stellen oft Mischformen zwischen elektronischen Quellensammlungen und Informationsdatenbanken dar. Hier werden oft neben den Medieninformationen und ev. Transkriptionen oder Beschreibungen der Inhalte auch Abbildungen/Aufzeichnungen der Originalquellen gespeichert. Bei Bilddatenbanken sind dies in der Regel elektronische Kopien der Bilder. Bei Audio- und insbesondere Videodatenbanken ist aufgrund der anfallenden Kosten die elektronische Speicherung der Quellen vielfach noch nicht möglich.

Mediendatenbanken werden in erster Linie von Betreibern großer Informationsmedien betrieben (Rundfunk- und Fernsehanstalten, Zeitungen und Zeitschriften u. a.) und in erster Linie als interne Informationsquelle genutzt. Aber auch im Rahmen von Forschungsprojekten (Oral History, Semiologie u. a.) sind größere Mediendatenbanken entstanden, die teilweise auch öffentlich zugänglich sind.

B

Mediendatenbanken mit Internetadressen
- *Uneingeschränkt nutzbare Datenbanken:*
  Centropa – Jewish Heritage: http://www.centropa.org/mainpage/main.asp (Fotodatenbank mit biographischen Beschreibungen zu den abgebildeten Personen)
  Inst. f. mittelalt. Realienkunde Krems: http://www.imareal.oeaw.ac.at/realonline/ (Bilddatenbank mit eine großen Zahl von mittelalterlichen Bildern)
  Österreichische Mediathek: http://www.mediathek.ac.at/_startseite/start.html (Audio- und Video-Datenbank mit Materialien aus sehr verschiedenen Bereichen des öffentlichen Lebens)
- *Nicht öffentliche Datenbanken:*
  Mauthausen Survivors Documentation Project: http://www.mauthausen-memorial.at (Die Audio- und Video-Datenbank mit über 800 Interviews mit Überlebenden des KZ-Mauthausen ist aus Datenschutzgründen derzeit noch nicht öffentlich zugänglich.)

Betreiber von Datenbanken

Da Datenbanken heute ausschließlich auf elektronischen Medien abgespeichert werden, sind sie von Natur aus sehr ‚mobil'. Der Ort, an dem Datenbanken aufbewahrt werden, kann sich also rascher verändern als andere Verwahrungsorte historisch relevanter Information.

Anbieter von historischen Datenbanken und Betreiber von historischen Datenarchiven sind meist öffentliche Verwaltungseinrichtungen, Universitäten oder klassische Archive, die ausgehend von ihren ursprünglichen Arbeitsfeldern und Interessen ihre Tätigkeit in den Bereich der Sicherung großer elektronischer Datenbestände ausdehn(t)en.

Datenbanken von öffentlichen Einrichtungen
Öffentliche statistische Ämter haben ein grundlegendes Interesse an größeren Datenbeständen, die zur Erstellung von historisch vergleichenden Studien herangezogen wer-

den können. In diesen Institutionen sind in den letzen Jahrzehnten teilweise sehr große personenbezogene und ökonomische Datenbanken angelegt worden. Sie sind jedoch aus Datenschutzgründen derzeit nur zu einem geringen Teil öffentlich zugänglich.

B *Das Dänische Staatsarchiv hat ein großes Datenarchiv aufgebaut: http://www. dda.dk/*

Datenbanken von universitären Einrichtungen
Die zweitwichtigste Institutionen, an der Datenbanken und Datenarchive aufgebaut, gesichert und angeboten werden, sind Universitäten und universitäre Einrichtungen. Sie kommen meist nach Abschluss von Forschungsprojekten in den Besitz von Datenbanken. Wenn Personal und Infrastruktur gesichert sind, fassen diese die anfangs oft noch unstrukturierten Datensammlungen zu systematisch organisierten Datenarchiven zusammen und stellen sie der Öffentlichkeit zur Verfügung.

B *Die Sammlung der Norwegischen Volkszählungen wird vom Norwegian Historical Data Centre der University of Tromsø getragen. http://www.rhd.uit.no/indexeng.html.*

Datenbanken von Archiven
Der dritte wesentliche Betreiber von Datenarchiven sind traditionelle Archive. In manchen Archiven wurden die neuen technischen Möglichkeiten der Datensammlung rasch umgesetzt, in anderen konnte diese neue Herausforderung aufgrund begrenzter Kapazitäten noch nicht bewältigt werden. Aufgrund der raschen technischen Entwicklung werden aber in naher Zukunft viele Archivmaterialien und -daten einer breiteren Öffentlichkeit zur Verfügung stehen.

B *Im Dokumentationsarchiv des österreichischen Widerstandes (http://www.doew. at/) werden mehrere historische Datenbanken zur Verfügung gestellt.*

Benützung von Datenbanken

Wie eingangs (Kapitel Datenbanken allgemein) beschrieben, sind Datenbanken aufgrund ihrer Beschaffenheit sehr ‚beweglich', weshalb die Benützung rein technisch auch nicht ortsgebunden ist. Allerdings müssen Sie bei vielen Datenarchiven eine Reihe von Bedingungen (Registrierung, Benützungsgebühren) erfüllen, um die Datenbanken benützen zu können.

Eine weitere Hürde kann das Format sein, in dem die Datenbank zur Verfügung gestellt wird. Wenn es sich nicht um eines der gängigen (kommerziell genützten) Tabellenformate (csv, dbf, html, mdb, xls, xml) handelt, die einfach zwischen den Computerprogrammen importiert und exportiert werden können, entsteht Ihnen als Benützer/in mitunter ein größerer Übersetzungsaufwand, oder Sie entschließen sich dazu, die Handhabung des entsprechenden Programms zu erlernen. Sie sollten daher bereits im Zuge der Recherche Ihren Aufwand für die Benützung genau kalkulieren.

Datenbanken auf Datenträgern

Datenbanken, die als Datei zur Verfügung gestellt werden (entweder auf CD, auf Diskette oder als Download aus dem Internet) sind ebenso wie ihre Quellen in sehr unterschiedlichen Formaten abgespeichert. Aufgrund der einfachen Benutzbarkeit ist das im Internet übliche html-Format bzw. in jüngster Zeit vermehrt das xml-Format auch zur Distribution von Daten gebräuchlich. Damit benötigen Sie zur Abfrage nur noch einen Internet-Browser (z. B. Internet Explorer, Mozilla, Netscape Navigator, Opera o.a.).

Weiters besteht die Möglichkeit, Daten in einem der verschiedenen Tabellenformate zur Verfügung zu stellen. Da die meisten aktuellen Datenbankprogramme die Möglichkeit bieten, die Daten im html-Format abzuspeichern, ist der Weg von Tabellenformat zum im Internet üblichen html-Format nicht mehr schwierig.

B *Die Daten des Norwegian Historical Data Centre können auf Papier oder auf Disketten angefordert werden: http://www.rhd.uit.no/prislist/order.html*
Die Daten der „Österreichischen Opfer des Holocaust" sind auf CD-ROM erhältlich: http://www.doew.at/publikationen/holocaust/namerfass/cddt.html (Die Online-Recherche ist kostenlos: s. o.).

Ü *Auf der Internetseite http://www.geschichte-online.at/utb/21_3.html können Sie die Online-Recherche in historischen Personendatenbanken üben.*

Online-Datenbanken

Im Zuge der zunehmenden Verbreitung des Internets werden auch immer mehr historische Datenbanken online zur Verfügung gestellt. In manchen Fällen können Sie ganze Datenbanken aus dem Internet herunterladen. In den letzten Jahren besteht vermehrt die Möglichkeit, auch direkt online Datenbankabfragen durchzuführen. Üblicherweise benötigen Sie für diese Abfragen keine besonderen technischen Fertigkeiten, außer der Bedienung eines Internet-Browsers. Auch für derartige Online-Abfragen ist wie bei anderen Internet-Recherchen die Entwicklung einer elaborierten Fragestellung dringend angeraten.

 Die Recherche in der „Erkennungsdienstlichen Kartei der Gestapo Wien", die vom Dokumentationsarchiv des österreichischen Widerstandes als Datenbank zur Verfügung gestellt wird, ist online möglich: http://www.doew.at/php/gestapo/

Datenbankprogramme

Datenbanken, die in einem der (kommerziellen) Tabellenformate verwaltet werden, können einfach zwischen den verschiedenen Anwenderprogrammen ausgetauscht werden, aber auch in andere Programme (Tabellenkalkulation, Textverarbeitung u. a.) importiert werden. Die gängigen (kommerziellen) Datenbankprogramme, die oft als Teil (oder Zusatz) zu Büropaketen angeboten werden, sind auf der Einsteigerebene meist sehr leicht zu bedienen (viele Funktionen sind „selbsterklärend"). Für anspruchsvolleres Datenmanagement benötigen Sie aber eingehendere Kenntnisse von Aufbau, Funktionsweise und Bedienung des Programms.

Für Abfragen von Datenbanken hat sich in den letzten Jahren die Abfragesprache SQL zum wichtigsten Standard entwickelt. In den meisten Fällen benötigen Sie aber auch zur Durchführung von SQL-Abfragen keine speziellen Kenntnisse mehr, da diese meist hinter Abfrageoberflächen verborgen bleibt.

Eine wesentliche Ausnahme stellt das Programm KLEIO (http://www.hki.uni-koeln.de/kleio/) dar, das speziell für historische Anwendungen entwickelt wurde. Da es sich dabei aber um ein nicht kommerzielles System handelt, benötigen Sie für eine zielführende Anwendung relativ genaue Kenntnisse der Funktionsweise.

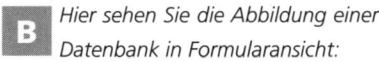 *Hier sehen Sie die Abbildung einer Datenbank in Formularansicht:*

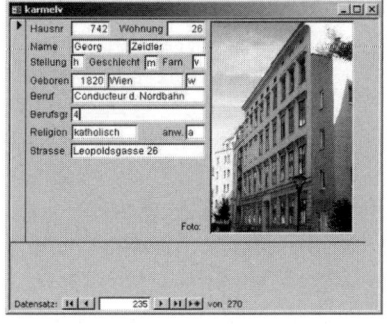

Weitere Abbildungen von verschiedenen Anwendungen bzw. Auswertungen von Datenbanken finden Sie hier: http:// www.geschichte-online.at/utb/21_4. html.

Datenauswertung

Zur Auswertung von Datenbanken bieten sich einerseits einfache Abfragen (in den Datenbankprogrammen, mittels SQL oder online) oder komplexere Verfahren der Tabellenkalkulation, statistische Analysen o. ä. an. Abfragen sind insbesondere dann zielführend, wenn sie nach Informationen zu einem konkreten Anhaltspunkt (Person, Datum o. Ä.) suchen bzw. nach einem konkreten Wert in einem Eingabefeld (Variable). Wenn sie die verschiedenen Ausprägungen einer oder mehrerer Variablen in vergleichender Weise untersuchen möchten, empfiehlt sich ein Tabellenkalkulations- oder Statistikprogramm.

Tabellenkalkulationsprogramme sind in praktisch allen Büroprogrammpaketen enthalten. Die wichtigsten Statistikprogrammpakete für den Bereich der Sozialwissenschaften sind SPSS (http://www.spss.com/) und SAS (http://www.sas.com/). Grundsätzlich muss hier aber angemerkt werden, dass Sie für eine sinnvolle quantitative Analyse von Massendaten die entsprechenden theoretischen, methodischen und technischen Grundkenntnisse benötigen.

Abbildungen von verschiedenen Auswertungen von Daten mit dem Statistikprogramm SPSS finden Sie hier: http://www.geschichte-online.at/utb/21_5.html

Literatur und Links zu Datenbanken und Datenarchiven

Heinrich Best u. Wilhelm Heinz Schröder, Quantitative Historische Sozialforschung, in: Christian Meier, Jörn Rüsen, Hg., Historische Methode (Beiträge zur Historik Bd. 5), München 1988, 235–266. *Eine systematische Beschreibung des quantifizierenden Forschungsablaufs.*

Bärbel Biste u. Rüdiger Hohls, Hg., Fachinformation und EDV-Arbeitstechniken für Historiker. Einführung und Arbeitsbuch, Historical Social Research, Supplement No. 12, Köln 2000. *Einführung in die verschiedenen Anwendungsbereiche der EDV für Historiker/innen.* Auf den Seiten 233–297 finden Sie eine Beschreibung von Datenbanksystemen und der Datenanalyse.

Achim Bühl u. Peter Zöfel, SPSS 12: Einführung in die moderne Datenanalyse unter Windows, München 2005, 744. *Ein sehr anwendungsnahes Benützerhandbuch für das Statistikprogramm SPSS.*

Peter Denley u. Matthew Woollard, Hg., The Sorcerer's Apprentice: KLEIO Case Studies, St. Katharinen 1996. *Sammelband über konkrete Forschungen, in denen das fachspezifische Datenbankprogramm KLEIO angewendet wurde.*

Charles Harvey, Databases in Historical research. Theory, Methods and Applications, Basingstoke 1996. *Klassisches Werk zu Datenbanken in der Geschichtswissenschaft mit Beispielen aus verschiedenen Anwendungsfeldern.*

Historical microdata around the world: http://www.rhd.uit.no/nhdc/micro.html. *Einstiegsseite für eine Reihe von Personendatenbanken und Datenarchive weltweit.*

Historisch-Kulturwissenschaftliche Informationsverarbeitung-Köln: http://www.hki.uni-koeln.de/projekte/projekte-b.html. *Kurze Beschreibung von praktischen Arbeiten mit historischen Datenbanken.*

Konrad H. Jarausch u. Kenneth A. Hardy, Quantitative Methods for Historians. A Guide to Research, Data, and Statistics, London 1991. *Geschichte und Anwendung von Quantitativen Methoden für Historiker/innen von der Erstellung einer Datenbank bis zur Analyse.*

Evan Mawdsley, Hg., History and computing III. Historians, computers and data. Applications in research and teaching, Manchester 1990. *Sammelband mit Beiträgen zu verschiedenen Arten von Datenbankanwendungen im Fachbereich Geschichte.*

Karl Pierau, Datenbank- und Informationsmanagement in der Historischen Sozialforschung: http://hsr-trans.zhsf.uni-koeln.de/hsr14/index.htm. *Eine systematische und umfangreiche Einführung in das Datenbankmanagement.*

Jürgen Sensch, Statistische Modelle in der Historischen Sozialforschung I: Allgemeine Grundlagen – Deskriptivstatistik – Auswahlbibliographie, HSR – Supplement 7: http://hsr-trans.zhsf.uni-koeln.de/hsr7/index.htm, 1995. *Eine Einführung in die historische Sozialforschung von der statistischen Theorie bis zur quantifizierenden Praxis.*

Manfred Thaller (Hg.), Datenbanken und Datenverwaltungssysteme als Werkzeuge historischer Forschung, St. Katharinen 1986. *Sammelband über Datenbanken und Datenverwaltungssysteme in der angewandten Forschung.*

Manfred Thaller, The „Historical Workstation Project", in: Historical Social Research, 16/4, 1991, 51–61. *Ein kurzer Überblick über die praktischen Anwendungsmöglichkeiten des Datenbanksystems KLEIO. In der gleichen Nummer von HSR finden Sie außerdem noch Beschreibungen von einer Reihe von praktischen Anwendungen von KLEIO in der Forschung.*

Gunnar Thorvaldsen, Historical Population Databases, in: Denis A. Trinkle u. Scott A. Merriman (Hg.), The History Highway 2000. A Guide to Internet Resources, New York 2000, 390–394. *Sammlung von Websites von Online-Datenarchiven mit kurzen Beschreibungen.*

Anmerkungen und Notizen

Datenbanken und Datenarchive

III

Historische Informationen werden auch in Form von Präsentationen generiert, dargestellt und öffentlich gemacht und können bei der wissenschaftlichen *Informationsrecherche* von großem Nutzen sein. Insbesondere Museen und Ausstellungen bieten vielfältige Möglichkeiten um Informationen zu erhalten.

Informationen über historische Inhalte und/oder Gegenstände und Objekte finden
sich

- in Museen, die Die gesammelten (historischen) Zeugnisse oder zumindest repräsen-
  tative Ausschnitte daraus entsprechend aufbereitet zusammenstellen und zeigen.
- in Ausstellungen, in denen Gegenstände und Objekte rund um ein bestimmtes
  Thema meist für einen befristeten Zeitraum arrangiert werden und in Museen oder
  an anderen Orten gezeigt werden.
- in zunehmenden Maße auch im virtuellen Raum. Dabei kann es sich um Webpages,
  die in Zusammenhang mit „physischen" Museen oder Ausstellungen entstanden
  sind oder eigens für das Internet konzipierte Präsentationen handeln.

Historische Museen

Museen sind Institutionen, die materielle Zeugnisse der Menschen und ihrer Umwelt
für Studien-, Bildungs- und Unterhaltungszwecke fachgerecht und dauerhaft aufbe-
wahren und den Besuchern und Besucherinnen in Dauer- oder Wechselausstellungen
zugänglich machen. Eine genaue Definition historischer Museen ist jedoch schwierig,
da sie unter Museen eher eine Sonderstellung einnehmen: Im Gegensatz zu naturwis-
senschaftlichen, technischen und Kunstmuseen unterliegen die Sammlungsobjekte in
historischen Museen kaum Begrenzungen. Von schriftlichen Dokumenten über Kunst
bis zu Gebrauchsgegenständen fällt grundsätzlich alles in ihr Sammelgebiet. Beschrän-
kungen für historische Sammlungen ergeben sich meist aufgrund regionaler Aspekte.
Ein typisches Beispiel dafür sind Regional- oder Bezirksmuseen.

B *Unter http://www.geschichte-online.at/utb/22_1.html finden Sie Links zu Regi-
onalmuseen sowie zur historischen Sammlungen, die direkt an historische Orte
angeliedert sind.*

Für Historiker und Historikerin sind Museen nicht nur aufgrund der dort ausgestellten Objekte und Präsentationen interessant. Eine wesentliche Aufgabe von Museen besteht darin, ihre Sammlungen zu erforschen und zu dokumentieren, um daraus wissenschaftlichen Nutzen ziehen zu können. Viele Museen bieten daher abseits von ihren sonstigen Angeboten *Möglichkeiten zur wissenschaftlichen Recherche*.

B *Wien Museum Karlsplatz (http://www.wienmuseum.at): Das ehemalige Historische Museum der Stadt Wien bietet Unterstützung und Hilfe bei Recherchen zu museumsspezifischen Themen an.*

Ü *Versuchen Sie auf der Internetseite des Museums Informationen zu den Rechercheangeboten zu finden.*

Eine andere Möglichkeit der Informationsrecherche in Museen ist die Nutzung von so genannten *Objektdatenbanken*. Ebenso wie Bibliotheken führen auch Museen Kataloge, um ihre Sammlungen zu dokumentieren und zu organisieren. Und wie in den letzten Jahrzehnten in Bibliotheken die Umstellung auf EDV-Katalogsysteme vollzogen wurde, haben auch viele Museen die Verwaltung ihrer Sammlungen auf Datenbanksysteme umgestellt, die über das Internet zugänglich sind.

B *Das Deutsche Historische Museum (DHM) in Berlin verfügt über eine Sammlung von 600.000 Objekten, von denen bisher knapp 65.000 in die Objektdatenbank des Museums aufgenommen wurden. Die Objektdatenbank ist unter diesem Link http://www.dhm.de/datenbank/ zugänglich.*

B *Die Sammlung des People's History Museum (früher National Museum of Labour History, NMLH) in Manchester ist ebenfalls über das Internet unter diesem Link http://82.71.77.169/phmcustom/Query.php zugänglich. Das Museum sammelt Objekte rund um die Geschichte der britischen Arbeiter- und Arbeiterinnenbewegung.*

Ausstellungen

Ausstellungen sind Veranstaltungen, in denen Gegenstände und Objekte zu bestimmten Themen zusammengestellt, arrangiert und während eines begrenzten Zeitraumes präsentiert werden.

Soll eine Ausstellung bilden, aufklären, unterhalten, Bewusstsein erzeugen, Bedeutungen oder Werte transportieren? Die Frage, welche Aufgaben oder Kennzeichen Ausstellungen und historische Ausstellungen im Speziellen haben sollten, ist kaum zu beantworten, da es weder von Seite der Produzent/inn/en noch von der der Rezipient/inn/en allgemein gültige Definitionen gibt. Ein gelungener Versuch, das Medium „historische Ausstellung" mit anderen Medien der Geschichtswissenschaft zu vergleichen und auf diese Weise auch zu definieren, ist das Projekt „History Show", das auf http://www.univie.ac.at/HistoryShow/ aufgerufen werden kann. Um der Komplexität von Ausstellungen gerecht zu werden, können sich Benutzer auf der Website des Projekts sowohl als Produzent/in wie auch als Rezipient/in an das Medium annähern.

B *Beispiele historischer Ausstellungen*

Museen bieten sich als Träger von Ausstellungen nicht nur deshalb an, weil sie selbst Sammlungs- und Aufbewahrungsort sind und entsprechende Exponate besitzen, sondern auch über die räumliche, technische und personelle Infrastruktur für solche Veranstaltungen verfügen. Ankündigungen und Informationen zu diesen Ausstellungen finden sich oft im Internet und bleiben auch über längere Zeiträume hinweg abrufbar. Auf http://www.geschichte-online.at/utb/22_2.html können Sie als Beispiel die Ausstellung Hexenwahn des Deutschen Historischen Museum aus dem Jahr 2002 abrufen.

Viele Ausstellungen werden jedoch auch von anderen Institutionen oder Einrichtungen organisiert, die über kleinere Sammlungen, Archive und notwendiges Expertenwissen zur Präsentation eines bestimmten Themas verfügen. Ebenfalls auf http://www.geschichte-online.at/utb/22_2.html kann die Ausstellung des Hamburger Instituts für Sozialforschung, ‚Verbrechen der Wehrmacht', aufgerufen werden. In den meisten Fällen werden Ausstellungen und deren Konzeption als Teamarbeiten bzw. Kooperationen zwischen mehreren Museen, Archiven oder anderen wissenschaftlichen Institutionen und (Forschungs-)Einrichtungen organisiert.

Wenn Sie als Geschichtestudent oder -studentin vor der Aufgabe stehen, für ein bestimmtes Thema Informationen zu recherchieren, wird Sie Ihr erster Weg in der Regel nicht in eine Ausstellung führen. Sie können jedoch im schriftlichen Begleitmaterial, den *Ausstellungskatalogen* oder anderen in diesem Kontext entstandenen Publikationen, wissenschaftlich verwertbare (nachprüfbare) Informationen finden.

B *Recherche nach Katalogen*

Versuchen Sie mit Ihrem Wissen zu Literatur- und Informationsrecherche (Kapitel 9–18) die Kataloge der folgenden Ausstellungen zu finden:

- Theodor W. Adorno – Denken im 20. Jahrhundert, 3. September–9. November 2003 Strauhof Zürich
- Die Türken vor Wien – Europa und die Entscheidung an der Donau 1683, 82. Sonderausstellung des Historischen Museums der Stadt Wien, 5. Mai–30. Oktober 1983 Künstlerhaus Wien

Die Lösung dieser Aufgabe finden Sie im Anhang auf Seite 000.

Die meisten Museen sind ebenso wie Ausstellungen heute auch im Internet vertreten. Häufig sind die virtuellen Angebote von realen Museen jedoch auf die Präsentation der vorhandenen Sammlungen und aktuellen Ausstellungen beschränkt. Das Beispiel von LeMO (lebendiges Museum Online) zeigt, wie aus einer Kooperation von zwei Museen ein völlig neues *virtuelles Angebot* entstehen kann:

LeMO ist ein Projekt des Deutschen Historischen Museums (DHM) in Zusammenarbeit mit dem Haus der Geschichte der Bundesrepublik Deutschland (HdG) in Bonn, in dem deutsche Geschichte im 20. Jahrhundert anhand von musealen Objekten in Verknüpfung mit Texten, Film- und Tondokumenten sowie Animationen präsentiert wird. LeMO kann unter diesem Link http://www.dhm.de/lemo/home.html aufgerufen werden.

Ein Beispiel einer ausschließlich für das Internet konzpierten Ausstellung ist die Geschichte der jüdischen Familie Turteltaub, die unter diesem Link (http://zis.uibk.ac.at/quellen/turteltaub) aufgerufen werden kann.

Ü *Auf http://www.geschichte-online.at/utb/22_3.html können Sie das Recherchieren in virtuellen Präsentationen üben.*

Literatur und Links

Anette Kuhn u. Gerhard Schneider, Hg., Geschichte lernen im Museum, Düsseldorf
   1978. *Eine Sammlung von Beiträgen, die sich mit didaktischen und konzeptionellen
   Fragen rund um historische Museen beschäftigen.*

Margarethe Erber-Groiß u. a., Hg., Kult und Kultur des Ausstellens. Beiträge zur Praxis, Theorie und Didaktik des Museums, Wien 1992.

History Show. Neue Medien in der Geschichtswissenschaft: http://www.univie.ac.at/HistoryShow/historyshow.html (10.1.2004). *History Show ist das Ergebnis eines „Neue Medien"-Projekts von Historiker und Historikerinnen der Universität Wien. Die Website bietet einen Vergleich der Darstellungsmöglichkeiten von Geschichte in den Medien Buch, Ausstellung, Film, CD-ROM und Internet. Benutzer können als Zugänge zu den vorgestellten Medien die Perspektive als Produzenten oder als Rezipienten wählen.*

Fakultät für Interdisziplinäre Forschung und Fortbildung (Klagenfurt – Graz – Wien), Arbeitsbereich Museologie. http://www.univie.ac.at/iffroec/museologie/ (20.1.2004). *Die Arbeitsgruppe Museologie beschäftigt sich mit museologischen Themen in Forschung, Lehre, Aus- und Weiterbildung. „Museologie Online" http://www.vl-museen.de/m-online/ Beiträge zur Museologie und zum Museumswesen aus dem Spannungsfeld Geschichts-, Kultur-, Kunstwissenschaft und Museum, die in unregelmäßiger Folge aber dafür online erscheinen.*

http://www.vl-museen.de (20.2. 2004). *Auf dieser Homepage finden sich museumsspezifische Online-Ressourcen im deutschsprachigen Raum. Wenn sie bestimmte Museen suchen oder sich einfach über das aktuelle Angebot an Museen und Ausstellungen im deutschsprachigen Raum informieren wollen, sind Sie hier richtig.*

Anmerkungen und Notizen

Netzwerke sind sowohl offizielle als auch informelle Zusammenschlüsse von Personen und Kommunikationsplattformen zum Zwecke des Informationsaustausches. Im Bereich der Geschichtswissenschaft sind in erster Linie Vereine, offizielle Kommissionen und internetgestützte Netze von Bedeutung.

Im Allgemeinen ist ein Netzwerk sowohl ein offizielles als auch informelles System, das verzweigte und wechselseitig verknüpfte Verbindungen zwischen verschiedenen Punkten, meist zur Übermittlung von (wissenschaftlicher) Information zwischen Individuen, beschreibt bzw. gewährleistet. Die verschiedenen Einheiten sind autonom und dezentral angeordnet. Fällt eine Einheit aus, wird die Funktionalität des Gesamt-Netzwerkes nicht notwendigerweise beeinträchtigt.

Wissenschaftliche Netzwerke sind im Informationszeitalter eine wesentliche Informationsquelle, natürlich auch für die Geschichtswissenschaft. Wie in anderen Bereichen auch, gibt es in der Geschichtswissenschaft verschiedene Arten von Netzwerken, die unterschiedliche Ziele verfolgen. Konventionelle Netze wie Vereine, Herausgebergremien, Tagungsorganisationskomitees oder ministerielle, universitäre und interuniversitäre Netze dienen in erster Linie der Wissenschaftsorganisation. Die neueren elektronischen Netzwerke (internetgestützte Mailinglisten und Newsgroups) bieten sehr praktische Möglichkeiten zum raschen direkten Austausch von wissenschaftlicher Information.

B *Beschreibung eines universitären Netzwerkes:*
Der Projektverbund Neue Medien in der Lehre *(http://www.nml.at/) ist eine Initiative des BMBWK zur Qualitätsverbesserung der Wissensvermittlung, der institutionellen und individuellen Studienorganisation und der technischen Handhabung. In diesem Projektverbund sollen folgende Ziele erreicht werden: Innovationen in der Lehre (neue Medien als Mittel zur Qualitätsverbesserung in der Lehre), Vernetzung (Koordination und Kooperation von innovativer Lehre) und Erleichterung im Bildungszugang (Standort- und Zeitunabhängigkeit als Ziel).*

Auch Geschichte Online *(http://www.geschichte-online.at) ist als Teil dieses Projektverbundes mit anderen Projekten zur Etablierung von neuen Medien in der universitären Lehre lose verbunden.*

Unter der Internetadresse http://www.geschichte-online.at/utb/23_1.html können Sie nach wissenschaftlichen Netzwerken im Fachbereich Geschichte suchen.

Art der Netzwerke

Vernetzung ist eines der Schlüsselwörter der jüngeren Wissenschaftspolitik. Dabei ist es aber von zentraler Bedeutung, in welcher Art von Netzwerk Sie sich bewegen. Im folgenden Kapitel werden Ihnen einzelne Arten von Netzwerken und Beispiele von konventionellen und internetgestützten Netzen vorgestellt.

Konventionelle Netzwerke

Die wichtigste Organisationsform von wissenschaftlichen Netzwerken ist die von Vereinen, die in der Regel auch ein klar abgestecktes Arbeitsfeld definieren. Meist sind auch Studierende bzw. fachlich interessierte Laien zur Teilnahme an der jeweiligen Tätigkeit eingeladen. Wissenschaftliche Vereine betreiben die Organisation von Forschungsprojekten bzw. von fachlichen Diskussionsveranstaltungen und -medien (Workshops, Tagungen, Kongresse, wissenschaftlichen Zeitschriften und Publikationsreihen …). Insbesondere in Diskussionsnetzwerken wird fachliche Information von höchster Aktualität zur Disposition gestellt.

Eine andere Form von organisierten wissenschaftlichen Netzwerken sind ministerielle bzw. universitäre Arbeitsgruppen oder Projektverbünde, die von Institutionen der Forschungsförderung eingesetzt werden, die meist nur einem sehr eingeschränkten Publikum (üblicherweise eingeladene Personen) zugänglich sind. Diese Art von Netzwerken dient in erster Linie der Organisation von Forschung und nur selten der Vermittlung von fachlicher Information.

Daneben gibt es aber auch informelle Netzwerke (wissenschaftliche Stammtische, freie Diskussionsrunden, …) die oft aus universitären Zusammenhängen (Lehrveranstaltungen, Studienrichtungsvertretung, …) entstehen und ebenfalls ein nicht unbedeutendes Informationspotential bergen.

Die meisten konventionellen Netzwerke haben zwar heute auch bereits Internetadressen, im Unterschied zu den meisten internetgestützten Netzwerken verfügen sie normalerweise aber auch noch über eine physische Adresse, über die Sie mit Vertretern dieser Netzwerke in persönlichen Kontakt treten können. Unter anderem finden Sie wissenschaftliche Netzwerke aus dem Fachbereich Geschichte in Bibliotheken, Archiven und universitären Einrichtungen. In Bibliotheken stehen Fachzeitschriften, die oftmals den zentralen Fokus eines Vereins bilden, und Sammelbände, in denen Beiträge veröffentlicht werden, die im Wesentlichen auf Referaten von Fachtagungen aufbauen. Archive und Universitäten sind oft die Orte, wo wissenschaftliche Vereine ihre Adressen bzw. Büros eingerichtet haben.

B *Ein typischer Vertreter von wissenschaftlichen Vereinen ist die „Österreichische Gesellschaft für Geschichtswissenschaft", ein österreichweiter Verbund von HistorikerInnen, der die „Österreichische Zeitschrift für Geschichtswissenschaft" (http://wirtges.univie.ac.at/OeZG/) herausgibt.*

Die „Österreichische Gesellschaft für Zeitgeschichte" (http://www.univie.ac.at/zeitgeschichte/ogz/index.html) betreibt am Institut für Zeitgeschichte der Universität Wien zwei Archive: das Archiv der Gesellschaft für Zeitgeschichte und das Bildarchiv.

Der „Verband der Österreichischen Historiker und Geschichtsvereine", ein österreichweiter Verbund von HistorikerInnen, organisiert und veranstaltet regelmäßig die „Österreichischen Historikertage".

Internetgestützte Netzwerke

Seit dem Einzug der elektronischen Kommunikation im Wissenschaftsbereich haben sich unzählige Kommunikationsnetzwerke zu Themen der Geschichtswissenschaft entwickelt. Die wichtigsten Arten von internetgestützten Netzwerken sind Newsgroups und Mailinglisten. Allerdings ist es auch für uns schwierig bzw. zeitaufwändig, wissenschaftliche Diskussionsrunden von fachlich irrelevanten Netzwerken zu unterscheiden. Um sich in diesen Netzen zu orientieren, ist es daher (ähnlich wie bei der Suche nach wissenschaftlichen Websites) sinnvoll, nicht nur nach inhaltlichen Stichworten zu suchen, sondern, wenn möglich, die Auswahl mittels vertrauenswürdiger Portale vorzunehmen. Insbesondere die Anmeldung in Mailinglisten sollte wegen der großen Anzahl der zu erwartenden E-Mails gut überlegt werden. Gleichzeitig sind aber die dort verschickten Mails (Rezensionen, Tagungsberichte und fachlich relevante Ankündigungen) vielfach sehr nützliche Informationsquellen über die aktuellen Entwicklungen im jeweiligen Fachbereich.

Elektronische Netzwerke benötigen für ihre Funktion kaum noch eine physische Adresse und sind daher auch meist nur mehr über das Internet auffindbar. Auch wenn die Netze selbst auf aktiven Informationsaustausch abzielen, haben sie doch auch Repräsentanzen im WWW, wo Sie sich über die Themen der aktuellen Diskussionen informieren können. Sie können daher ein wissenschaftliches Netzwerk Ihres speziellen Interesses auch über eine konventionelle Suchmaschine finden.

Insbesondere bei den Newsgroups ist allerdings nochmals darauf hinzuweisen, dass sich die Unterscheidung von wissenschaftlichen und nichtwissenschaftlichen Netzen oft sehr zeitraubend gestalten kann. Aufgrund der Unzahl von Nachrichten, die hier angeboten werden, sind für den wissenschaftlichen Gebrauch auf jeden Fall die moderierten Newsgroups vorzuziehen. Um sich an einer Newsgroup zu beteiligen, müssen Sie einen „Newsreader" starten und die jeweilige Newsgroup abonnieren. Achten Sie bitte auch darauf, dass an verschiedenen Standorten unterschiedliche Newsgroups (lokale bzw. globale) sichtbar sind.

Die meisten wissenschaftlichen Mailinglisten betreiben auch eine Website, wo Sie oftmals alte Mails, die über die Liste verschickt wurden, eventuell nach Spezialgebieten geordnet, nachlesen können. Diese Mailarchive sind sehr nützliche Hilfsmittel für Ihre Entscheidung, eine Mailingliste zu subskribieren. Meist finden Sie auf diesen Websites auch eine genaue Anleitung für die Subskription der Mailingliste (per E-Mail oder über ein Webformular).

B *Hier finden Sie Beispiele für Websites von internetgestützten Diskussionsforen:*
Newsserver:
Soc.History (http://news-reader.org/soc.history/): Vorsicht, nicht moderierte Newsgroup!
soc.history.moderated (http://news-reader.org/soc.history.moderated/): Moderierte Newsgroup zu Geschichte.
soc.history.early-modern (http://news-reader.org/soc.history.early-modern/): Newsgroup zur Geschichte der Frühen Neuzeit.
soc.history.science (http://news-reader.org/soc.history.science/): Newsgroup zu Wissenschaftsgeschichte.

Mailserver:
Humanities and Social Sciences Online (http://www.h-net.org/): Englischsprachiges Portal mit vielen Listen zu Spezialthemen.

H-Soz und Kult (http://hsozkult.geschichte.hu-berlin.de/): Die wichtigste deutschspra-chige Mailingliste aus dem Bereich der Sozial- und Kulturgeschichte.

 Recherche in Mailinglisten

Da der Content mancher Mailinglisten nicht nur via E-Mail versendet wird, sondern auch im WWW abgelegt wird (siehe oben), können Sie in diesen Netzen auch als nicht registrierte Benützer recherchieren.

Besuchen Sie eine Diskussionsliste von „Humanities and Social Sciences Online". Überlegen Sie genau, welche Liste Ihrem Interessengebiet am ehesten entspricht, da Sie im Falle einer regulären Anmeldung bei einer Mailingliste mit einer großen Zahl von E-Mails rechnen müssen. Notieren sie vor dem Start dieser Mailingliste genau die Themenbereiche, die Sie erwarten. Öffnen Sie dann die Websites einer der Diskussions-listen von „Humanities and Social Sciences Online"(http://www.h-net.org/). Studieren Sie die „Header" der verzeichneten Nachrichten und lesen Sie diejenigen, die Ihren individuellen Interessen am ehesten entsprechen.

Überprüfen Sie selbst Ihren Erfolg, indem Sie nochmals zur Liste Ihrer Erwartungen zurückkehren und dort verzeichnen, welche erfüllt wurden und welche nicht.

Das World Wide Web

Das World Wide Web (WWW) ist heute das Netzwerk schlechthin! Wenn in der *Scientific Community* vom „Netz" (etwas „im Netz suchen", „im Netz veröffentlichen" oder „im Netz finden") gesprochen wird, ist eigentlich fast immer das WWW gemeint. Dabei handelt es sich aber in erster Linie um ein Netzwerk im technischen Sinne und erst in zweiter Linie um miteinander vernetzte Personen. Rein technisch ist das *WWW* ein weltweites Netzwerk von internetgestützten Dateien und Datenbanken. Die Dateien sind standardmäßig in einer Syntax (html, xml) abgespeichert, die von verschiedenen Internetbrowsern interpretiert und am Computerbildschirm dargestellt werden kann.

Praktisch stellt das WWW ein Medium dar, mit dem Information aus den verschie-densten gesellschaftlichen Bereichen (Wirtschaft, Politik, Kultur und Wissenschaft) prä-sentiert wird. Das Angebot an wissenschaftlicher Information hat in den letzten Jahren stark zugenommen, wenngleich es mit dem Zuwachs an kommerziellen Angeboten lange nicht mehr Schritt halten kann.

Nutzung von Netzwerken

Ein Netzwerk ist kein Ort, an dem man Information „abholen" kann, wie etwa eine Bibliothek, ein Archiv oder das WWW, sondern vielmehr ein System, in dem Information im Zuge der eigenen Beteiligung an der Interaktion erst entsteht. Erst danach wird sie auch für einen selbst wieder nutzbar. In diesem Kapitel werden einige Wege zur Nutzung von wissenschaftlichen Netzwerken beschrieben.

Wenn Sie Information aus konventionellen Netzwerken wie Vereinen, Workshops, Tagungen, Konferenzen oder informellen Diskussionsrunden gewinnen möchten, müssen Sie sich selbst an diesem Netzwerk beteiligen. Als erstes müssen Sie herausfinden (mittels Internet-Recherche, Ankündigungen in Fachzeitschriften, Instituten, Bibliotheken, Archiven u. Ä.), wo das Netzwerk seine Aktivitäten entfaltet. Sie können vorerst Information über ein Netzwerk einholen und sich dann an den jeweiligen Aktivitäten beteiligen. Bei einem Verein können Sie beitreten und aktiv mitarbeiten, bei Workshops, Tagungen und Konferenzen können Sie das Programm studieren, sich anmelden und eventuell aktiv oder passiv daran teilnehmen.

Am meisten wissenschaftlichen Gewinn bringen Ihnen konventionelle Netzwerke aber auf jeden Fall, wenn Sie sich selbst möglichst aktiv in den Informationsaustausch einbringen. Sie können in einem Netzwerk Antworten auf Ihre Fragen erhalten, aber auch wenn Sie Kritik in einem Netzwerk einbringen, birgt die Auseinandersetzung um Ihre Kritik stets einen großen Erkenntnisgewinn.

Bei Online-Netzwerken können Sie sich auch passiv Information aneignen, indem Sie den jüngsten Informationsfluss, der vielfach auf den jeweiligen Websites abgebildet ist, nach Nachrichten zu Ihren speziellen Interessengebieten durchforsten. Grundsätzlich ist aber auch hier eine aktive Integration in das Netzwerk zielführender. Sowohl in Newsgroups als auch in Mailinglisten haben Sie die Möglichkeit, konkrete Fragen an die KollegInnen im Netz zu richten, und erhalten in der Regel auch sehr rasch eine (Reihe von) Antwort(en). Oftmals entwickeln sich, aufbauend auf einfache Fragen, sehr angeregte internationale Diskussionen zu Spezialgebieten, die Sie für Ihre eigene Arbeit nützen können.

 Arbeit in einer Newsgroup

Um sich an einer Newsgroup zu beteiligen, müssen Sie einen Newsreader (wird von den wichtigsten Web-Browsern in Verbindung mit dem angeschlossenen E-Mail-Programm angeboten) starten, und die jeweilige Newsgroup abonnieren (z. B.: news://usenet.univie.ac.at).

Beteiligen Sie sich am besten an einer moderierten Newsgroup einer Universität oder aus dem Bereich soc.history, da diese noch am ehesten wissenschaftlich wertvolle Information versprechen.

Notieren sie vor dem Einstieg in diese Newsgroup genau, welche Information Sie sich von der Plattform erwarten. Starten Sie dann den Newsreader und beteiligen Sie sich an einer Diskussion zum Thema Ihres Interesses, indem Sie entweder in eine laufende Auseinandersetzung einsteigen oder selbst eine neue Frage oder ein neues Thema einbringen.

Kontrollieren Sie regelmäßig (die nächsten Stunden und Tage), ob Antworten auf Ihre Beiträge eingegangen sind, und notieren Sie erneut, ob diese Antworten Ihren Erwartungen entsprechen oder nicht.

Literatur und Links zu Netzwerken

H-Soz-u-Kult, http://hsozkult.geschichte.hu-berlin.de/index.asp?pn=about. *Allgemeine Information über das Informations- und Kommunikationsnetzwerk H-Soz-u-Kult.*

Olav Kos, Analyse und Bewertung von Internetangeboten, in: Theo Hug, Hg., Wie kommt Wissenschaft zum Wissen? Bd. 1: Einführung in das wissenschaftliche Arbeiten, Baltmannsweiler 2001, 339–358. *Kritische Bewertung der verschiedenen Internet-Dienste und eine kurze Anleitung zur Nutzung.*

Timo Leimbach, Geschichte und Internet, http://www.timo-leimbach.de/projekte/gui/. *Eine sehr praktische Einführung in die Benutzung des Internets für HistorikerInnen.*

Anmerkungen und Notizen

Lösung zur Übungsaufgabe *wissenschaftliche Fragestellung* (Kap. 2, S. 27)

Ihre Fragestellung sollte sich in übergeordnete und untergeordnete Fragen gliedern bzw. in Hauptfragen und Nebenfragen.

Ihre Fragen müssen detailliert beschrieben und mit wissenschaftlicher Literatur begründet werden.

Sie müssen „echte" Fragen stellen: Sie dürfen durchaus Vermutungen (Alltagsthesen) bezüglich der Lösung haben, dennoch muss die letztendliche Antwort offen sein.

Falls Ihre Fragen diese Kriterien noch nicht erfüllen, ergänzen und/oder korrigieren Sie sie bitte!

Lösung zur Übungsaufgabe *Verfassen einer Annotation* (Kap. 3, S. 38)

Studierende im ersten Semester haben zu diesem Artikel folgende Annotationen verfasst. Die Beispiele zeigen, wie stark die Aussagekraft solcher kurzer inhaltlicher Zusammenfassungen variieren kann.

Tebbich, Heide: The Shopping experience, in: praev.doc/2001, 7–9 (=http://www.youth-promotion.at/praev_doc/pdf_s/Praev_doc_01_2001.pdf vom 1.10.2002). *Ein über die verschiedenen Hintergründe und Aspekte des Einkaufens berichtender Text mit englischen und deutschen Zitaten aus Umfragen und einer Typologie der verschiedenen Einkaufstypen.*

Heide Teppich, The Shopping experience, in: praev.doc 01/2001, 7–9 (http://www.youthpromontion.at/praev_doc/pdf_s/Praev_doc_01_2001.pdf vom 1. 10. 2002) *„Lifestyle als Identität" ist das Motto der heutigen Jugend. Anhand einiger Interviews werden die Gewohnheiten beim Shoppen erläutert. Shoppen als Freizeitbeschäftigung und Spaß oder zur persönlichen Identitätsfindung.*

Heide Tebbich, The shopping experience, in: Praev.doc 01/2001, 7–9 (=http://www.youthpromotion.at/praev_doc_01_2001.pdf) *Ein in einer modernen Sprache verfasster, journalistisch bearbeiteter Aufsatz, basierend auf einem Forschungsbericht des BMBWK, der dem Verständnis des Konsumverhaltens der heutigen Jugend dienen soll.*

Lösung zur Übungsaufgabe *Verfassen eines Abstracts* (Kap. 3, S. 40)

Ihr Abstract zum Online-Artikel von *Georg Modestin u. Kathrin Utz Tremp, Zur spätmittelalterlichen Hexenverfolgung in der heutigen Westschweiz. Ein Forschungsbericht* sollte jedenfalls folgende ,Bestandteile' enthalten:

Titelangaben und Fundnachweis: Georg Modestin u. Kathrin Utz Tremp, Zur spätmittelalterlichen Hexenverfolgung in der heutigen Westschweiz. Ein Forschungsbericht (7.2002) http://www.zeitenblicke.historicum.net/2002/01/modestin/modestin.html (Datum Ihrer Abfrage)

Inhalt und Aussagen des Textes:

- wichtigste Quellenbasis sind rund 30 Hexenprozesse aus dem 15. Jahrhundert, zwei Waldenserprozesse von 1399 und 1430 in Freiburg und theoretisches Schrifttum aus dieser Zeit
- Edition der theoretischen Texte über den Hexensabbat und der Prozessakten
- Inquisitionstribunale waren in der Westschweiz meist mit weltlichen Gerichten verbunden
- die Verfolgung wurde vielfach von den weltlichen Obrigkeiten initiiert
- sobald das Wirkungsfeld den weltlichen Autoritäten überlassen blieb, veränderte sich die Verfolgungspraxis (so stieg der Frauenanteil unter den Opfern)
- die theoretischen Texte schöpften aus der Verfolgungspraxis und legitimierten diese gleichzeitig
- Ausblick: weitere Editionen und Forschungen über das häretische Erbe der Hexensekte und ihre mittelalterlichen Wurzeln sind geplant

Lösung zur Übungsaufgabe *Rezension* (Kap. 3, S. 43)

Ein Student hat im ersten Semester des Geschichtestudiums entlang dieser Leitfragen folgende Rezension zum Artikel *Karazman-Morawetz, Arbeit, Konsum und Freizeit* verfasst:

Karazman-Morawetz, Arbeit, Konsum und Freizeit im Verhältnis von Arbeit und Reproduktion, in: Reinhard Sieder, Heinz Steinert u. Emmerich Tálos, Hg., Österreich 1945–1995. Gesellschaft, Politik, Kultur, Wien 1995, 409–425.

Karazman-Morawetz offenbart sich in ihrer ausführlichen Darstellung der Veränderungen in Arbeit und Reproduktion als explizite Anhängerin der Theorie des Fordismus. Sie präsentiert ihn mit seinen Vor- und Ausläufern seit 1945 und spricht ihm eine immanente Verbindung zum „impliziten Arbeitsvertrag" und der Arbeitsmoral zu. Dieses Modell wendet sie sodann auf die Gesellschaftsentwicklung der Nachkriegszeit ganz allgemein an.

Die Autorin schreibt dieser Verbindung den steigenden Wohlstand und die bis dahin ungekannte soziale Sicherheit der Nachkriegsgesellschaft sowie eine gewisse Nivellierung der sozial-historischen Unterschiede zwischen Arbeitern und Angestellten bzw. zwischen Selbst- und Unselbstständigen ebenso zu, wie er ihr auch als Erklärungsmodell für heutige negative ökonomische und ökologische Trends dient, wie steigender Konkurrenzdruck am Arbeitsmarkt, das Gefühl der Überforderung, an dem der moderne Mensch leidet, die sich auflösende soziale Sicherheit, die zunehmende Umweltverschmutzung. Auch heutige soziale Bewegungen, wie vermehrte Ausländerfeindlichkeit des noch die Vorteile des fordistischen Modelles genießenden Teiles der Bevölkerung, der sich in seinen Forderungen bedroht fühlt, Sockel- und Langzeitarbeitslosigkeit, den allgemeinen Typus des Wohlstandsverlierers sieht Karazman-Morawetz im herrschenden Produktionsmodell bzw. im Übergang vom einen zum anderen begründet. Als historische Beispiele dazu führt sie die Anfeindungen an, denen die „Jungen Wilden", die Vorreiter der fordistischen Phase, in den frühen 50er Jahren ausgesetzt waren, ebenso wie die Proteste der 68er-Generation gegen Ende des Fordismus.

Aber es seien auch manche Dinge über die wechselnden Phasen der Produktions- und Produktivitätssteigerung hinweg gleich geblieben: So führt die Autorin Statistiken an, die dem Gemeinplatz vom „Trend zur Freizeitgesellschaft" (Karazman-Morawetz S. 416) widersprechen und belegen, dass es etwa seit 1975 zu keiner realen Arbeitszeitverkürzung mehr gekommen ist. Auch die tatsächliche erwerbsarbeitsfreie Zeit ist ihrer Argumentation zufolge keineswegs „Mußezeit" (ebd. S. 416), sondern geht gemäß des Fordismus, der vermehrte Leistungsbereitschaft mit vermehrten Konsummöglichkeiten belohnt, in Verpflichtungen, wie außerhalb der bezahlten Realarbeitszeit absolvierte Fortbildung, die erneut der Produktivität des Arbeitenden zugute kommt auf. Allerdings gesteht sie auch dem privaten Leben steigende Bedeutung zu, ebenso wie dem Wunsch der Arbeitenden nach Verwirklichung ihrer selbst im Beruf.

Karazman-Morawetz schreibt die Veränderungen, die sie in ihrem Text behandelt, also den Übergängen zwischen den einzelnen Produktionsphasen zu, wobei sie meiner Ansicht nach dazu tendiert, die Initiative für alle diese bedeutenden Umwälzungen zu sehr der Unternehmerseite zuzuschreiben, die die Arbeiter einfach besser entlohnt hätte, um einen neuen attraktiven Markt zu erhalten, und stellt die Arbeitenden als mehr oder weniger willige Objekte dieses Modells dar.

Ihren Thesen dient ausführlichstes Datenmaterial des ÖSTAT zur Bestätigung, das jedoch im ersten Teil des Aufsatzes sehr gehäuft und ohne fassbare Erklärungen für das Auftreten der daraus abgeleiteten und beschriebenen Tendenzen des Einkommens- und Produktionswachstums auf den Leser einstürzt. Vielfach werden Zahlen einfach Zahlen gegenüber gestellt und praktisch im luftleeren Raum hängen gelassen. So gibt Karazman-Morawetz beispielsweise auf den Seiten 413/14 statistisches Belegmaterial zum Siegeszug des Fernsehens an, das, wie beiläufig erwähnt wird, anders als Geschirrspülmaschinen oder Stereoanlagen sich schichtübergreifend in den österreichischen Haushalten ausbreitete, aber zu meinem Bedauern wird dieses durchaus interessante Detail keiner Interpretation gewürdigt. Dem Tourismus widerfährt auf Seite 414 das gleiche Schicksal, was in der Schwerpunktsetzung des Aufsatzes begründet sein dürfte, aber dennoch ein Gefühl des nicht gestillten Appetits zurücklässt.

Die aufgeführten Statistiken stammen aus verlässlicher Quelle (ÖSTAT) und sind, wo sie interpretiert werden, absolut nachvollziehbar, was für die gegen Ende des Textes eingebrachten, etwas unmotiviert wirkenden Fotos weniger gilt. Diese sind Fremdkörper, die weder irgendetwas gut illustrieren, noch im Text selbst irgendeine Interpretation finden.

Die Argumentation ist logisch durchdacht und strukturiert, da immer wieder die Grundthese der Verbindung von Arbeitsmoral, Produktionsweise und Gesellschaftsstruktur aufgegriffen wird. Dennoch mangelt es der Arbeit meiner Meinung nach an Originalität, da sie abgesehen von einer Unzahl im Einzelnen sicherlich mühsam zu beschaffender Zahlen kaum etwas aufgreift und weiter ausführt, das nicht Allgemeingut wäre, von dem ich also nicht überzeugt zu werden brauche.

Insgesamt erhebt Krazman-Morawetz' Aufsatz keinen Anspruch auf breite Öffentlichkeit. Dementsprechend wenig literarisch fallen auch der Aufbau und die Formulierung aus, was den Leser zu genauerer Auseinandersetzung mit dem Text herausfordert. Er lässt sich als kompakte Ansammlung von Zahlenmaterial verwenden, weshalb ich ihn StudienanfängerInnen als Nachschlagequelle zum Thema Konsumgeschichte empfehlen würde, auf der aufbauend aber noch weitere Erklärungs- und Interpretationsarbeit geleistet werden muss.

Gregor Haberl

Lösung zur Übungsaufgabe *Rezensionen in Zeitungen* (Kap. 3, S. 45)

Geben Sie in der „Erweiterten Suche" (http://www.dwds.de/cgi-bin/dwds/dwds_hp/search.pl) den Titel des Buches („Hitlers willige Vollstrecker") ein. Beim (emeritierten) Zeithistoriker der Universität Bochum handelt es sich um Hans Mommsen.

Lösung zur Übungsaufgabe *Bibliographie der Rezensionen* (Kap. 3, S. 46)

Die richtige Eingabe sieht folgendermaßen aus:

| Suchen | Suchergebnis | Erweiterte Suche | Zwischenablage | Benutzer-Info | Hilfe |

suchen [und] ▼ | Alle Wörter [ALL] ▼ | [?] sortiert nach | Erscheinungsjahr ▼

Jürgen Kocka Staatsbürgerschaft | suchen

Im Ergebnis der IBR sehen Sie auch, dass die ersten Fachrezensionen erst ein Jahr nach dem Erscheinen veröffentlicht wurden, etwa in der *Zeitschrift für Politikwissenschaft*, der *Historischen Zeitschrift* oder den *Historical Social Research*. Auch in den folgenden Jahren wurde das Buch weiter rezensiert. Die Zeitspanne zwischen dem Erscheinungsdatum eines Werkes und der Veröffentlichung einer Fachrezension resultiert vor allem mit aus langen Vorlaufzeit von Fachzeitschriften.

Lösung zur Übungsaufgabe *Wörtliche Zitate* (Kap. 5, S. 64)

Lösung Übung 1
… ist Permoser zuzustimmen, der schreibt: „Dass Musik auf gesellschaftliche Interessen und Bedürfnisse zielt, signalisiert zumeist schon die Bezeichnung des Genres: Kirchenmusik, Tanzmusik, Liebeslied, Marschmusik, Hausmusik, Protestsong, Konzertmusik etc." Aufgrund dieser Zuordnung lässt sich auch …

Lösung Übung 2
… schreibt Friedrich C. Heller: „Jeder Historiker kennt diese Krise des Lehrens und Darstellens." Doch ist er auch der Meinung, „dass eben in der Kunst die Zeugen der Vergangenheit, also der Geschichte, viel stärker gegenwärtig sind als für den Zeitgenossen von heute Zeugnisse der generellen Geschichte täglich merkbar sein mögen". Für die Musikgeschichte ergibt sich …

Lösung zur Übungsaufgabe *Zitat im Zitat* (Kap. 5, S. 66)

... ist Wehlers Fazit zu Foucault ziemlich ernüchternd: „Nie kann man seine ‚Archäologie', seine ‚Genealogie', seine Leitvorstellungen von Sozialdisziplinierung und ‚Disziplinargesellschaft' als zuverlässigen, daher auch intellektuell und psychisch entlastenden Ausgangspunkt historischer Analyse so übernehmen, wie man das bei den historisch gesättigten Begriffen und Theoremen etwa von Weber und Bourdieu tun kann." Es bedarf schon eines ...

Lösung zur Übungsaufgabe *Zitate mit Veränderungen* (Kap. 5, S. 68)

Lösung Übung 1:
... meint Andersen: „Die Produkte der vier Schlüsselindustrien der zweiten industriellen Revolution [...] veränderten ab 1950 die Lebensweise der Bevölkerung nachhaltig." Allerdings ist hier zu bemerken ...

Lösung Übung 2:
... in Wien schaute die Situation leider nicht viel anders aus: „Für jene, die nicht über Geldmittel verfügten, um sich am boomenden Schwazmarkt [sic!] versorgen zu können, wurde Plündern, Hamstern, Tauschen und Betteln zur Nahrungsquelle." In den ländlichen Regionen ...

Lösung Übung 3:
... schon Eco hat angeführt, dass „der Text Wort für Wort so übernommen werden [muss], wie er dasteht" und deshalb auch Tippfehler und ältere Schreibweisen zu ...

Lösung zur Übungsaufgabe *Zitierregel für Monografien* (Kap. 5, S. 75)

Lösung Übung 1:
Michael Mitterauer, Warum Europa? Mittelalterliche Grundlagen eines Sonderwegs, München 2003.

Lösung Übung 2:
Umberto Eco, Wie man eine wissenschaftliche Abschlussarbeit schreibt. Doktor-, Diplom- und Magisterarbeiten in den Geisteswissenschaften, 9. Auflage, München 2002.

Lösung zur Übungsaufgabe *Zitierregel für Sammelbände* (Kap. 5, S. 76)

Wolfgang Schmale, Hg., Schreib-Guide Geschichte. Schritt für Schritt wissenschaftliches Schreiben lernen, Wien u. a. 1999.

Lösung zur Übungsaufgabe *Zitierregel Artikel in Sammelband* (Kap. 5, S. 76)

Gerhard Jaritz, Quantitative Methoden in der Alltagsgeschichte des Mittelalters, in: Gerhard Botz u. a., Hg., Qualität und Quantität. Zur Praxis der Methoden der Historischen Sozialwissenschaft, Frankfurt a. M. u. New York 1988, 85–108.

Lösung zur Übungsaufgabe *Zitierregel Artikel in wissenschaftlichen Zeitschriften* (Kap. 5, S. 77)

Jürgen Danyel u. Philipp Ther, Vorwort, in: Zeitschrift für Geschichtswissenschaft 51 (2003), 3–4.

Lösung zur Übungsaufgabe *Zitierregel Dissertationen* (Kap. 5, S. 77)

David Henry Anthony, Culture and Society in a Town in Transition. A People's History of Dar es Salaam 1865–1939, phil. Diss., University of Wisconsin 1983.

Lösung zur Übungsaufgabe *Recherchieren von Literaturangaben und Anwendung der Zitierregeln* (Kap. 5, S. 78)

Laut ÖZG-Zitierregeln lauten die Titelangaben der drei Eingabefelder:

Ernst Bruckmüller, Sozialgeschichte Österreichs, 2. Auflage, Wien u. a. 2001.

Wolfgang Schmale u. Reinhard Stauber, Hg., Menschen und Grenzen in der frühen Neuzeit, Berlin 1998.

Karl Vocelka, Verfassung oder Konkordat? Der publizistische und politische Kampf der österreichischen Liberalen um die Religionsgesetze des Jahres 1868, Wien 1978.

Lösung zur Übungsaufgabe *Zeitschriftendatenbank* (Kap. 11, S. 151)

Folgende bayerische Bibliotheken besitzen den Jahrgang 1976 der Zeitschrift „History Workshop":

Bayerische Staatsbibliothek

Bibliothek des Instituts für Zeitgeschichte, München

Lösung zur Übungsaufgabe *Zeitschriftensuche im ÖVK* (Kap. 11, S. 155)

Der Jahrgang 1976 der Zeitschrift „Journal of family history" befindet sich in der Bibliothek der Abteilung für Südosteuropäische Geschichte der Universität Graz.

Lösung zur Übungsaufgabe *Österreichische Dissertationsdatenbank* (Kap. 12, S. 165)

Auf diesem Screenshot finden Sie die Lösung:

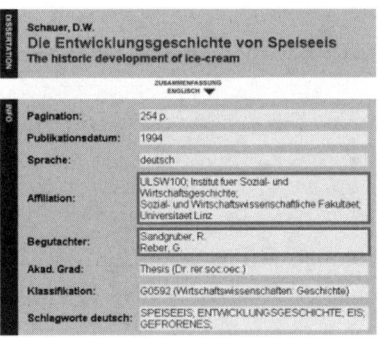

Lösung zur Übungsaufgabe *Historische Bibliographie Online* (Kap. 12, S. 167)

Sie finden in der Historischen Bibliographie Online 27 Treffer (Stand: Juli 2005), wenn Sie als Suchbegriff „Hussiten" eingeben. Unter den Ergebnissen finden Sie u. a.:

Töpfer, Bernhard: Die Hussitenbewegung – die erste Revolution, die erste Reformation in der Geschichte Europas? in: Zeitschrift für Geschichtswissenschaft, 52, 2004, H.3, S. 205–217.

Fuchs, Sabine: Die tschechisch-nationale Mythisierung der Hussitenkriege in der Geschichtsschreibung des 19. Jh.s. in: Der Krieg in den Gründungsmythen europäischer Nationen und der USA. Frankfurt/M. 2003, S. 213–232.

Machilek, Franz: Deutsche Hussiten. in: Jan Hus – zwischen Zeiten, Völkern, Konfessionen. München 1997, S. 267–282.

Lösung zur Übungsaufgabe *Österreichische Historische Bibliographie* (Kap. 12, S. 167)

In der ÖHB finden sie zwei Aufsätze, die sich mit dem Teppich von Bayeux beschäftigen (Stand Juli 2005). Sollten Sie keinen oder nur einen gefunden haben, kann dies daran liegen, dass Sie nicht nur nach dem Begriff „Bayeux", sondern auch nach „Teppich" gesucht haben, oder dass Sie den Suchbegriff nicht in das Titelfeld bzw. in das Feld „Allg. Schlagworte" getippt haben, sondern in das für die Suche nach Ortsnamen vorgesehene Feld.

Folgende zwei in der ÖHB erfasste Aufsätze befassen sich mit dem Teppich von Bayeux:

Richard Drögereit, Bemerkungen zum Bayeux-Teppich, Mitteilungen des Instituts für Österreichische Geschichtsforschung 70 (1962), 257–293.

Walter Telesko, Bildgeschichte und Geschichtsbild. Untersuchungen zur Vorbildlichkeit christologischer Bildtypen vom „Teppich von Bayeux" bis zur „Historia Troiana", in: Krieg und Sieg. Narrative Wanddarstellungen von Altägypten bis ins Mittelalter. Internationales Kolloquium im Schloß Haindorf in Langenlois von 29. bis 30. Juli 1997, Wien 2002.

[Die Angaben zu den Herausgebern sowie die Seitenangaben fehlen im Eintrag der ÖHB].

Lösung zur Übungsaufgabe *Bibliographie der Schweizergeschichte* (Kap. 12, S. 167)

In der BZG finden Sie drei Ergebnisse, die sich mit der Tagsatzung beschäftigen:

Hans Berner, Der Dreissigjährige Krieg und die Schweiz: Der Tagsatzung [sic!] in Baden und seine Wappen, in: Schweizer Archiv für Heraldik 113, 1999, S. 65–67.

Rainer C. Schwinges u. Klaus Wriedt, Hg., Gesandtschafts- und Botenwesen im spätmittelalterlichen Europa, Ostfielder 2003.

Peter Blickle, Hg., Landschaften und Landstände in Oberschwaben: Bäuerliche und bürgerliche Repräsentation im Rahmen des frühen europäischen Parlamentarismus, Tübingen 2000.

Lösung zur Übungsaufgabe *Jokerzeichen* (Kap. 13, S. 177)

Die Lösung ersehen Sie aus dem folgenden Screenshot:

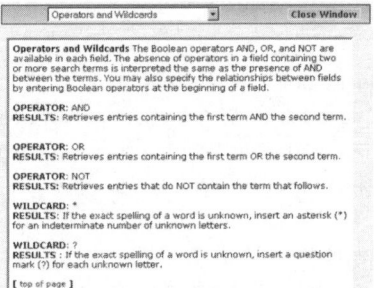

Lösung zur Übungsaufgabe *Logische Operatoren/Zeitperioden* (Kap. 13, S. 179)

Hier finden Sie die korrekte Eingabe:

Sie erhalten damit über 70 Treffer, von denen über 10 Wien behandeln.

Lösung zur Übungsaufgabe *IBZ* (Kap. 13, S. 182)

Als Suchbegriffe reichen die zwei Stichwörter „Foucault Genealogie". Unter den Ergebnissen sollten zumindest jene sein, die Sie auf folgendem Screenshot finden:

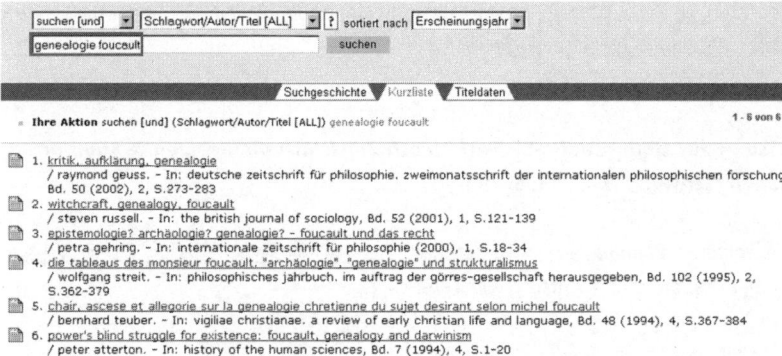

Lösung zur Übungsaufgabe *Suche nach Zeitschriftenaufsätzen & Standortangaben (Deutschland)* (Kap. 13, S. 182)

Am einfachsten ist es, wenn Sie in das Suchfeld von Historical Abstracts nur die Begriffe „theodor lessing" eingeben.

Die „Zeitschrift für Religions- und Geistesgeschichte" ist laut Deutscher Zeitschriftendatenbank in München an folgenden Bibliotheken vorhanden:

Bayerische Staatsbibliothek

Universitätsbibliothek München

Hochschule für Philosophie

Lösung zur Übungsaufgabe *Suche nach Zeitschriftenaufsätzen & Standortangaben (Österreich)* (Kap. 13, S. 182)

Eine Möglichkeit, bei diesem Thema fündig zu werden, ist folgende Eingabe: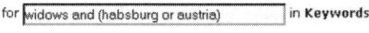

Die Zeitschrift „History of the Family" ist laut ÖVK in drei österreichischen Bibliotheken zu finden:

Fachbibliothek für Geschichte der UB Graz

Fachbibliothek für Gesellschaftswissenschaften der UB Salzburg

Fachbibliothek für Geschichte der UB Wien

Beachten Sie auch, dass der Volltext des Artikels von Jim Brown auch über die Elektronische Zeitschriftenbibliothek greifbar ist.

Lösung zur Übungsaufgabe *Suche nach Zeitschriftenaufsätzen & Standortangaben (Schweiz)* **(Kap. 13, S. 183)**

Sie sollten zumindest einen Treffer gefunden haben, einen Aufsatz von Peter Weidkuhn:

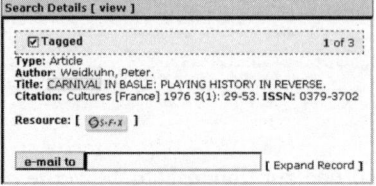

Allerdings sind weder „Fasnacht" noch „Basel" in diesem Datensatz enthalten; Sie finden diese Angaben aber, wenn Sie in der Wortliste „Carnival" zusammen mit „Switzerland" eingeben.

Die Zeitschrift „Cultures" ist weder im IDS Basel Bern noch in einem der Kataloge des Schweizer Zeitschriftenportales nachgewiesen. Wenn Sie den Aufsatz trotzdem lesen möchten, können Sie den Aufsatz kostenpflichtig mithilfe eines Dokumentenlieferdiensts wie Subito bestellen und bekommen den Artikel innerhalb 1–2 Tagen per Mail zugeschickt. Alternativ dazu können Sie eine Kopie über die Fernleihe Ihrer Bibliothek ordern; dies kostet in der Regel 8 Franken und dauert eine bis mehrere Wochen.

Lösung zur Übungsaufgabe *Zeitschriftenfreihandmagazin* **(Kap. 14, S. 188)**

Am nahe liegendsten ist es, nach Tabak in seinen verschiedenen Zusammensetzungen zu suchen („Tabak#"); sie finden damit knapp 50 Ergebnisse, es ist also nicht nötig, die Suche auf „Tabakindustrie" usw. einzuschränken. Unter den Ergebnissen finden Sie u. a.:

Michael HAINISCH, Das österreichische Tabakmonopol im 18. Jahrhundert, in: Vierteljahrschrift für Sozial- und Wirtschaftsgeschichte (VSWG) 8, 1910, S. 394.

Wilfried REININGHAUS, Die lippische Tabakindustrie vom 17. Jahrhundert bis zum Ersten Weltkrieg, in: LippMitt 51, 1982, S. 63.

K. MACHENS, Beiträge zur Wirtschaftsgeschichte des Osnabrücker Landes im 17. und 18. Jahrhundert. 1. Tabakhandel und Tabakindustrie, in: OsnMitt 70, 1961, S. 86.

Herbert WOLF, Zur Kontrolle und Enteignung jüdischen Vermögens in der NS-Zeit – Das Schicksal des Rohtabakhändlers Arthur Spanier, in: BankhistArch 16, 1990, S. 55.

Ludwig OELSNER, Die Aufhebung des kaiserlichen Tabakmonopols in den böhmischen Landen im Jahre 1736, in: ZVGSchlesien 2, 1859, S. 1–40.

Eine Suche mit einer veralteten Schreibweise („Taback#") bringt als Ergebnis:

L. ENNEN, Der Taback in Köln, in: ZDtKG NF [2. Ser.] 2, 1873, S. 187.

Eine Suche mit Begriffen, die auf „Rauchen" Bezug nehmen, ist nicht so einfach, da der Suchbegriff „Rauch#" ohne Auswahl weiterer Optionen zuviel Ergebnisse bringt, da auch Wörter wie „Gebrauch" damit ausgegeben werden; es ist daher nötig, bei der Suche die Checkbox „Groß-/Kleinschreibung beachten" einzuschalten. Sie finden damit u. a.:

Karl Robert Albert BUDDÉUS [], Leipzigs Rauchwarenhandel und -industrie, phil.Diss. Leipzig 1890–91, Nr. 26 – Leipzig-Reudnitz: O. Schmidt, 1891 {2 Bl., 74 s., 1 Bl. – 8°} – in Erlangen vorhanden (Bestellsignatur fett).

Wilhelm HARMELIN, Juden in der Leipziger Rauchwarenwirtschaft, in: Tradition. Zeitschrift für Firmengeschichte und Unternehmerbiographie 11, 1966, S. 249.

Die Dissertation werden Sie zwar für kleinere Arbeiten nicht verwenden, da ihre Beschaffung zu mühsam wäre, der Artikel könnte aber interessant sein.

Eine Suche nach „Zigaretten" („Zigarett#") bringt kein wirklich brauchbares Ergebnis, da die Zeitschrift „Rur-Blumen" weder leicht greifbar ist noch auf den ersten Blick als wichtige wissenschaftliche Fachzeitschrift ausgewiesen ist; eine Suche nach „Zigarren" („Zigarr#") bringt allerdings sehr wohl brauchbare Ergebnisse:

Bernd KÖLLING, Das zweite Brot. Die Einführung von Wickelformen und das Arbeitsleben in der deutschen Zigarrenindustrie in der zweiten Hälfte des 19. Jahrhunderts, in: Technikgeschichte 64, 1997, S. 181.

Bernd KÖLLING, Das Öl im Kompaß. Zur Geschichte der Zigarre in Deutschland (1850–1920), in: ZfG 45, 1997, S. 219.

Sie sollten auch englische Begriffe verwenden, wie z. B. tobacco („tobacco#") oder cigar/cigarret(te) („cigar#"); Sie finden damit zwar keine Ergebnisse, die sich explizit auf deutsche oder habsburgische Territorien beziehen, vielleicht ist aber Folgendes nützlich:

F. J. A. BROEZE, The New Economic History, the Navigation Acts and the Continental Tobacco Market, 1770–90, in: EcHR 2nd Series 26, 1973, p. 668–678.

Denkmöglich wäre auch eine Ausdehnung der Suche mithilfe eines Begriffs wie „Genussmittel" („Genu#mittel#"), „Sucht" („Sucht#" mit Beachtung von Groß/Kleinschreibung) oder „Droge" („Droge#"), wobei dies im konkreten Fall aber keine zusätzlichen Ergebnisse bringt.

Lösung zur Übungsaufgabe *Arts and Humanities Citation Index* (Kap. 14, S. 195)

Unter den Ergebnissen finden Sie unter anderem:

Ebeling K
Monuments. The past materialising into space in Benjamin and Foucault.
WEIMARER BEITRAGE 50 (4): 592-608 2004
Times Cited: 0

Frahm O
"A German trauma?": The shamelessness of German victim identification
GERMAN LIFE AND LETTERS 57 (4): 372-390 OCT 2004
Times Cited: 0

Becker P
Strategies of exclusion, disciplining and knowledge production: Considerations of the history of criminology
GESCHICHTE UND GESELLSCHAFT 30 (3): 404-+ JUL-SEP 2004
Times Cited: 0

Sittig C
Colonial discourse and a fantasy of the spooky Chinaman in Theodor Fontane's 'Effi Briest'
ZEITSCHRIFT FUR DEUTSCHE PHILOLOGIE 122 (4): 544-563 2003
Times Cited: 0

Kruger HP, Henrich D, Irrlitz G
German-language philosophy 1949-1989 and in the future - An interview with Dieter Henrich and Gerd Irrlitz
DEUTSCHE ZEITSCHRIFT FUR PHILOSOPHIE 51 (5): 779-804 2003
Times Cited: 0

Bystricky J
Playing with the multiplicity of signs according to U. Eco
FILOZOFIA 58 (8): 523-543 2003
Times Cited: 0

Lösung zur Übungsaufgabe *BSB-Quartkatalog* (Kap. 15, S. 198)

Die Signatur wird am Katalogzettel oben in der Mitte angezeigt, sie lautet I.publ.G. 787 g.

Aus dem Eintrag in der unteren Zeile des Zettels erfahren Sie, dass die Bibliothek auch einen Nachdruck dieses Werks besitzt, der 1987 erschienen ist.

Lösung zur Übungsaufgabe *ÖNB: Katalog 1501–1929* (Kap. 15, S. 199)

Carl Grünbergs Buch „Die Bauernbefreiung und die Auflösung des gutsherrlich-bäuerlichen Verhältnisses in Böhmen-Mähren-Schlesien" ist 1894 erschienen.

Lösung zur Übungsaufgabe *Autorensuche im Bandkatalog der UB Wien* (Kap. 15, S. 202)

Falls Sie unter dem Namen „Sickingen" gesucht haben, haben Sie einen Verweis auf den Namen „Schweickhardt Ritter von Sickingen" gefunden.
Unter dem dortigen Eintrag finden Sie dann auch die Lösung:

Franz Ritter von Sickingen Schweickhardt, Darstellung des Erzherzogthums Österreich unter der Enns, Wien 1831–1841, I 124.601.

Lösung zur Übungsaufgabe *Zeitschriftensuche im Nominalkatalog bis 1931 der UB Wien* (Kap. 15, S. 202)

Falls Sie nur den Eintrag „Prometheus. Deukalion u. seine Rezensenten" samt Verweis auf ein Werk von Heinrich Düntzer mit dem Titel „Zu Goethes Jubelfeier" gefunden haben, bedenken Sie bitte, dass in diesem Katalog nachträglich eingetragene Bücher auf einer weiteren Seite verzeichnet wurden. Wenn Sie daher im Nominalkatalog die folgende Seite ansehen, finden Sie auch die Lösung:

Transkription:
Prometheus. Zeitschr. hg. v. Seckendorff u. Stoll. Wien. 1808 I 396 834

Lösung zur Übungsaufgabe *Schlagwortsuche UB Wien* (Kap. 15, S. 204)

Literatur zur Geschichte der USA finden Sie im Schlagwortkatalog 1932–1971 der UB Wien unter folgenden zwei Schlagwörtern:

1. Amerika

sowie

2. Verein[igte]. St[aaten].

Lösung zur Übungsaufgabe *PI-Katalog* (Kap. 16, S. 213)

Haben Sie die Karteikarté gefunden? Falls nicht, zunächst ein Hinweis: Der Titel ist weder unter „Jahre zweihundertfünfzig" noch unter „Zeitung Wiener" eingeordnet.

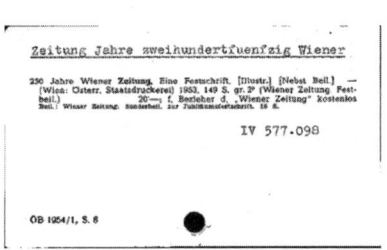

Sie finden die Karteikarte mit der Angabe der Signatur eingeordnet unter „Zeitung Jahre zweihundertfuenfzig Wiener":

Sie sehen an diesem Beispiel, mit welchen Tücken bei der Recherche in einem Zettelkatalog zu rechnen ist, der gemäß den Preußischen Instruktionen angelegt ist. Da es in der Praxis kaum möglich ist, alle Regeln in ihren Details zu kennen, ist es ratsam, immer mehrere Suchwege auszuprobieren!

Lösung zur Übungsaufgabe *Subito* (Kap. 17, S. 221)

Haben Sie die Bibliotheken gefunden? Falls ja, können Sie Ihr Ergebnis mit einer Liste von Bibliotheken, die die gesuchte Ausgabe haben, vergleichen:

USB Köln	38	1.Ser. 1849/50 - 198.1953; N.S. 1=199.1954 - [N=209-211; L=5.Ser.-7.Ser.;186;203]	bestellen
UB Konstanz	352	1.1849/50 - 198.1953 [N=178.1940-181.1941]	bestellen
BSB München	12	152.1927; 158.1930 - 161.1931; 163.1932 - 165.1933; 168.1935 - 172.1937; 174.1938 - 185.1943; 190.1946; 196.1951 -	bestellen
SLUB Dresden	14/ZB	1.1849/50 -	bestellen
SUB Göttingen	7	190.1946 - (Jahrgaenge ab 1975 in LS2: IA = 8 Z GEN 455)	bestellen
	7	Vol. 146.1924 - 189.1945	bestellen
UB Regensburg	355	10.Ser. 1.1904 - 12.1909	bestellen
	355	Vol. 146.1924 - 198.1953	bestellen

Lösung zur Übungsaufgabe *Elektronische Zeitschriftenbibliothek* (Kap. 17, S. 223

Haben Sie die Lösung gefunden?

Vergleichen Sie diese mit dem folgenden Screenshot (Abfrage vom August 2005):

Journal of Family History

Folgende an der Elektronischen Zeitschriftenbibliothek beteiligten Einrichtungen bieten ihren Benutzern Zugriff auf die Volltexte der Zeitschrift *Journal of Family History*:

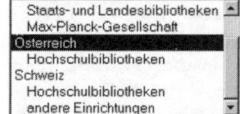

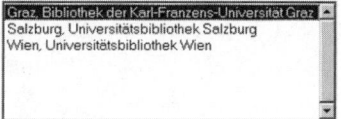

Bitte wählen Sie eine Bibliothek aus, um zu prüfen, ob der von Ihnen gesuchte Jahrgang dort lizenziert ist.

Zur gewählten Einrichtung wechseln

Lösung zur Übungsaufgabe *Wurzbach* (Kap. 17, S. 228)

Sie bemerken, dass die derzeitige mediale Umsetzung des Wurzbach die Recherche mühsam macht:

Als erstes müssen Sie den richtigen Band finden, der den Eintrag enthält: Es ist der Band 32, der den Bereich Schrötter – Schwicker umfasst. Als nächstes müssen Sie das Inhaltsverzeichnis suchen, dieses befindet sich am Ende des Bandes, wo die darinnen enthaltenen Biographien nach Berufssparten aufgegliedert sind. Sie finden dort Schultes unter den Naturforschern verzeichnet:

Schultes, Joſeph Auguſt 171

Nun können Sie die Seite ansteuern, auf der der Eintrag beginnt. Die Biographie erstreckt sich über sieben Seiten, auf der vorletzten (S. 176) finden Sie die Antworten auf die zwei gestellten Fragen:

fort; — gründete im Jahre 1802 die „Annalen der öſterreichiſchen Literatur und Kunſt“, ein Organ, wie Oeſterreich, die

Die Einschätzung von Schultes Persönlichkeit lautet folgendermaßem:

S., ein tüchtiger, vielſeitig und in ſeinen eigentlichen Fächern gründlich unterrichteter Mann, durch Reiſen und Verkehr mit Menſchen viel erfahren, dabei wirklich freiheitsbegeiſtert und immer das Höchſte anſtrebend, gehörte zu jenen nie ausſterbenden, über Alle und Alles in der Welt renommiſtiſch ſchimpfenden Gelehrten, die Alles beſſer wiſſen, oft aber nicht immer beſſer machen, und eine eigene Fertigkeit beſitzen, ſich die ganze Welt, ja ſelbſt die harmloſeſten Seelen zu Feinden zu machen und ſich die gegneriſchen Intriguanten ganz beſonders auf den Hals zu hetzen, wodurch ſie ſich ihre Gegenwart und Zukunft und endlich ihre ganze Exiſtenz verderben. Schultes war eine mephiſtophéliſch geartete Natur, ein Geiſt, der immerdar verneint, wenn er mitunter auch Gutes will. Bekannt oder beſſer berüchtigt iſt die Umſchrift des Halsbandes, das ſein großer Hund trug und welche lautete: „Ich bin des Doctor Schultes Hund und weſſen Hund biſt du?“ — Sein in Wien (am

Lösung zur Übungsaufgabe *maschinelle Quellensuche* (Kap. 20, S. 249)

In der Liste Ihrer Suchergebnisse sollte auf jeden Fall auch der Link zu Leopoldstadt 1857 aufscheinen.
Wenn das nicht der Fall ist, sollten Sie die Suche mit genaueren bzw. mehr Suchbegriffen erneut starten.

Lösung zur Übungsaufgabe *maschinelle Suche nach Datenbanken* (Kap. 21, S. 279)

In der Liste Ihrer Suchergebnisse sollte auf jeden Fall auch der Link zur „Wiener Datenbank zur Europäischen Familiengeschichte" aufscheinen.

Wenn das nicht der Fall ist, sollten Sie die Suche mit genaueren bzw. mehr Suchbegriffen erneut starten.

Lösung zur Übungsaufgabe *Recherche in Katalogen* (Kap. 22, S. 292)

Wenn Ihre Suche erfolgreich verlief, sollten Sie folgende Titel gefunden haben:
- Theodor W. Adorno Archiv, Hg., Adorno. Eine Bildmonographie, Frankfurt a. M. 2003.
- Historisches Museum der Stadt Wien unter der Leitung von Robert Waissenberger, Hg., Die Türken vor Wien. Europa und die Entscheidung an der Donau 1683, Salzburg u. a. 1982.

register

Abstract 39ff., 46f., 174, 304

Abstractdienste 39f.

Aleph 152ff.

Alert Service 180

America: History and Life 40, 173

American Historical Review (AHR) 44

Amerikanische Zitierweise 70f., 78ff.

Anmerkungen 68, 70f., 82ff.

Anmerkungsapparat 61, 68ff., 83ff.

Annotation 37f., 47, 303

Archiv 45, 69, 78, 244, 247ff., 275 f., 281f., 291, 297, 300

Argumentation 61f., 82, 90

Arts and Humanities Citation Index 191ff.

Aufbau schriftlicher Arbeiten 87

Aufsatz/Artikel in Sammelband 73f., 79, 163, 305

Aufsatz/Artikel in Zeitschrift 40, 73f., 79, 163, 305

Ausgrabung 254, 261f.

Ausstellung 290f.

Bandkatalog 200ff., 207f.

Begriff 19f., 27ff., 88, 109f., 113, 308

Bewertung wissenschaftlicher Arbeiten 41, 50ff.

Bibliographie 141f., 207

Bibliothekskatalog 133, 145ff., 164

Bibliotheksverbund Bayern 147ff.

Boolesche (logische) Operatoren 177ff.

Buchhandelsbibliographien 165

CD-Rom 161f.

Chicago Manual of Style Citation 72

CIPAC 208

Columbia Guide to Online Style 80

Das Historisch Politische Buch (HPB) 44

Datenbank/system 55f., 161ff., 185ff., 248, 256, 265, 271f., 275ff., 290, 299

Datenfeld 173f.

Datenmanagement 284,

Datensatz 173f.

Deckblatt 95

Denkmal 247f., 254, 261

Dezimalklassifikation 213f.

Didaktik 15

Diplom/Lizenziatsarbeit 101, 163

Dissertation 73f., 163 f., 305

Dokumentation 49, 52ff.

Dokumentenlieferdienst 219ff.

E(lektronische)-Zeitschrift 66, 80f., 221ff.

Elektronische Zeitschriftenbibliothek (EZB) 222f.

Einleitung 88

Endnote 61ff., 70f.

Enzyklopädie 139f.

Exzerpt 54f.

Fachinformationsdienste 44f.

Fachliteratur 49

Feministische Studien 78 ff.
Film 87, 247, 252 f., 270
Forschungsobjekt 141 f., 247, 250
Forschungsstand 18, 25 f., 41, 46, 49, 88
Fragestellung 17 ff., 25 ff., 49, 88, 90, 244, 247 f., 256 ff., 261, 265, 284
Fußnote 61 ff., 70 f., 74

Gegenständliche Quellen 254 f., 262
Gestaltung schriftlicher Arbeiten 99
Google 227 ff., 249, 269 f., 278, 298

Habilitationsschrift 163
Handbuch 50, 140 f.
Hauptteil 90
Hilfswissenschaft 119
Historical Abstracts (HA) 40, 161, 173 ff.
historicum.net 45
Historische Bibliographie Online 185
Historische Zeitschrift (HZ) 44
Historischer Ort 261
H-Net Reviews 45
H-Soz-u-Kult 44 f.
Hypothesen 19, 25, 29 ff., 39, 41, 49, 54, 88 ff., 244, 247, 257

Image-Dateien 224
Indikator 29, 31 ff.,
Information 241 ff., 247 f., 256, 261 f., 265 f., 268 ff., 275 ff., 289 ff., 295 ff.
Inhalt 37 ff.
Inhaltsverzeichnis 95 f.
Internationale Bibliographie der Rezensionen (IBR) 45 f.

Internationale Bibliographie der Zeitschriftenliteratur (IBZ) 181 ff.
Internet 80, 264 ff., 268 ff., 284 ff., 297 ff
Intertextualität 61 ff.
IP-Adresse 161

Jokerzeichen 148, 152, 156, 177
Journal 57 f.

Karteikarte 55, 208 f.
Katalogrecherche 292
Kommentar 55 f., 83
Kontextoperatoren 181 f.
Kurrentschrift 121
Kurs/Proseminararbeit 100

Lesen 49 ff.
Literaturangabe, -nachweis 68 ff.
Literaturdatei 56 f.
Literaturrecherche 50, 126 ff., 309 f.
Literaturtyp 73 f.
Literaturverzeichnis 71, 97
Lit-Link 57

Markierung 53 f.
Maskierung 148, 152, 156
Metasuchmaschine 230, 249,
Methode/n 13, 32, 41, 49, 242, 248, 257 f., 278
Mikrofiche 209 f.
Minuskel 199 f.
Monografie 73, 75, 79, 81, 163, 304 f.
Mündliche Präsentation 107
Museum 289 f.

Nationalbibliographien 164
Netzwerk 248, 295 ff.
Neue Politische Literatur (NPL) 44
Norddeutscher Bibliotheksverbund
  (GBV) 149 ff.

Online Public Access Catalog
  (OPAC) 146 ff.
Operationalisierung 32 f.
Österreichische Dissertationsdaten-
  bank 165
Österreichische Historische Bibliographie
  (ÖHB) 161, 189 f.
Österreichische Zeitschrift für Geschichts-
  wissenschaften (ÖZG) 74 ff.
Österreichischer Verbundkatalog 151 ff.

Paläographie 119
Paraphrase 64 f.
Plagiat 65
PowerPoint 113
Preußische Instruktionen 203, 211 ff.

Quelle 17, 19, 31, 49, 61, 68, 241 ff.,
  247 ff., 276 ff., 295
Quellenedition 68, 256 f., 264
Quellenkritik 242, 266 ff.

Randglosse 54
Referat 107 ff.
Referenzwerke 134, 139 ff.
Register / Index 55
Retrospektive Digitalisierung 224 ff.
Review Article 46, 50
Rezension 41 ff., 47, 304

Rezensionsdienste 41, 44 ff.
Rezeption 41, 50

Sachdatei 56
Sammelband 73, 79, 81, 163, 305
Sammelrezension 43 f.
Schlagwort 55 ff., 145 f., 175 ff., 213
Schlusskapitel 93
Schreibprobleme/blockaden 102
Schriftgeschichte 119
Schweizer Verbundkataloge 155 ff.
sehepunkte – Rezensionsjournal für die
  Geschichtswissenschaften 45
Sekundärliteratur 61 f.
Selbständige Literatur 163
Seminararbeit 100
Signatur 56, 133, 164, 201
Stichwort 175 ff.
Subito 219 ff.
Suchmaschine 227 ff., 249, 269 f., 278,
  298

Text 87
Textänderung in Zitaten 67 f., 304
Textsorten 37, 50
Thema, Themenstellung 25 ff., 49 f.
Theorie 19 ff., 27 ff., 257 f.
Thesaurus 176
Thesenpapier 110 f.
Titelangabe 37, 41, 56, 68 f., 72 ff., 80
Tonquellen 247, 253, 270
Trunkierung 148, 152, 156

Überblicksdarstellung 50
Uniform Resource Locator (URL) 80

Unselbständige Literatur 163

Verlagsbibliographien 165
Vierteljahrschrift für Wirtschafts- und
    Sozialgeschichte (VSWG) 44
Visualisieren 113
Volltextdatenbanken 168
Vorannahme, Prämisse 49
Vortrag 107 ff.
Vortragsmanuskript 108, 114
Vortragsstruktur 108 f.

Wikipedia 140
Wissenschaftliches Arbeiten 13, 16 f.
Wörterbücher 140

Wörtliches Zitat 56, 62 ff.
World History Full Text 190

Zeitschrift 39, 134
Zeitschriftendatenbank (ZDB) 151
Zeitschriftendatenbanken 165
Zeitschriftenfreihandmagazin 186 ff.
Zeitungsartikel 73
Zettelkatalog 197 ff., 208 f.
Zitat 55, 61 ff., 68, 83 ff.
Zitat aus dem Internet 66 f., 80 ff.
Zitat aus zweiter Hand 63 f.
Zitat im Zitat 65 f., 304
Zitationsindex 167 ff., 191 ff.
Zitierregeln 56, 68 f., 72 ff., 83 ff., 308 ff.

kurzbiographien der autoren und autorin

ao. Univ.-Prof. Dr. Franz X. EDER,
lehrt am Institut für Wirtschafts- u. Sozialgeschichte der Universität Wien; Forschungs- und Lehrschwerpunkte: E-Learning und Neue Medien in der Geschichtswissenschaft, Familiengeschichte, Konsumgeschichte, Sexualitätsgeschichte. Mitbegründer und -herausgeber der ÖZG – Österreichische Zeitschrift für Geschichtswissenschaften, Herausgeber der Sozial- und Wirtschaftshistorischen Studien und der Bibliography of the History of Western Sexuality (http://www.univie.ac.at/Wirtschaftsgeschichte/Sexbibl). Letzte Publikationen: Wirtschaft, Bevölkerung, Konsum. Wien im 20. Jahrhundert (gem. mit Peter Eigner, Andreas Resch, Andreas Weigl), Innsbruck/Wien/München 2003; Kultur der Begierde. Eine Geschichte der Sexualität (München 2002); Neue Geschichten der Sexualität. Beispiele aus Ostasien und Zentraleuropa 1700–2000 (Wien 2000) (gem. mit Sabine Frühstück); Sexual Cultures in Europe. Vol. I: National Histories (Manchester/New York 1999) (Hg. gem. mit Lesley Hall und Gert Hekma); Sexual Cultures in Europe. Vol. II: Themes in Sexuality (Manchester/New York 1999) (Hg. gem. mit Lesley Hall und Gert Hekma).

Mag. Heinrich BERGER,
wissenschaftlicher Mitarbeiter am Ludwig-Boltzmann-Institut für Historische Sozialwissenschaft in Wien und Lehrbeauftragter der Universität Wien; Forschungs- und Lehrschwerpunkte: Computerunterstützte Methoden und Techniken und E-Learning in der Geschichtswissenschaft, Sozialgeschichte von Juden in Wien, historische Mobilitätsforschung, biographische Studien. Buchpublikationen: „Vollzugspraxis des Opferfürsorgegesetzes". Analyse der praktischen Vollziehung des einschlägigen Sozialrechts (gemeinsam mit Karin Berger, Nikolaus Dimmel, David Forster, Claudia Spring), Wien 2004; Analyse der praktischen Vollziehung des einschlägigen Sozialrechts hinsichtlich der Vollzugspraxis im Bereich der §§ 500 ff ASVG (gemeinsam mit Nikolaus Dimmel, Hermann Kuschej, Berthold Molden, Petra Wetzel), Wien 2004; Otto Leichter, Briefe ohne Antwort – Aufzeichnungen aus dem Pariser Exil für Käthe Leichter 1938–1939 (mit einem Nachwort von Henry O. Leichter), Hg. gemeinsam mit Gerhard Botz und Edith Saurer, Wien 2003; Gefesselt vom Sozialismus – Der Austromarxist Otto Leichter (1897–1973), Studien zur Historischen Sozialwissenschaft, Band 27 (gemeinsam mit Christian Fleck), Frankfurt/New York 2000.

Mag.ᴬ Julia CASUTT-SCHNEEBERGER,

Assistentin am Lehrstuhl für Wirtschaftsgeschichte, Institut für emprirische Wirtschafts-
forschung, Universität Zürich.

 Forschungs- und Lehrschwerpunkte: Quantitative Methoden in der Sozial- und Wirtschaftsgeschichte (Arbeitsmarkt, soziale Konflikte), E-Learning und Neue Medien in der
Geschichtswissenschaft.

Dr. Anton TANTNER,

Historiker, wissenschaftlicher Mitarbeiter am Institut für Wirtschafts- und Sozialgeschichte der Universität Wien; 2004/05 Junior Fellow am Internationalen Forschungs-
zentrum Kulturwissenschaften, Wien.

 Publikationen: „… der größte Teil der Untertanen lebt elend und mühselig". Die Berichte des Hofkriegsrates zur sozialen und wirtschaftlichen Lage der Habsburgermonarchie 1770–1771 (= Mitteilungen des Österreichischen Staatsarchivs; Sonderband 8),
Innsbruck/Wien/Bozen: Studienverlag, 2005. (Hg. gemeinsam mit Michael Hochedlin-
ger); Ordnung der Häuser, Beschreibung der Seelen – Hausnummerierung und See-
lenkonskription in der Habsburgermonarchie (= Wiener Schriften zur Geschichte der
Neuzeit; Band 4), Innsbruck/Wien/Bozen: Studienverlag, 2006 in Vorbereitung.

 Homepage mit Galerie der Hausnummern und umfassenden Publikationsverzeichnis:
http://tantner.net.

 Weblog: http://adresscomptoir.twoday.net

Die die Schweiz betreffenden Teile der Kapiteln zur Literaturrecherche wurden von Peter
Haber und Jan Hodel erstellt.

Dr. phil. Peter HABER, wissenschaftlicher Mitarbeiter am Projekt digital.past, Historisches Seminar der Universität Basel.
Homepage: http://www.hist.net/haber/

Jan HODEL, Wissenschaftlicher Mitarbeiter, Institut Forschung und Entwicklung, Päda-
gogische Hochschule der Fachhochschule Nordwestschweiz.
Homepage: http://www.hist.net/hodel/